›Ich habe die . . . Bände von Vehse
mit der grössten Gier durchgelesen...
Dies Buch ist für mich wahrer Kaviar.‹

(Heinrich Heine
am 7. Juni 1852
an seinen Verleger Julius Campe)

AUSGEWÄHLT,
BEARBEITET
UND HERAUSGEGEBEN
VON WOLFGANG
SCHNEIDER

Carl Eduard Vehse

Die Höfe zu Hessen

Mit achtzehn zeitgenössischen Abbildungen

Kiepenheuer

BILDAUSWAHL UND PERSONENREGISTER
VON GITTA-MARIA GÜNTHER

SCHUTZUMSCHLAG:
LÖWENBURG IM PARK WILHELMSHÖHE BEI KASSEL.
AQUARELL VON GEORG MELCHIOR KRAUS. 1799

BEILAGEN:
WOLFGANG SCHNEIDER: CARL EDUARD VEHSE
UND SEINE ›GESCHICHTE
DER DEUTSCHEN HÖFE SEIT DER REFORMATION‹
SOWIE SECHS GENEALOGISCHE TAFELN

FOTONACHWEIS:
HESSISCHES STAATSARCHIV DARMSTADT: 11, 12, 14, 16–18
KUNSTSAMMLUNGEN ZU WEIMAR (ROLAND DRESSLER):
SCHUTZUMSCHLAG, 1–10, 13, 15

ISBN 3-378-00480-0

VORBEMERKUNG

Das vorliegende Buch schildert Verhältnisse (und dies auch im doppeldeutigen Sinne!) an den hessischen Fürstenhöfen vom Beginn des 16. bis zur Mitte des 19.Jahrhunderts. Die Darstellung entstammt dem 1853 erschienenen siebenundzwanzigsten Band der ›Geschichte der deutschen Höfe seit der Reformation‹ von Carl Eduard Vehse. Zum besseren Verständnis sollen nachfolgend die wichtigsten historischen Entwicklungen aus der Vor- und Nachgeschichte des vom Autor behandelten Zeitraums zusammengefaßt werden.

Erstmals urkundlich genannt wurde der Stammesname der germanischen ›Hessi‹ um 738 in einem Sendschreiben Papst Gregors III. an Bonifatius, der das chattisch-hessische Kerngebiet an der unteren Eder und Fulda zum Ausgangspunkt seines Christianisierungswerkes gewählt hatte. Damals zählte das heutige Land, dessen ständig wechselnder Grenzverlauf bleibendes Merkmal seiner ebenso wechselvollen Geschichte war, zum mächtigen fränkisch-karolingischen Reich. Nach dem Aussterben der Karolinger (911) wurde Konrad I. aus dem führenden hessischen Grafengeschlecht der Konradiner zum ostfränkischen König erhoben. Als geographische Mitte des entstehenden deutschen Reiches gewann die Region fortan eine besondere Bedeutung.

1137 gelangte Hessen an die Landgrafschaft Thüringen – deren silbern-rot gestreifter heraldischer Löwe noch heute das hessische Wappen schmückt –, 1264 an das Haus Brabant; Heinrich I., Sohn der Tochter der heiligen Elisabeth von Thüringen, wurde erster Landgraf von Hessen, 1292 vom König mit diesem Territorium als erblichem Reichsfürstentum belehnt und solchermaßen Begründer des hessischen Fürstenhauses.

Während der beiden folgenden Jahrhunderte erlebte das Land eine vor allem gegen Machtansprüche des Erzbistums Mainz erbittert zu verteidigende Aufwärtsentwicklung, die durch territorialen Erbzuwachs gekennzeichnet war. Eine zeitweilige Teilung der Landgrafschaft wurde ab 1500 durch Wilhelm II. und nachfolgend durch dessen Sohn Philipp den Großmütigen überwunden, so daß Hessen im Zeitalter der Reformation zu einem der bedeutendsten deutschen Reichsterritorien aufstieg.

Den anschließenden Geschichtsperioden hat sich Vehse auf seine Weise ausführlich gewidmet. Es bleibt hier also nur noch, die wichtigsten Ereignisse seit der Mitte des vergangenen Jahrhunderts zu vermelden.

Beginnen wir mit der älteren Linie Hessen-Kassel: Vehse hatte noch die ersten Amtsjahre des Kurfürsten Friedrich (eigentlich Friedrich Wilhelm I.) schildern können, ohne freilich zu ahnen, daß dies der letzte hessische Kurfürst sein sollte. Als jener nämlich 1866 die von Preußen verlangte Neutralität im bevorstehenden Krieg mit Österreich verweigerte, wurde er als Staatsgefangener nach Stettin gebracht, lebte später auf Schloß Hořowitz in Böhmen und starb 1875 in Prag; die männliche Linie seiner Nachkommenschaft aus der morganatischen Ehe mit Gertrude Fürstin von Hanau (gestorben 1882 ebenfalls in Prag) erlosch 1914. Hessen-Kassel oder Kurhessen, wie das etwa die nördliche Hälfte des einstigen Reichsfürstentums ausmachende Gebiet benannt war, wurde im schon erwähnten Jahre 1866 von Preußen annektiert und zwei Jahre später zum Regierungsbezirk Kassel in der preußischen Provinz Hessen-Nassau, welche Kurhessen, das Herzogtum Nassau, Hessen-Homburg, bayrische Bezirke und darmstädtische Kreise sowie die Freie Stadt Frankfurt, seit 1929 auch Waldeck und ab 1932 Wetzlar umfaßte und 1944 in die Provinzen Kurhessen und Nassau geteilt wurde; die Nebenlinie Hessen-Philippsthal war 1925 ausgestorben.

Nun zu Hessen-Darmstadt, dessen Kernland die Grafschaft Katzenelnbogen bildete: Der von Vehse zuletzt genannte Großherzog Ludwig III. kämpfte 1866 auf seiten Österreichs gegen Preußen, mußte nach der Niederlage seiner Truppen bei Lautach drei Millionen Gulden Kontribution zahlen und preußische Gebietsansprüche beispielsweise auf das gerade wieder einverleibte, da in der Erblinie 1866 ausgestorbene Hessen-Homburg akzeptieren. Das solchermaßen verkleinerte Großherzogtum trat 1870 dem Deutschen Reich bei. Nachfolger des 1877 in Seeheim bei Darmstadt verstorbenen Ludwig III. wurde sein 1837 zu Darmstadt geborener Neffe, der als Ludwig IV. bis zu seinem Tode 1892 regierte und vom einzigen, 1868 ebenfalls in Darmstadt geborenen Sohn Ernst Ludwig als dem letzten Großherzog Hessens abgelöst wurde. Dieser war in erster Ehe mit Viktoria Melitta von Sachsen-Coburg-Gotha verheiratet, die nach der Scheidung 1905 Gemahlin des Großfürsten Kyrill von Rußland wurde, und nachfolgend vermählt mit Prinzessin Eleonore von Solms-Lich. Er war ein begeisterter Förderer der Künste und gründete 1899 auf der Mathildenhöhe die Darmstädter Künstlerkolonie, die zu einem der bedeutendsten Zentren des Jugendstils in Deutschland wurde; auch wirkte er selbst als Komponist und dramatischer Dichter unter dem Pseudonym K. E. Ludhard. Während des ersten Weltkriegs bemühte sich der Großherzog über familiäre Beziehungen – seine Schwester war die Gemahlin des Zaren Nikolaus II. – um die Anknüpfung von Friedensgesprächen mit Rußland. 1918 verlor Ernst Ludwig im Ergebnis der Novemberrevolution den Thron, ohne jedoch im Gegensatz zu den meisten anderen Landesfürsten ausdrücklich darauf zu verzichten; er starb 1937 auf Schloß Wolfsgarten bei Langen.

Das einstige Großherzogtum Hessen-Darmstadt bildete ab 1918 den Frei- oder Volksstaat Hessen. Seine rechtsrheinischen Gebiete wurden am 19. September 1945 auf Beschluß der amerikanischen Militärregierung in Deutschland mit den Provinzen Kurhessen und Nassau zum Staat Großhessen (später Hessen) vereinigt; von der französischen Armee besetzte Landesteile gingen in Rheinland-Pfalz auf. Durch Volksentscheid am 1. Dezember 1946 gaben sich die Einwohner des neuen Landes eine demokratische Verfassung und wählten zugleich den ersten hessischen Landtag, der am 20. Mai 1949 dem Grundgesetz zustimmte.

Das heute siebtgrößte Bundesland, entstanden im Ergebnis alliierter Beschlüsse zur territorialen Neugliederung Deutschlands nach dem zweiten Weltkrieg, ist also im Grunde ein künstliches Gebilde ohne historisch-naturräumliche Einheit. Um so beeindruckender das nicht erst seither gewachsene, trotz zahlloser Wirren tief in der Geschichte wurzelnde hessische ›Nationalbewußtsein‹, wie es allerorten und in vielerlei Gestalt spürbar wird. So haben die Worte, die ein unbekannt gebliebener Künstler Mitte des 15. Jahrhunderts zum ältesten Hessenlied in Noten setzte, über mehr als ein halbes Jahrtausend ihre Gültigkeit bewahrt: ›Laudabilis cum gente, cum gente est terra Hassia. O Hassia fortissima, gens inclita mitissima‹ – Würdig des Lobes mit seinem Stamme, mit seinem Stamme ist das Land Hessen. O tüchtigstes Hessen, weit berühmter, friedlichster Stamm!   Wolfgang Schneider

DER HOF
ZU KASSEL

LANDGRAF PHILIPP DER GROSSMÜTIGE
1509 BIS 1567

Ahnherr und Stifter des Hauses Hessen beider Linien, zu Kassel und zu Darmstadt, war der großmütige Landgraf Philipp. Er wurde geboren 1504 und ward schon 1518 mit vierzehn Jahren von Kaiser Maximilian für großjährig erklärt. Drei Jahre darauf, auf dem Reichstage zu Worms, neigte er sich Luther zu, 1524 traf er auf einer Reise nach Heidelberg mit Melanchthon zusammen und entschied sich seitdem für die neue Lehre; er ward mit dem sächsischen Kurfürsten die Hauptstütze des Protestantismus.

›Gott hat‹, sagt Luther in seinen Tischreden einmal, ›den Landgrafen recht mitten ins Römische Reich geworfen, denn er hat vier Kurfürsten um sich wohnen und die Herzöge von Braunschweig, und fürchten sich doch alle vor ihm. Das macht, er hat den gemeinen Mann an sich hangen, so ist er auch ein Kriegsmann, der ein sonderlich Glück und Stern hat.‹ Und der Italiener Leti bezeugt in seinem ›Leben Kaiser Karls V.‹, daß er [Philipp] für den feinsten und klügsten Fürsten seiner Zeit gegolten habe.

Philipp hatte allerdings seine Hände in allen Händeln seiner Zeit und wußte sich bei allen Parteien, die damals Deutschland durchkreuzten, Autorität und Reputation zu verschaffen. Nur bei Kaiser Karl V., mit dem er so gern gut gestanden hätte, gelang ihm das nicht; von Karl hat er die verächtlichste Behandlung erfahren müssen, die jemals ein deutscher Reichsfürst erfuhr. Er war auch gar nicht so des gemeinen Mannes Freund, wie Luther meinte, und auch gar nicht so fein und klug, wie es Leti vorkam.

Philipp begann seine Laufbahn mit dem Sieg über die rebellierenden Bauern in der Schlacht bei Frankenhausen im Jahre 1525; dieser Sieg war es, der ihm die Sympathien des streng monarchischen Luther und der katholischen und evangelischen Fürsten zuwandte, die gegen jedes populäre Regiment waren. Unter Philipps Augen wurden zwar auf der berühmten Synode zu Homberg 1526 die Grundzüge einer neuen protestantischen Kirchenverfassung ganz auf demokratische Grundlage hin entworfen, und der Franzose Franz Lambert von Avignon, ihr Konzipient, wurde Professor an der 1527 von Philipp gestifteten Universität Marburg, der ersten von Haus aus protestantischen Universität in Deutschland; aber die neue protestantische Kirchenverfassung kam nur der freien Schweiz und Holland, den reformierten Kirchen in England und Schottland und in Amerika zugute. Den Adel seines Landes gewann Philipp, indem er bei der nach jener Synode folgenden Klosterabschaffung das ›viele Rappen [Raffen]‹ um die Klostergüter zuließ, wie er einmal in einem Briefe an Luther eingesteht. Da er selbst mit dem besten Beispiel bei diesem Rappen voranging, mußte er auch ansehnlichst seinen Adel bedenken; dem Sohn seines ehemaligen Vormundes Grafen Philipp von Waldeck band er als Patengeschenk das stattliche Kloster Arolsen ein. Melanchthon nannte deshalb in Briefen an seine vertrautesten Freunde Philipp, wie die andern neuen Schutzfürsten der evangelischen Kirche, ›Zentauren, Tyrannen, Verächter Gottes‹, er klagt bitter, daß es ihnen nur um weltliche Vorteile zu tun sei.

1529 protestierte Landgraf Philipp mit den übrigen protestantischen Fürsten zu Speyer, 1530 war er mit bei der Übergabe der Konfession in Augsburg, und 1531 trat er mit in das Schmalkalder Bündnis. Das alles verschaffte ihm das Lob und Wohlgefallen des großen Reformators, aber für Luthers strenges Absperren gegen die Reformierten war Philipp gar nicht gestimmt: Schon 1529 ließ er das Religionsgespräch zu Marburg halten, das zwischen Luther und Zwingli, zwischen der deutschen und Schweizer Kirche, eine so wünschenswert scheinende Vereinigung zustande bringen sollte; sie mißglückte aber bekanntlich völlig, und der Riß ward nur noch ärger.

1534 führte Philipp einen Hauptschlag aus gegen den Kaiser, der eben mit der Expedition nach Tunis vollauf zu tun hatte. Österreich hatte Herzog Ulrich von Württemberg sein Land genommen, Philipp versicherte sich in einer persönlichen Unterredung zu Bar le Duc des Beistands von König Franz von Frankreich, dann brach er gegen Württemberg los, siegte bei Lauffen über die Truppen Ferdinands, Bruders Karls V., und stellte Ulrich sein Land zurück. Die Macht der Protestanten hatte dadurch nun einen festen Halt in Süddeutschland: Ulrich war zum protestantischen Glauben übergetreten.

Mit dem allen erlangte Philipp keine geringe Autorität und Reputation in Deutschland und im Auslande. Franz von Frankreich bot ihm wiederholt Allianz und Geld und Truppen an.

f. 5

Inter laudatos olim laus prima PHILIPPVS
Maxima quos habuit Teutonis Ora, duces;
Hoc habitu vultuꝗ, ut eum tibi parva tabella
Hic monstrat pictum, conspiciendus erat.

1. Landgraf Philipp der Grossmütige

Aber Philipp wollte lieber gut stehn mit Kaiser Karl. Er unterhandelte schon seit 1538 mit ihm, um in seinen Dienst einzutreten – gegen Frankreich. Er ließ sich gegen den Vizekanzler Naves vernehmen: Sollte Majestät von ihm einen Ritterdienst begehren, würde sie befinden, daß er ein kaiserlich Herz im Leibe hätte. Philipp erklärte 1542 gegenüber dem von der Königin Maria, Schwester Karls V., Statthalterin der Niederlande, an ihn abgesandten Rat Cornelius Scepperus in Gegenwart seines Kanzlers und des Gouverneurs von Kassel Sigismund von Boyneburg, er, Philipp, habe ganz abgelehnt, was der König von Frankreich von ihm habe bitten lassen, ihm nämlich zehntausend Landsknechte zu werben. Philipp wollte Karl als dem Reichsoberhaupt und geschwornen Feinde des Franzosenkönigs nur immer fühlen lassen, was für ein einflußreicher Mann er sei.

Der geheime Grund, weshalb Philipp gern bei Karl gut stehen und seinen Einfluß möglichst bei ihm geltend machen wollte, waren seine Familienverhältnisse. Philipp war ein Mann von sehr sinnlich derber Natur, ein Herr, auf den die von dem großen Reformator gepriesenen drei köstlichen Stücke ›Wein, Weib und Gesang‹ sehr starken Eindruck machten. Vermählt war er seit dem Jahre 1523 mit Christine, der Tochter des reformationsfeindlichen bärtigen Georg von Sachsen-Dresden. Diese Gemahlin, nachdem sie ihm zehn Kinder geboren, war ihm nachgerade unangenehm und widerlich geworden. Er hatte sich mittlerweilen am Hofe seiner Schwester zu Rochlitz, die mit einem Bruder seiner Gemahlin, einem Sohne des bärtigen Georg, verheiratet war, in eine andere junge Dame verliebt, die ihm außerordentlich gefiel, in ein sächsisches Fräulein Margarethe von der Saal (Sahla). Er konnte aber mit seiner Werbung nicht zum höchstbegehrten Endziele kommen. Er faßte darauf den außerordentlichen Entschluß, eine zweite Gemahlin, eine ›Zufrau‹, wie er es nannte, zu nehmen. Er bezog sich dabei in den Ansinnen, die er an seine Gemahlin und seine Gewissensräte, die beiden großen Reformatoren, stellte, auf das Alte Testament und ließ die neuerlich (1532) erst im Reich publizierte ›hochnotpeinliche Halsgerichtsordnung‹ Kaiser Karls, die Bigamie mit Tod strafte, außer acht. Es gelang dem bibelvertrauten Herrn, seine Gemahlin und sogar Luther und Melanchthon zur Einwilligung in die zweite Vermählung zu bringen. Christine gab ihre ausdrückliche Genehmigung zur Heirat der Zufrau, die beiden Reformatoren erteilten sie ›der besonderen obwaltenden Umstände halber‹ [womit Philipps Beichte gemeint war, drei Hoden zu besitzen]. Darauf geschah die außerordentliche Hochzeit zu Rotenburg an der Fulda im Jahre 1540.

Die Sache war höchst geheim betrieben worden. Sowohl Luther und Melanchthon als auch der Kurfürst von Sachsen, der ebenfalls um die Sache wußte, hatten um Gottes willen gebeten, nichts davon laut werden zu lassen. Dennoch aber ward die pikante Angelegenheit bekannt, und sie hat für die Sache der Reformation nicht geringes Ärgernis und Unheil angestiftet. Philipps Schwager, Joachim II. Kurfürst von Brandenburg, der kurz zuvor zur Reformation übergetreten war, schrieb: ›Wer hat in langer Zeit jemalen von einer törichteren Sache gehört? Es muß dem Teufel viel Arbeit gekostet haben, dem Evangelium einen solchen Klotz in den Weg zu werfen!‹

Die traurigste Folge war, daß Philipp im Schmalkaldischen Kriege 1546 bei dem Feldzug an der Donau aus bösem Gewissen, aus Furcht, ›Leib und Gut, Land und Leute zu verlieren‹, wie er selbst einmal dem tapfern Schärtlin von Burtenbach zurief, als dieser einen ernstlichen Angriff gegen des Kaisers Lager bei Ingolstadt tat, sich so zaghaft bewies, daß der Feldzug ganz fruchtlos ablief. Philipp ward von allen Seiten sogar der Verräterei damals beschuldigt. ›Und war der Landgraf‹, schreibt Schärtlin, ›von aller Welt vor [für] einen großen Verräter der evangelischen Sache und des deutschen Reiches geachtet.‹ Und in den Briefen des Nürnberger Patriziers Imhof, die Hormayr neuerlich mitgeteilt hat, heißt es geradezu: ›Zu Halle hat der Graf von Fürstenberg ein großes Bankett gegeben und ist dort gesprochen worden, den Krieg habe der Landgraf mit heimlichem Wissen und Willen des Kaisers angefangen, damit derselbe sehe, wer sich darein legen wolle, auch damit man die Städte (in Deutschland) in Nachteil und Schaden bringen könne, damit sie ihre Macht und Herrlichkeit verlieren. So ist das alles ein Spiegelfechten gewesen, damit er die Städte und die deutsche Nation in Schaden bringe, wie vor Augen lieget. Darum dauert mich der arme Kurfürst (von Sachsen). Gott tröste ihn.‹

Es war wie eine bittere Verhöhnung, die dem sich so klug dünkenden Philipp von seinem ihm weit überlegenen Gegner [Karl V.] widerfuhr, daß die Strafe gerade die Konsequenz einer diplomatischen Überlistung war.

Philipp hatte ausdrücklich gesagt, ›daß er das Gefängnis mehr fürchte als den Tod‹ – er mußte es leiden, und es war schrecklich. Er ward erst von der spanischen Wache, die er erhielt, von Halle aus nach Oberdeutschland geführt, wo der Kaiser den Reichstag zu Augsburg abhielt. Philipp ward nach Donauwörth gebracht und außerordentlich schlecht gehalten; die Spanier lärmten Tag und Nacht in seinem Wohn- und Schlafzimmer und ließen ihm keine Stunde Ruhe. ›Wenn ich schlafe‹, schreibt er einmal im Oktober 1547, ›kommen zehn oder zwölf Spanier in meine Stube, ziehen die Gardinen auf, um zu sehen, ob ich durch einen Ritz oder Mäuseloch entwischt sei.‹ Der hohe Gefangene seinerseits mag freilich auch die Spanier nicht mit großen Artigkeiten erquickt haben, und was die Visitationen betrifft, so waren sie nur zu sehr gerechtfertigt, denn an

Flucht dachte Philipp vom ersten Moment an. Als er später nach den Niederlanden, wohin Karl sich wandte, abgeführt wurde, sah ihn der Chronist Sastrom zum Spott auf einem Pferde durch die Straßen von Speyer geführt werden, sein Schwert mit Stricken an der Scheide festgebunden, das katholische Volk rief mit Hohngelächter laut ihm zu: ›Allhier reitet der aufrührerische treulose Schelm und Bösewicht!‹ und noch weit härtere Worte. Der Landgraf ward erst nach Oudenarde und 1550 nach Mecheln gebracht, er stand hier unter seiner spanischen Wache, deren Hauptmann Don Juan Guevara ein ganz treuer, eisenfester Mann war, der dem Kaiser in Ungarn und Afrika gedient hatte.

Philipp saß zu Mecheln im kaiserlichen Palaste, den später die Jesuiten erhielten; er hatte die Erlaubnis, in dem anstoßenden Garten spazierenzugehen. Nur selten fuhr man ihn, wie er einmal schreibt, ›als Löwe und Spektakel‹ in einem Wagen spazieren. Seine Beschäftigungen waren Schach und Kegel, ein Kartenspiel, genannt Centum tres [Hundertdrei], und Bossieren [Wachsbildnerei]. Auch hielt er Religionsdisputationen mit den Spaniern, die, wie er sagte, ›die Lutheraner ärger hielten als Türken und Mohren, könnten sie sie alle töten, wenn sie von dem Glauben nicht abstünden, hielten sie für Ablaß‹. Am 22. Dezember 1550 machte er einen Versuch zu entfliehen; er wollte mit einigen Getreuen nach Köln reiten und von da nach Frankreich. Der Anschlag ward aber dem Hauptmann Guevara durch einen Bürger der Stadt Mecheln entdeckt und Philipp darauf vom Präsidenten Viglius mit Androhung der Tortur inquiriert. Er saß darauf im Hintergebäude des kaiserlichen Palastes in einem Kämmerlein, noch nicht zehn Fuß lang, dessen Fenster man sogar vernagelt hatte. Alle seine Pagen und Diener wurden ihm genommen. Philipp ward in diesem schrecklichen Gefängnis, in dem er noch zwanzig Monate aushalten mußte, zu einem Schatten; er war mehrmals dem Wahnsinne nah.

Endlich schaffte ihm der klügste unter den klugen Leuten damaliger Zeit Luft, sein Schwiegersohn Moritz, dem er es am wenigsten zugetraut hatte. Fünf Jahre hatte sein Jammer gedauert. Am 4. September 1552 nahm er in Trevueren Abschied von der Statthalterin Maria, am 12. September langte er in Kassel an. Er begab sich hier zuerst in die Martinskirche, um Gott zu danken. Die Kirche füllte sich mit Leuten, er kniete vor dem Grabmale seiner unterdessen 1549 verstorbenen Gemahlin Christine von Sachsen nieder und betete, bis der Ambrosianische Lobgesang erscholl.

Zwölf Jahre lang lebte Philipp noch nach seiner Befreiung. Die ›Zufrau‹ Margarethe von der Saal erhob er jetzt zu seiner wirklichen ehelichen Gemahlin. Von der ihm gründlich verleideten Diplomatie hielt er sich ganz fern, er war nicht einmal zu bewegen, dem Bündnis beizutreten, das der römische König

Ferdinand, Kurfürst August zu Sachsen und andere Fürsten gegen den vom Reichskammergericht geächteten Markgraf Albrecht von Brandenburg-Kulmbach, der immer noch öffentlich dem Landfrieden Trotz bot und den freilich Kaiser Karl selbst hegte und pflegte, geschlossen hatten. Er schrieb unterm 30. August 1553 an Kurfürst August: ›Die Bündnisse sind unser Zeiten niemals so nachteilig als dem, der ihnen treulich nachsetzt.‹ Philipps Hauptaugenmerk war, die von den Spaniern geschleiften Festungen wieder in guten Stand zu setzen. Außerdem trieb er großmächtig das Waidwerk; bei einer einzigen Hatze binnen wenigen Tagen wurden einmal im Jahre 1558, wie er selbst schreibt, ›über eintausendeinhundertzwanzig wilde Säue‹ erlegt. Zwei Jahre darauf fielen bei einem Treibjagen einhundertvierundfünfzig Hirsche. Philipp pflegte bei seinen Bauern, wenn sie Klage über den hochbeschwerlichen Wildstand führten, sich wieder aufs Alte Testament zu beziehen. Er sagte ihnen: ›Eure Kühe gehen in meine Wälder, meine Kühe dafür in Eure Felder. Hätte Gott kein Wild haben wollen, so hätte er es nicht in die Arche Noah mitnehmen lassen!‹ Dagegen hatte er einen gründlichen Abscheu gegen Astrologie, Nekromantie, Kristallsehen und andere dergleichen geheime Künste, die nächst der Jagd die Hauptbeschäftigungen damals fast aller Fürsten in Deutschland noch waren.

Philipp, von Steinschmerzen, Fußgicht und einem offnen Schaden am Bein schon lange geplagt, starb, dreiundsechzig Jahre alt, am 31. März 1567. Lebensmüde fuhr er zur Grube, der alte schwergeprüfte Herr von Hessen. Die letzte Prüfung die er erlebte, war noch sehr herbe. Die zweite Gemahlin, die gar oft ›ihren falschen Kopf‹ gegen ihn aufsetzte, die sieben verzogenen Söhne, die sie ihm geboren, die ebensooft ihm trotzten, brachten ihn zur Erschöpfung vor Zorn und Kummer er war oftmals dem Ende nahe, noch ehe er starb. Diese sieben Söhne Margarethens, ›die Ismaeliten‹, wie sie ihr Halbbruder Wilhelm IV. nannte, wurden als ›Grafen von Diez, geboren aus dem Hause Hessen‹ abgefunden und sind sämtlich ausgestorben.

Von seiner ersten Gemahlin hinterließ Landgraf Philipp der Großmütige neun Kinder, vier Söhne und fünf Töchter. Von diesen fünf Töchtern heiratete Agnes 1541 den berühmten Moritz von Sachsen und nach dessen Tode Johann Friedrich, den ältesten Sohn des großmütigen Johann Friedrich, der bei Mühlberg die Kur an ihren gewesenen ersten Gemahl, seinen Vetter Moritz, verloren hatte. Elisabeth ward mit Ludwig VI. Kurfürst von der Pfalz, Anna mit Pfalzgraf Wolfgang zu Zweibrücken vermählt, Barbara heiratete Herzog Georg von Württemberg-Mümpelgard und endlich Christine Herzog Adolf von Holstein.

Die vier Söhne haben die vier Linien Kassel, Darmstadt, Marburg und Rheinfels gestiftet.

Saxoniæ germen Rutæ CHRISTINA Virago.
Ornavit thalamum Magne PHILIPPE tuum.
Huius in adversis pietas generosa reluxit.
Mansit captivo dum quoq. fida Viro.

2. LANDGRÄFIN CHRISTINE

Von diesen vier Linien starben zwei 1604 und 1583 aus: Marburg und Rheinfels. Marburg hatte ein Viertel des ganzen Landbesitzes erhalten: Oberhessen mit Marburg und Gießen und die Grafschaft Nidda, die seit dem Jahre 1450 nach dem Aussterben der Grafen von Ziegenhain und Nidda bei dem Hause Hessen war. Rheinfels war ein Achtel zugefallen: die niedere Grafschaft Katzenelnbogen mit St.Goar am Rheine. Diese Grafschaft war seit dem Jahre 1479 nach dem Tode des letzten Grafen von Katzenelnbogen bei dem Hause Hessen; Philipps Großmutter war die Erbgräfin gewesen. Die beiden Linien Kassel und Darmstadt erhielten sich.

Kassel hatte ursprünglich die Hälfte des Landes erhalten: das Land Niederhessen, die großenteils bergigen und waldigen Landschaften an der Fulda und Werra mit der Hauptstadt Kassel und die Grafschaft Ziegenhain.

Darmstadt endlich hatte nur ein Achtel des Landes Hessen erhalten: die obere Grafschaft Katzenelnbogen unfern des Rheins mit der Hauptstadt Darmstadt.

Das Aussterben der Rheinfelser und Marburger Linien brachte große Streitigkeiten zwischen den Häusern Kassel und Darmstadt, Streitigkeiten, die durch eine religiöse Verfeindung noch vermehrt wurden: Während Darmstadt mit der 1607 neu gestifteten Universität Gießen weiterhin lutherisch blieb, wie die Kurfürsten von Sachsen mit ihrer Universität Wittenberg, wandte Kassel, dem die Universität Marburg endlich nach Beilegung der Streitigkeiten im Westfälischen Frieden blieb, wie die Kurfürsten von Brandenburg, sich dem milderen, reformierten Glaubensbekenntnisse zu.

LANDGRAF WILHELM IV., DER WEISE
1567 BIS 1592

In Kassel sukzedierte [folgte] der älteste der Söhne des großmütigen Philipp, Landgraf Wilhelm IV., zubenannt ›der Weise‹. Schon zu seines Vaters Lebzeiten hatte er diesem Beinamen Ehre gemacht, indem er, diplomatischer als sein Vater, ganz in der Stille mit seinem Schwager, Kurfürst Moritz von Sachsen, 1552 den Zug ins Tirol unternommen hatte, um Karl V. die endliche Entlassung seines Vaters aus dem Gefängnis und für seine Glaubensgenossen die Verträge zu Passau und Augsburg abzudringen. Bei der Welt galt Wilhelm, wie Moritz, für einen Trunkenbold; während man ihn aber in seinem Schlosse zu Kassel mit den Becherfreuden oder auf seiner einsamen Burg zu Friedewalde mit den geheimen Studien beschäftigt glaubte, wurde in tiefstem Geheimnis auf dieser Burg das Bündnis mit den Franzosen zustande gebracht, infolgedessen Wilhelm plötzlich mit Moritz vor der Ehrenberger Klause erschien.

Landgraf Wilhelm IV. war ein Mann von nur unansehnlichem Ansehn, sehr korpulent, aber ein biederer, gelehrter, für seine Zeit wirklich hochgebildeter, kräftiger, wohlwollender und im Religionspunkte sehr milder Fürst. Während Sachsen die streng lutherische Glaubensansicht festhielt, neigte man sich in Kassel seit dem Religionsgespräch in Marburg mit den Schweizern 1529 immer entschiedener zu einer milderen Meinung und der Toleranz. Wilhelm unterschrieb nicht die sächsische Konkordienformel, er mißbilligte sie im Gegenteil, er mißbilligte auch die harte Behandlung der Kinder Johann Friedrichs von Gotha durch Kurfürst August von Sachsen, er sprach sich auch sehr nachdrücklich gegen den Prozeß des Kanzlers Crell aus. Selbst ein Freund der Wissenschaften, beschützte und beförderte er dieselben. Wilhelm schrieb geläufig lateinisch und französisch. Er teilte aber auch noch die Hauptneigung seiner Zeit zu den geheimen Naturstudien. Wie Kaiser Rudolf II. in Prag, sein Zeitgenosse, trieb er vornehmlich Astronomie und Mechanik. Auf seinem Schlosse zu Kassel hatte er ein Observatorium, wo er den Gang der Planeten beobachtete, er war mit dem berühmten Tycho de Brahe eng befreundet, mit dem er einen astronomischen Briefwechsel, den dieser herausgegeben hat, bis zu seinem Tode führte. Leibniz nannte ihn einen zweiten Alfons, der Astronom Zach hat sein Leben beschrieben.

Ebenso wie die Probleme der Astronomie suchte er die der Mechanik zu lösen. Er war auch in der Arzneiwissenschaft erfahren. Er bekannte sich aber zu dem praktischen Hippokrates und verwarf den Paracelsus ›mit seinen chemischen Träumereien‹. Die Alchimie trieb er gegen seines Vaters Warnung lange eifrig, kam aber zuletzt zu der Überzeugung, daß, wer vorgebe, ›substantias metallorum et creaturarum [metallische und natürliche Substanzen]‹ zu verändern, ein Lügner sei. Er stellte zwar seinen Kindern Geburtshoroskope, verwarf aber Sterndeuter, wie Nostradamus, als Betrüger.

Schon unter seinem Vater 1557 hatte Wilhelm den Grundstein zu dem neuen Schlosse in Kassel gelegt. Er stiftete hier den mit Porträts geschmückten Goldnen Saal, der erst unter König Jérôme 1811 durch einen Brand unterging. Neben dem Kassler Schlosse dehnte sich, durch eine künstliche Bogenbrücke ohne Pfeiler, die sogenannte Narrenbrücke, damit verbunden, sein Lustgarten aus. In diesem Lustgarten hielt sich Wilhelm eine Menge seltener Pflanzen, die seine Kommissäre aus allen Zonen der Welt ihm einsandten. Er kaufte unter andern von einem Kapitän des ersten Weltumseglers Francis Drake indische Gewächse.

Türkische Tulpen und orientalische Hyazinthen und was die ausländische Flora sonst Neues und Seltenes brachte, ließ er durch seine Agenten sich kommen. In seinem ›Pomeranzenhäuschen‹ wandelte er unter Zitronen- und Feigenbäumen, Myrthen und Zypressen, Granat- und Lorbeerbäumen, ja Palmen. Stattliche Fischteiche lagen um den Garten herum. Das Pomeranzenhäuschen war für astronomische und physikalische Studien eingerichtet, versehen mit Galerien und Altanen. In dem offnen Saale dieses Lusthauses warf eine Fontäne, ›ein Spritzbrunnen‹, wie die staunenden Kasseler sie nannten, ihren Wasserstrahl bis zur Decke. Diese Decke schmückten Gemälde mit biblischen, auf Brunnen und Quellen bezüglichen Motiven, zum Beispiel Christus mit der Samariterin am Brunnen. Auf den andern Wänden in den Nischen waren allegorische Darstellungen, zum Beispiel ein fauler Ochs mit einem Reitsattel und der Unterschrift: ›Nemo contentus sua sorte [Niemand ist mit seinem Schicksal zufrieden]‹. Von dem Lusthause aus begann die Aue, ein Ackerfeld mit auserlesenen Obstarten, Kirschen, Äpfeln und Birnen bepflanzt, die der Landgraf, wie ein gewöhnlicher Hausvater, selbst pfropfte und okulierte. Diese Aue war von der Fulda umflossen und gehörte zu der anstoßenden Meierei. Landgraf Wilhelm IV. war als Staatswirt ein zweiter August von Sachsen, und wie Augusts Gemahlin, Anna, beschäftigte sich auch Wilhelms Gemahlin, die sanfte und bescheidene Sabine von Württemberg, in ihrer Hausapotheke mit der Bereitung von Arzneien nach eigenen Rezeptbüchern und verordnete in ihrem Testamente, daß aus der Hofapotheke armen Leuten aus Kassel und der Umgegend für immer frei Arznei gereicht werden solle. Sie starb nach fünfzehnjähriger Ehe, worin sie ihrem Gemahl elf Kinder geboren, schon 1581, dreiunddreißig Jahre alt. Der Landgraf, der sie nicht vergessen konnte, vermählte sich nicht wieder.

Wie Kurfürst August genoß auch Landgraf Wilhelm IV. die allgemeine Hochachtung seiner Zeit: Es ehrten ihn seine Brüder zu Marburg, Darmstadt und Rheinfels, Kaiser Maximilian II. und die Kurfürsten und Fürsten des Reichs; auch von auswärtigen Potentaten, von Heinrich IV. von Frankreich und Elisabeth von England, ward er durch Gesandtschaften begrüßt. In den Religionsbewegungen damaliger Zeit nahm er eine hervorragende Stelle ein; die streitenden Theologen aller Parteien schickten ihm ihre polemischen Werke zu und wagten doch nicht, das weise und wohltätige System seiner christlichen Duldung zu verunglimpfen.

Welche Biederkeit in diesem Herrn war und wie ernst er seinen Regentenberuf nahm, davon kann sein Testament Zeugnis geben. Er schärft darin seinem Sohne ein, seine Untertanen und Lehnleute ›wie sein eigen Fleisch und Blut‹, und zwar ohne Ansehn des Standes, zu lieben, den Räten ›ja nicht über das

Maul zu fahren, so daß sie ihn fürchteten und vor seinem Schaden nicht mehr warnten‹; er warnt ihn vor Leichtfertigkeit in Worten und Gebärden, ›ohnerachtet ihnen solches etzliche vor eine Kunst halten‹, vor allzugroßer Vertraulichkeit, vor Schmeichlern und Ohrenbläsern, ›welches eine jähe Gift bei jungen Herren‹, und ›daß er sich nicht unterstehe zu fliegen, ehe er Fittiche bekommen, damit es ihm nicht ergehe wie dem Ikaro und Phaethonti‹.

Gleichergestalt erteilte er auch seinem Schwestersohne, dem Pfalzgrafen Johann von Zweibrücken, bei seinem Regierungsantritte den heilsamen Rat: ›Ew. Liebden seien nicht zu hochmütig in der Regierung, sonst möchten Sie oben anstoßen und fallen. Bücken Sie sich aber auch nicht zu tief, sonst sieht man Deroselben unter den Rücken.‹

Landgraf Wilhelm IV. starb, einundsechzig Jahre alt, 1592 den sanften Tod der Gerechten; zehn Jahre lang hatte er, wie de Thou erzählt, ihn schon erwartet, und weil er wegen seiner großen Korpulenz einmal plötzlich über Nacht hinweggenommen zu werden befürchtete, während dieser zehn Jahre jedesmal nach dem Abendgebet, das er mit seiner Familie und dem Hofgesinde hielt, dieses um Verzeihung gebeten und von ihnen Abschied genommen, als sollte er sie am Morgen nicht wieder erblicken.

Er hinterließ von seiner geliebten Gemahlin Sabine von Württemberg nur einen Sohn, den Nachfolger Moritz, und drei Töchter, die in die Häuser Sachsen-Eisenach, Nassau-Saarbrück und Schaumburg sich vermählten, eine vierte Tochter blieb unvermählt.

Außer diesen rechtmäßigen Kindern hinterließ er noch einen natürlichen Sohn: Philipp Wilhelm von Cornberg, welcher mit einem Lehne von viertausend Gulden versorgt wurde.

Charakteristisch für Wilhelm IV. und seine Bescheidenheit in einer bereits zur pompösen Hofhaltung neigenden Zeit ist ein Schreiben an seinen Bruder in Rheinfels vom 4. März 1575 in Antwort auf dessen Klagen über Mangel in seinem Hofhalt:

›Unangesehen, daß wir nunmero in fünf Teil zerstickelt, unterstehet sich doch ein jeder, einen großen ansehnlichen Hof von Edel und Unedel zu halten. Sonderlichen nehmen auch unser einesteils die großen Scharrhanssen [Prahlhänse] in den güldnen Ketten an Hof, samt Weib und Kindern, denen muß man nichts versagen, sondern ihnen Küch und Keller Tag und Nacht offenstehen, geben darzu groß Dienstgeld und meinen uns damit eine große Autorität zu machen, da sie doch mit ungewischtem Maul davonziehen und dessen nicht allein keinen Dank wissen, sondern unser noch in die Zähne spotten. Zudem so lassen wir es dabei nicht, sondern wollen unser Frauenzimmer, desgleichen die Edel-

3. Landgraf Wilhelm IV.,
der Weise

knaben, auch die Junker selbst, in Samt und seidene Kleider, item unsere Pferde
mit Federn und samtnem Zeugen ausputzen, anders nicht, als wenn wir welsche
Zibetkatzen, welches sich gar übel in diese Art Lande pfropfet. Denn unser H.
Vater gottseliger hatte das ganze Land allein, schämete sich nicht, sein Frauenzimmer in Arras und Burstedt mit Bureten schön Atlas verbrämet, desgl. S. Gnaden Jungen in gut Lundisch Tuch, auch mit solchem Atlas verbrämet (wenn
S. Gnaden gleich auf Reichstage zogen) zu kleiden; und wir, die wir S. Gnaden
Land in so viel Teil zerstickt haben, fahren so hoch daher, welches wahrlich in
die Länge schwerfallen wird, sonderlich, wenn dermaleinst ein rauher Wind
kommen wird, daß wir in Krieg und dergleichen geraten würden, dafür uns doch
Gott der Herr gnädiglich behüten wolle. Denn wahrlich die welsche und
deutsche Pracht dienen nicht zusammen: Sintemal ob sich wohl die Welschen
mit Kleidungen stattlich halten, so fressen sie doch desto übler und sparsamer,
lassen sich mit einem Gericht Eier und Salat begnügen, da die Deutschen das
Maul und Bauch voll haben wollen; darum ohnmöglich beide deutsche und
welsch Gepränge miteinander zu tragen. Es verderben auch beide Fürsten, Grafen und Edelleute, so solches anstellen, und kommen darüber in Leiden und
Not, richten darnach, wenn sie verdorben sein, Jammer und Not an, wie E. Liebden in Frankreich und denen Niederlanden vor Augen sehen. Dabei lassen wir
es nicht, sondern behängen uns auch noch neben den vielen von Adel und Frauenzimmer an Hof mit einem Schwarm Doktoren und Kanzleienschreibern, daß
schier unser keiner ist, der auf seiner Kanzlei nicht schier so viel, wo nicht mehr
Doktores, Sekretarien und Schreiber und dazu in höherer Besoldung hat als unser H. Vater gottseliger selbst. Denn obwohl S. Gnaden vor derselben Kustodien
fast des ganzen Reichs und sonderlich des Schmalkaldischen Bundes Sachen,
dazu auch die beschwerliche Rechtfertigungen mit Nassau auf sich liegen gehabt, hielt S. Gnaden doch dazumal nicht mehr Doktores als Dr. Walthern, dem
gab S. Gnaden 50 Gulden und dem Kanzler 80 Gulden, hielten daneben einen
Sekretarium als Simon Bingen, der diente länger als 20 Jahr ohne alle Besoldung;
jetzund aber hat unser jeder die Anzahl Doktoren, wo nicht mehr und doch nicht
den vierten Teil Landes, auch nicht den hundertsten Teil der Sachen, so dieselbe
habe müssen ausrichten. Zudem hat unser jeder so einen Haufen Jäger, Köche
und Hausgesinde, daß schier zu einem jeden Berg ein eigener Jäger, zu jedem
Topf ein eigener Koch und zu jedem Faß ein eigener Schenke ist; welches alles
wahrlich die Länge nicht guttun, sondern die hohe Notdurft erfordern wird, wollen wir anders nicht verderben und in Schulden geraten, sondern der Landschaft dasjenige halten, was wir ihr zugesagt, nämlich die alten Schulden abzu-
tilgen, darzu sie auch schier all ihr Vermögen uns vorgestrecket, daß wir uns an-

ders in die Sache schicken. Hier wollen wir geschweigen der großen Gebäu [Bautätigkeit], darin sonderlich wir uns hart vertieft. Dergleichen das Spielen und das Ausreisen auf Tänze fremder Fürsten, welche beide Stück den Beutel weidlich fegen und räumen, indem, ob man wohl an etlichen Orten ausquittieret wird, so gehet einem doch auf allerlei Wege noch eins soviel darauf, als wenn eines daheim wäre. Sintemal wir es alle (außer Landgraf George [zu Darmstadt]) dermaßen angestellet, wenn wir früh ausziehen, wir doch daheim in unserer Haushaltung so viel Gesinde hinterlassen, daß man kaum merket, daß wir ausgezogen sind. Darum unsere, der Gebrüder, soviel unser ist, hohe Notdurft, daß wir diese Dinge wohl bedenken und unsere Haus- und Hofhaltung anders anstellen, alles unmögliche und unnotwendige Gesinde von Großen bis auf den Kleinsten, des man immer entraten kann, abschaffen.‹

LANDGRAF MORITZ DER GELEHRTE
1592 BIS 1627

Die glanzvollste Stellung in Deutschland erlangte Kassel durch Wilhelms IV. Sohn, Landgraf Moritz, zubenannt ›der Gelehrte‹, der 1592 bis 1627 regierte und 1632 starb. Er war es, der 1605 zu den Kalvinisten übertrat und dieser Partei das Übergewicht in Deutschland verschaffte.

Landgraf Moritz wurde geboren 1572 und war bei seinem Regierungsantritt zwanzig Jahre alt. Er ward als der einzige Sohn seines Vaters zärtlichst von ihm geliebt und sorgfältigst von ihm erzogen. Unter seinen Präzeptoren waren auch, um frühzeitig die Sprache ihm beizubringen, zwei junge Franzosen, die Beza in Genf empfohlen hatte. Moritz war der Sohn eines gelehrten Vaters und selbst einer der gelehrtesten Fürsten. Moritz vermochte schon in seinem fünfzehnten Jahre zwei Tage lang eine öffentliche Prüfung bei den Marburger Professoren in lateinischer, griechischer und hebräischer Sprache, in Poesie, Logik, Ethik, Geschichte und allen Gebieten der Theologie mit dem höchsten Ruhme zu bestehen. Dabei war er auch körperlich mit allen Gaben der Natur ausgestattet, ein schmucker, stattlicher, gewandter Herr, ungemein beredt, witzig und geistreich. Auf zeitgenössischen Bildern erscheint er in französischer Hoftracht, in Kinn- und Schnauzbart, buntfarbigem, mit Pelz verbrämtem, mit Gold und Silber gesticktem Mantel, seidnem Wams, seidnen Strümpfen, kostbarer Spitzenhalskrause samt goldner Halskette, breiter Kniebandschleife, großer Schuhquaste, im Federhut mit Agraffe, zur Seite einen kostbaren Degen und einen Dolch.

Sein Obrist Asmus von Baumbach berichtet: ›Ihrer Fürstlichen Gnaden Natur und Humor war sonst sehr gut, wie man in der Jugend wohl merkte, indem sie gegen männiglich mit Reden und Gebärden sehr freundlich und human gewesen und solches ihm hernach anhangend geblieben, so daß, als ihn hernach Jähzorn bisweilen und oftmals überfallen, hat er doch Personen hohen und niederen Standes dermaßen gewinnen können, daß man sich darüber verwundern müssen.‹

Schon als Knabe verriet sich der Ehrgeiz, der dem Manne später zwar Ruhm, aber auch große Unruhe brachte. Als man ihn in das Zeughaus einst führte, sagte er zum Obristen von Rollshausen: ›Ei, des feinen Geschützes, wer nur so viel Pulver hätte!‹ Darauf sah er den Kornspeicher und meinte, er möge soviel Dukaten zu haben, als dort Erbsen wären. Als der Obrist ihn fragte, was er damit machen wollte, soll er geantwortet haben: ›Soldaten halten und Krieg führen.‹

Die ersten zwanzig Regierungsjahre des Landgrafen Moritz waren indes Friedensjahre in Deutschland, und er benutzte sie, um seinem kleinen Hofe allen jenen Glanz und Schmuck zu verleihen, den eine feinere Bildung und ein besserer, den Künsten und Wissenschaften zugewendeter Geschmack gibt. Moritz trieb zwar noch Jagd und Salmenfang und Alchimie, aber er gab das erste Muster eines auf moderne Art umgeschaffenen Hofhalts. Sein Vorbild dabei war Holland; er war der Meinung, daß die Höfe nicht hinter den Republiken zurückbleiben müßten. In diesem Sinne warf er sich zum Patron der Wissenschaften auf, zog gelehrte Leute ins Land, legte eine Buchdruckerei in Kassel an, begründete zuerst wissenschaftliche Sammlungen und brachte römische Altertümer zusammen. Seine Hauptschöpfungen waren eine Hofkapelle, ein Hoftheater und vor allem andern die berühmte, aber schon in den ersten Drangsalen des Dreißigjährigen Kriegs wieder zerstörte Ritterakademie zu Kassel.

Moritz ist der erste kleine Fürst in Deutschland gewesen, der sich eine Hofkapelle hielt, die nach italienischem Muster eingerichtet war und zu der eigens italienische Sänger verschrieben wurden. Ebenso auf italienische Art war das Hoftheater eingerichtet, auf dem Schauspiele nach dem Muster der alten Tragödien und Komödien zur Aufführung gebracht wurden. Um dafür Schauspieler zu bekommen, ward im Jahre 1599 eine Hof- und Ritterschule errichtet; die Zöglinge derselben, junge Leute von Adel, einheimische und fremde, übernahmen die Rollen, und aus dieser Hof- und Ritterschule entstand im Jahre 1618 die berühmte Moritzische Ritterakademie im ehemaligen Karmeliterkloster zu Kassel.

Die ausgesprochene Absicht des Landgrafen bei dieser Stiftung war, aus den jungen adeligen Seelen frühzeitig bäurische Roheit, Ränkerei, Rauferei, Duellsucht und Junkerübermut zu verbannen, Laster, welche die Reformation seither nicht hatte beseitigen können. Für das Hauptlaster der alten Herren vom Adel, die Schlemm- und Zechwut, war schon 1601 ein Mäßigkeitsorden gestiftet worden; es ist dies eine der ersten Mäßigkeitsgesellschaften, welche in der Geschichte vorkommt. Teilnehmer waren Landgraf Ludwig V., der Vetter in Darmstadt, der Kurfürst Friedrich IV. von der Pfalz, Markgraf Johann Georg von Jägerndorf, Bruder des Brandenburger Kurfürsten, der Graf Friedrich Heinrich von Nassau, die Grafen von Solms, Erbach, Leiningen und mehrere andere. Alle Teilnehmer des Ordens hatten sich bei Strafe verpflichtet, zu einer Mahlzeit nicht mehr als sieben Ordensbecher mit Wein auszutrinken und innerhalb vierundzwanzig Stunden nicht mehr als zwei Mahlzeiten zu halten.

Die Kleidung der Schüler der Ritterakademie war von violenfarbigem Tuch mit Mantel. Gelehrt wurde Lateinisch und Griechisch, Französisch, Spanisch, Italienisch und Englisch, Theologie, Philosophie, Geschichte, Mathematik, Astronomie und Kriegswissenschaft. Für körperliche Übungen gab es eine Reit-, Fecht-, Tanz- und Voltigierschule. Auch Musik ward gelehrt und getrieben. Nebst den Söhnen des Adels und der benachbarten Grafengeschlechter studierten auch Ausländer: Franzosen, Niederländer, Engländer, Böhmen und Ungarn.

Diese Ritterakademie war des Landgrafen Augapfel; er selbst hielt vom Katheder herab Reden in deutscher und lateinischer Sprache, disputierte, korrigierte und zensierte selbst die schriftlichen Arbeiten der Schüler, und zwar oft sehr hart. Einem von Calenberg schrieb er zum Beispiel unter sein lateinisches Exerzitium: ›Errata quis enumeret [Wer zählt die Fehler]?‹ Das Thema der Arbeit war: ›Es wäre zu wünschen, daß man vor keinem Edelmann den Hut eher abzüge, bis er einen Grad auf einer Hohen Schule erlangt oder des Vaterlands Feinde vertreiben helfen.‹ Fast alle Exerzitien der adeligen Hochschüler wurden als Dokumente der Stupidität und der Faulheit bezeichnet. Doch gingen auch einzelne sehr berühmte Herren aus dieser Ritterakademie hervor, namentlich Graf Moritz von Nassau-Siegen, des Landgrafen Schwager, der im Jahre 1636 holländischer Gouverneur von Brasilien ward.

Nach Beendigung der Studien schickte der Landgraf die ausgezeichneten Schüler auf Reisen. Drei Tonnen Goldes verwandte Moritz auf diese gelehrte Anstalt.

Außer den bei den Tragödien und Komödien agierenden Zöglingen der Ritterakademie hatte der Landgraf auch englische Komödianten bei sich, und ihre Unterhaltung kostete ebenfalls nicht wenig. Er erlaubte ihnen, andere Höfe und Städte zu besuchen, wie Prag, Berlin und Nürnberg. In einer Nachricht von letzterem Orte heißt es zum Jahre 1612, ›daß sie etliche schöne und zum Teil in

Deutschland unbekannte Komödien und Tragödien gehalten hätten und dabei eine gute, liebliche Musik, auch allerlei welsche Tänze mit wunderlichem Verdrehen, Hüpfen, hinter und für sich Springen, welches lustig zu sehen, dahin ein groß Zulaufen von Alten und Jungen, von Manns- und Weibspersonen, auch von Herren des Rats und Doktoren gewesen‹.

Zu diesen theatralischen Lustbarkeiten fügte noch der Landgraf sogenannte Inventionen [Erfindungen], mythologisch-allegorische Stücke nach seiner eigenen Erfindung. Es kamen da zur Vorstellung die heroischen Taten der Griechen und Römer, das Urteil des Paris, Perseus und Andromeda, der Triumph eines römischen Konsuls; man sah ferner romantische Inventionen, Kreuzritter traten auf, oder verzauberte Prinzessinnen wurden aus der Gewalt von Riesen und Drachen befreit; von allegorischen Inventionen erschienen die Weltteile mit ihren Emblemen oder die vier Kardinaltugenden, welche das Ideal eines fürstlichen Greises, den das dreiflammige Schwert führenden Evergetes, umgaben, oder das vielgestaltige Laster, gezogen vom Teufel als Kutscher des Hauptwagens.

Zur Aufführung der Komödien und Tragödien ließ Moritz ein eignes Theater erbauen; für die Aufführungen der Inventionen wie für die Fuß- und Roßturniere und Ringelrennen war im Jahre 1593 die Rennbahn vor dem Schlosse erbaut worden. Neben ihr sah man das sogenannte Indizierhäuslein, wo die Hoffräulein in ihrem besten Schmucke zuschauten und zu Ende den Dank austeilten. Dahinter lag die Aue und der Werder der Fulda, und hier wurden zuweilen stattliche Feuerwerke abgebrannt, die damals eben in Italien und Frankreich in die Mode kamen.

Nächst diesen Gebäuden zu den theatralischen Lustbarkeiten baute sich Moritz auch noch in der Nähe der Residenz ein kleines erstes hessisches Lustschloß; im Jahre 1606 wurde das verlassene Kloster auf der schönen Höhe des Weißensteins, der heutigen Wilhelmshöhe bei Kassel, in eine freundliche Villa umgewandelt und mit Gärten, Lusthäusern, Grotten und Springbrunnen umgeben. In diesem ›Moritzheim‹, wie es dazumal genannt wurde, verweilte der Landgraf oft zur Erholung und um den schönen Studien zu obliegen; er brachte hier eine ansehnliche Sammlung von seltenen Pflanzen, Sträuchern und Bäumen zusammen.

Moritz hatte sich ein Jahr nach seinem Regierungsantritt, 1593, einundzwanzigjährig, mit der schönen fünfzehnjährigen Prinzessin Agnes von Solms-Laubach vermählt, sie starb schon nach neun Jahren, 1602. Darauf heiratete der Landgraf in zweiter Ehe eine Dame aus dem Lieblingsland Holland, die sechzehnjährige geistreiche Prinzessin Juliane von Nassau-Siegen. Die erste nannten die Hofdichter in Kassel Venus, die zweite Minerva.

Bei der Hochzeit mit der solmischen Venus hatten die Städte des Landes ihrem jungen Herrn eine stattliche Leibwache von zweihundertfünfundsechzig in roten und weißen Taffet gekleideten und armierten Trabanten zum Hochzeitsgeschenke verehrt. Im Verhältnis zu dieser stattlichen Leibwache stieg auch Zahl und Glanz des übrigen Hofstaats. An die Stelle der großen Einfachheit, die noch seines Vaters Hofhalt ausgezeichnet hatte, trat jetzt Wohlleben und Pracht, und die Folgen davon waren öfters eintretende Geldnot und Schulden. Von Moritz datiert eine Hauptumänderung im Hofhalt: Anstelle der sonst im Schlosse zu Kassel an alle Hofbeamten und Räte verteilten Mahlzeit vergab Moritz ab 1615 ein Geldäquivalent.

Der Kassler Hof unter Landgraf Moritz war einer der glänzendsten und belebtesten in Deutschland. Es drängte sich der Adel zu ihm in den Hofdienst, selbst Reichsgrafen, namentlich die umher gesessenen Lehngrafen des Hauses Hessen. Fort und fort kamen Besuche, namentlich viele fürstliche Frauen, die ins Bad nach Ems reisten; die Kurfürsten von der Pfalz, von Sachsen, von Brandenburg erschienen zu Besuch, und im Jahre 1594 der König von Dänemark, der in eigner Person bei dem Erstgebornen des Landgrafen Pate stand. Zwei Jahre darauf, im Jahre 1596, hob ein englischer Gesandter Graf Lincoln im Namen seiner Königin, der großen Elisabeth, des Landgrafen älteste Tochter aus der Taufe.

Mit der Königin Elisabeth und mit Jacob I. von England sowie mit König Heinrich IV. von Frankreich hatte Moritz fortwährenden Kontakt durch Gesandte.

Die merkwürdigste Gesandtschaft, die zu Moritz' Zeiten in Kassel erschien, war eine persische vom großen Schah Abbas. Sie kam im Jahre 1600, und an ihrer Spitze stand Sin Ali Bey, angeblich ein Vertrauter des Schahs. Es führte sie ein nach Persien ausgewanderter Engländer Anton Shirley, mit dem der große Abbas aus einer Schüssel gespeist und aus einem Becher getrunken hatte und der nachher, wie Graf Khevenhüller in seinen ›Ferdinandeischen Annalen‹ berichtet, in spanische Dienste eintrat. Der Zweck dieser Gesandtschaft war wahrscheinlich, die Deutschen zu einem Kriege gegen die Türken zu vermögen. Das Kreditiv des Schahs in persischer Sprache an Landgraf Moritz verspricht den Christen, sechzigtausend Reiter und sechzigtausend Bogenschützen zu stellen, permanente Gesandtschaften mit ihnen zu unterhalten, ihnen seine Staaten zu öffnen und ihnen Handels- und Religionsschutz daselbst zu gewähren.

Nur eines kleinen Landes Herr, übte Landgraf Moritz dennoch einen sehr bedeutenden geistigen Einfluß aus. Er war ohne Zweifel eine der bedeutendsten Persönlichkeiten unter den Fürsten Deutschlands damaliger Zeit. Er war sechs

Sprachen mächtig, des Lateinischen, Griechischen, Französischen, Englischen, Italienischen und Spanischen, erfahren im Recht, in der Philosophie, in der Geschichte. Er trieb eifrig, wie bereits sein Vater, Mathematik und Mechanik, er erfand eine Art von Telegraphie. In der Medizin war er nicht minder wohl bewandert, er bereitete selbst Arzneien, Öle und Essenzen. Gegen die Warnung seines Vaters legte er sich auch auf Astrologie und Alchimie. Noch kurz vor seinem Tode ließ er sich alle seine geheimen chemischen Handschriften in sein Schlafzimmer bringen, sechshundert an der Zahl, sie ordnen und einen Katalog darüber machen. Den Hauptteil bildete die Korrespondenz mit den berühmten Adepten der Zeit, namentlich mit dem Magus Kaiser Rudolfs II. zu Prag, John Dee.

Auch in den Künsten war Moritz wohl beschlagen, namentlich in der Musik: Er liebte sie sehr, sang selbst und spielte Klavier, Laute, Zither und Harfe. In der Kompositionskunst war er so wohl erfahren, daß er zu einigen der verdeutschten Lobwasserschen Psalmen, zu Kirchenliedern Luthers und andrer Kirchendichter neue Melodien komponiert hat.

Moritz ist selbst als Schriftsteller aufgetreten; seine lateinische Prosodie erlebte sieben Auflagen, die letzte erschien noch im Jahre 1752. Eine Ethik mit Beispielen aus den weltlichen und geistlichen Schriftstellern des Altertums ließ er durch Goclenius, Professor zu Marburg, herausgeben. Endlich ließ er auch ein französisches Wörterbuch drucken, in dessen Vorrede er seine Ritterakademiker zum Studium der französischen Schriftsteller auffordert.

Die erste Buchdruckerei, die in Kassel angelegt wurde, war die Typographia Mauritiana; Moritz gründete sie in seinem Lusthause in der Aue. Aus ihr gingen im Anfang des siebzehnten Jahrhunderts die Arbeiten der hessischen Gelehrten hervor, unter denen zwei hervorzuheben sind: die hessische Chronik und Ortsbeschreibung des Geographen und Ingenieurs Wilhelm Dillich, die im Jahre 1605 erschien, und zehn Jahre später, 1615, die berühmte Fama fraternitatis R. C., das ist ›Roseae Crusis‹, die Konfession der Brüderschaft des Rosenkreuzerordens. Diese merkwürdige Schrift war eine Proklamation an alle Oberhäupter und Gelehrten Europas mit der Verkündigung einer Generalreform in wissenschaftlichem und in moralischem Bezuge. Absicht dieser Fraternität war, gemäß den Satzungen der ersten apostolischen Kirche alle Sekten aufzuheben; jedes Mitglied sollte ein solches Leben führen, als wenn es von Anfang der Welt an gelebt habe und bis ans Ende der Welt leben werde, keines sollte irgendeine seiner Handlungen verhehlen, dabei weder Armut scheuen noch Krankheit noch Alter. Zu den ersten Teilnehmern und Beförderern dieses Ordens gehörten zwei Hessen, die berühmte Theosophen waren: der Leibarzt des Landgrafen, Michael Mayer, aus Holstein gebürtig, ehemals Leibarzt Kaiser Rudolfs II. und weltbekannt als Autor mehrerer alchimistischer Schriften, die er unter dem Titel ›Chevalier imperial [Kaiserlicher Ritter]‹ (er war kaiserlicher Pfalzgraf und Ritter) herausgab, und ein Professor zu Marburg, Rudolf Eglinus, gebürtig aus Zürich. Die übrigen Teilnehmer waren zum großen Teil Kalvinisten, weshalb die Widersacher den Buchstaben R. C. die Deutung ›Religio Calvinistica [Kalvinistische Religion]‹ unterschoben.

Der Hauptstamm der vielen gelehrten Leute, die Landgraf Moritz ins Land zog, kam aus Holland, zum Beispiel Thysius aus Antwerpen, der 1600 landgräflicher Sekretär und Bibliothekar ward, und Jungmann aus Gent, Rektor des Pädagogiums zu Kassel.

Vom Juni bis November 1602 unternahm Landgraf Moritz eine fünf Monate dauernde Reise nach Frankreich und stattete dabei König Heinrich IV. seinen Besuch ab. Die Reise ward inkognito gemacht und ging über Genf in den Süden von Frankreich nach Marseille und Montpellier bis zur spanischen Grenze und von da über Bordeaux, Poitiers und Tours. Am 28. September langte der Landgraf in Fontainebleau an, ›der lustigsten, größten, schönsten und stattlichsten Residenz in Frankreich‹. Moritz sprach den König von Frankreich in drei Audienzen zu Maison, St. Germain und im Louvre zu Paris. Gleich neben dem Louvre bei seinem ersten Maître d'hôtel hatte ihm Heinrich eine Wohnung angewiesen und ließ ihn prächtig bewirten. Die Unterredungen mit dem König gingen über die Kaiserwahl in Deutschland und über die evangelische Union. Am 16. Oktober verließ Moritz Paris, zurückgerufen durch die Nachricht von der Krankheit seiner hochgeliebten ersten Gemahlin, Agnes von Solms. Er traf sie im November rettungslos, am 23. verschied sie.

Heinrich ernannte am vierten Tage nach des Landgrafen Abreise von Paris denselben zum Colonel général des gens de guerre Allemands, qui seront dorénavant entretenus en France [Generaloberst der deutschen Kriegsleute, die künftig in Frankreich unterhalten werden].

Moritz gehörte zu den wenigen, die den großen europäischen Föderationsplan des französischen Königs kannten, welchen Sully in seinen Memoiren mitteilt, jener merkwürdigen Antizipation der Heiligen Allianz, durch die das übermächtige Haus Habsburg auf Spanien und Amerika reduziert und Europa in sechs Erbreiche, fünf Wahlreiche und vier Republiken aufgeteilt werden sollte. Heinrich hatte seine Vorbereitungen zur Ausführung dieses Plans vollendet und dem Landgrafen durch seinen Minister unterm 8. Mai 1610 schreiben lassen, daß er, der König, mit seinem Heere am 20. Mai an der deutschen Grenze eintreffen werde – als am 14. Mai dieser große Plan durch Ravaillacs Mordmesser

4. LANDGRAF MORITZ DER GELEHRTE
MIT FAMILIE

vereitelt wurde. Auch nach Heinrichs Tode aber dauerte des Landgrafen gutes Einvernehmen mit der Krone Frankreich fort.

Landgraf Moritz erlangte seine größte Bedeutsamkeit durch die Stellung, die er in den damals allen anderen Interessen beherrschenden Religionsangelegenheiten einnahm.

Er stellte sich an die Spitze des Prinzips der Toleranz, durch das Holland und England groß geworden sind, das aber in Deutschland später erst durch Preußen durchdrang. Kassel wurde unter Landgraf Moritz der Sitz der religiösen Duldung; er kam allen, die, durch Religionsverfolgungen aus ihrem Vaterland vertrieben, Schutz und Hülfe suchten, bereitwillig durch seine Verordnungen vom Jahre 1604 und 1618 entgegen, in denen er beklagt, daß ›auf Anstiften der jesuitischen Sekten viele fromme und gutherzige Leute wegen Bekennung unsrer wahren, seligmachenden, christlichen Religion verfolgt und ausgetrieben werden‹. Im Jahre 1615 war die Zahl der Flüchtlinge schon so groß, daß ihnen ein besonderer Gottesdienst in der Neustädter Kirche zu Kassel bewilligt wurde; diese Flüchtlinge blieben, bis sie die Stürme des Dreißigjährigen Kriegs meistens wieder verscheuchten.

Das Wichtigste, was Landgraf Moritz im Religionspunkte tat, war, daß er 1605 zu dem Bekenntnis der Reformierten in der Schweiz übertrat, dem die Niederländer, Engländer und die Hugenotten in Frankreich beigetreten waren. Er erließ die sogenannten vier Verbesserungspunkte, kraft derer hinfort in Kassel das Brot beim Abendmahle gebrochen, statt der Altäre einfache Tische gebraucht, Bilder, Kruzifixe und Kreuze entfernt und die zwölf Gebote nach dem Urtext eingeteilt werden sollten. Im Jahre 1618 ließ der Landgraf die Dortrechter Synode beschicken und unterschrieb die Sätze derselben, ohne sie aber zu ausdrücklichen Glaubensartikeln in seinem Lande zu erheben.

Die Entschiedenheit, mit der sich Moritz gegen die starren, strengen Lutheraner erklärte, war es, die andern Fürsten in Deutschland das Beispiel gab, er erhob damit die in den Staaten der deutschen Fürsten unterdrückte Partei der Reformierten plötzlich zu einer bedeutenden Höhe. Die Lutheraner sahen sich überflügelt, die Katholiken wollten die Reformierten nicht der Wohltat des Religionsfriedens, der nur mit den strengen Bekennern der Augsburgischen Konfession abgeschlossen worden sei, teilhaft werden lassen. Die Jesuiten glaubten, daß die innere Auflösung der Protestanten vollkommen geworden sei, sie schlugen los; der Dreißigjährige Krieg begann. Man kann sagen, daß Landgraf Moritz den Ausbruch desselben wesentlich mit veranlaßt hat, sein unverhaltener Ehrgeiz war kein geringer Anlaß dazu. Der bekannte Daniel L'Hermite, der sich bei der Gesandtschaft befand, die der mediceische Großherzog von Florenz,

Cosmus II., nach Deutschland im Jahre 1609 schickte, schildert den Landgrafen, den er an dem Hofe zu Berlin traf. Das Beglaubigungsschreiben der Gesandten lautete an Seine Exzellenz, nicht an Seine Hoheit, unwillig warf es Moritz, nachdem er einen Blick darauf geworfen, auf den Tisch. Mit Mühe beschwichtigte der gewandte Diplomat den ehrgeizigen Herrn, unterhielt sich sodann mit ihm in fünf Sprachen und verwunderte sich, seiner etwas hervorstehenden glänzenden Zähne gedenkend, über seine bittre Spottsucht. Tags darauf hatte L'Hermite volle Gelegenheit, den rücksichtslosen Haß des Kalvinisten gegen die Katholiken kennenzulernen. Bei der kurfürstlichen Tafel mitten unter gefälligen Gesprächen erhob der Landgraf Moritz einen ungeheuern Pokal und trank auf das Wohl der Könige von Frankreich und England und auf das Verderben des Königs von Spanien.

Nach dem Tode Kaiser Matthias', im Frühjahr 1619, stellte Moritz den Herzögen von Braunschweig in Wolfenbüttel, Ulrich Friedrich und dem wilden Christian, vor: Jetzt sei es Zeit, Deutschland zu retten. Gerade vor hundert Jahren habe die Wahl Karls V. den ersten Religionsverfolger aus dem Hause Habsburg zur Welt gebracht. Gott mahne zum zweitenmale. Auch ein evangelisches Haupt könne das Reich regieren. Von den beiden Reichsverwesern [Sachsen und Pfalz] hänge es ab, einen Imperator imperatus, einen aufgedrungenen Kaiser, abzuwenden. Vermittelst einer allgemeinen, im Notfall bewaffneten, evangelischen Konföderation könne man sogar die beiden Reichsverweser entbehren. Ein paar Reichsfürsten, wie er und Braunschweig, müßten den Anfang machen.

Als die Nachricht von der großen Niederlage in der Schlacht auf dem Weißen Berge eintraf, ahnte dem Landgrafen wohl, welch schwerer Sturm auch über ihn ergehen werde. Schon beim Mühlhauser Konvente zwischen den Kurfürsten von Mainz, Köln und Sachsen, dem auch Ludwig, der Darmstädter Vetter, beiwohnte, hatte der Kölner Erzbischof Ferdinand, ein Bruder Herzog Maximilians von Bayern, einmal geäußert, man müsse dem Kassler Landgrafen, weil er der Hauptträdelsführer der ganzen Faktion [Partei] sei, eine Husche geben. — Seine wohlbekannte freimütige Bekämpfung katholischer Glaubenssätze, seine Anhänglichkeit an die Union der deutschen Protestanten und an das durch Verwandtschaft mit ihm verbundene Haus Oranien in Holland, das mit Spanien im Kriege lag, seine genaue Verbindung mit Heinrich IV. von Frankreich und den Hugenotten waren den Jesuiten in Wien wohlbekannt, diese Jesuiten hatten rings um sein Land ihre Standlager zu Fulda, Heiligenstadt, Paderborn und Fritzlar, von wo aus Moritz manches Opfer ihrer Verfolgungssucht in seinen Schutz genommen hatte. In den Reihen der Lutheraner konnte er nicht minder bittrer Feinde sich versehen, der erbittertste derselben war sein Vetter zu Darmstadt. Mit dem Hause Darmstadt lag Moritz eben in dem heftigsten Privatstreite wegen des Testaments des letzten Landgrafen von Marburg, Ludwig, Moritz' Oheim. Er hatte verordnet, daß sein Land den Kassler und Darmstädter Erben zu gleichen Teilen zufallen solle, Kassel das marburgische, Darmstadt das gießensche. Da Kassel zur Zeit der Testamentsbestätigung 1601 aber nur einen, Darmstadt aber drei Prinzen hatte, sollte nach Darmstadts Meinung Kassel nur ein Viertel erhalten, ja dieses Viertel ward ihm noch vorenthalten, weil Darmstadt behauptete, daß Moritz die Bedingung des Testaments, daß die ungeänderte Augsburgische Konfession in dem Erbe aufrechterhalten werden solle, nicht eingehalten habe.

Der französische Graf de Bethune schreibt, daß nach der Prager Schlacht zu Ende des Jahres 1620 die meisten unierten Fürsten das Schicksal der unter Karl V. geächteten Häupter des Schmalkaldischen Bundes gefürchtet hätten. Um diesem Schicksal zu entgehen, versuchte Moritz, eine herzhafte Gegenwehr im Hessenlande zustande zu bringen. Seine zweite Gemahlin, die Oranierin Juliane von Nassau-Siegen, beschwor ihn zwar, sich dem Kaiser zu fügen, er blieb aber fest.

Beim Antritt des neuen Jahres stellte er die übliche Festlichkeit, Bankette mit Gassengesängen, ein, ließ außerordentliche Gebete zu Abwendung der päpstlichen Tyrannei halten und feuerte zugleich seine Stände zu einer starken Waffenerhebung auf; es war von zehntausend Landrettungstruppen die Rede. Die Ritter rieten ihm, kaiserlicher Majestät zu parieren. Moritz entgegnete ihnen, er wolle lieber zehntausend Weiber haben. Wie dereinst ihre Vorfahren Verräter gegen Philipp den Großmütigen gewesen seien, so seien sie es auch jetzt gegen ihn.

Im Februar 1621 verließ Moritz Kassel, zu nicht geringer Bestürzung seiner Gemahlin, von der er nicht Abschied nahm; niemand wußte, wohin er gegangen sei. Er ging nach Wolfenbüttel, um hier dem Böhmenkönig, der von Küstrin dahin gekommen war, in der Absicht, die Niederlande zu erreichen, vor seiner Abreise einen Besuch abzustatten. Als Moritz zurückkehrte, brachte er zehntausend Mann Landrettungstruppen auf die Beine. Aber noch in demselben Jahre eroberten die Spanier unter Córdova die rheinische Grafschaft Katzenelnbogen, und 1622 vereinigte sich Landgraf Ludwig von Darmstadt mit Tilly.

Moritz befahl nun eine allgemeine Landesbewaffnung. Er sah sich aber jetzt in dem entscheidendsten Momente seines Lebens von zwei Übeln bedrängt, die er sich selbst zugezogen hatte. Er befand sich in der Verlegenheit der Finanznot, die seine splendide Regierung herbeigeführt hatte. Die Gesamteinnahme des kleinen Fürstentums betrug über zweihunderttausend Gulden, aber es fehlte an

Geld. Und während die Städte sich willig zeigten, dem allgemeinen Landesauf-
gebot des Landgrafen nachzukommen, gab der Adel die entschiedenste Wider-
setzlichkeit kund; er rächte sich jetzt gegen die pädagogischen Anmutungen, mit
denen Moritz seine rauhe mittelalterliche Selbständigkeit zu kultivieren versucht hatte.

Die hessische Ritterschaft schickte Botschaft an Tilly und bat um Frieden, sie
unterhandelte mit dem kaiserlichen Feldherrn auf eine unhaltbare Neutralität.

Im Jahre 1623 besetzte Tilly den größten Teil des Landes und nahm sein
Hauptquartier zu Hersfeld. Der hessische Adel schaute ruhig zu und war froh,
für sich Salveguardien [Schutzwachen] für seine Schlösser und Schutzbriefe gegen die ausgeschriebenen Kontributionen zu erwirken.

Auf Tilly folgte, als er im Jahre 1624 von Hessen wieder abzog und dem König
von Dänemark entgegen auf Osnabrück und Münster rückte, Wallenstein, der
zu Eschwege sein Hauptquartier nahm. Und als auch Wallenstein von Hessen
wieder abzog und weiter vor auf Halberstadt rückte, hinterließ er Hessen an seinen Unterfeldherrn, den Grafen von Merode.

Im Jahre 1626 stand der volle Greuel der Verwüstung im Hessenlande: Tilly
kam im Mai dieses Jahres wieder und vollstreckte an Minden, dessen tapfere Be-
setzung seiner Armada Abbruch getan hatte, ein blutiges Exempel: Minden
ward wie Magdeburg erobert und zerstört.

Von Minden aus erließ Tilly die Forderung an Moritz, alle seine Truppen zu
entlassen und kaiserliche Besatzung in Kassel, der Hauptfestung des Landes,
einzunehmen. Moritz verwarf diese Forderung. Da berief Tilly einen Landtag,
und die Stände Hessens nahmen das Ultimatum desselben an, daß Landgraf
Moritz, als des Kaisers Feind, die Regierung niederzulegen habe.

Moritz war zum Widerstand entschlossen, er wollte sich in Kassel behaupten.
Alle Hoffnungen aber vernichtete mit einemmale die Nachricht von dem Haupt-
siege, den Tilly über den König von Dänemark im August 1626 bei Lutter am
Barenberge erfocht; in dieser Schlacht fiel der zweiundzwanzigjährige tapfere
Prinz Philipp, des Landgrafen Sohn aus seiner zweiten Ehe, durch die Hand
eines Mörders.

Moritz blieb nun nichts übrig, als sich zu fügen; er glaubte, seinem Lande mit
der Abdankung den besten Dienst zu erweisen, und begab sich deshalb am
17. März 1627 im Goldenen Saale des Schlosses zu Kassel der Regierung. Er
vollzog diesen Akt nicht in eigener Person, um nicht seine Gegner am kaiserlichen Hofe und die Stände Hessens zu reizen, sondern durch eine außerordentlich ernannte Kommission.

Der Vorsitzende dieser Kommission, der Geheime Rat Günther, starb noch nicht zwei Jahre nach dieser Abdikation am 12. Dezember 1628 zu Ziegenhain unter dem Schwert des Henkers – wie Crell in Sachsen als ein Opfer der hessischen Ritterschaft; er hatte laut geäußert, was er aus dem Munde des Landgrafen Moritz selbst gehört habe, daß die hessische Ritterschaft die Brücke gewesen sei, über welche Tilly in das Hessenland geschritten.

Moritz zog sich nach seiner Abdankung nach Melsungen zurück. Hier las er seine Lieblingsschriftsteller Dante, Petrarca und Macchiavelli, trieb Alchimie und forschte nach dem Stein der Weisen, um aus seiner drückenden Armut zu kommen, und beschäftigte sich mit Betrachtungen der Ewigkeit, gemäß seinem letzten Wahlspruch: ›M. M. M. Mauriti, memento mori! [Moritz, gedenke des Todes!]‹ Er erlebte noch die rettende Ankunft Gustav Adolfs in Deutschland, die Kunde von dem Siege bei Leipzig und den Zug des Schwedenkönigs an den Rhein. Armut und körperliche Schwäche hinderten ihn, den Goldkönig von Angesicht zu Angesicht zu sehen, doch vernahm er noch die unter Verpfändung der königlichen Ehre im Februar 1632 in Frankfurt bei offener Tafel gegebene Zusicherung desselben: das Haus Hessen-Kassel zu rächen.

Moritz starb fünf Jahre nach seiner Abdankung und ein halbes Jahr vor Gustav Adolf, am 15. März 1632, sechzig Jahre alt, zu Eschwege.

Von seiner ersten Gemahlin Agnes von Solms hinterließ er nur seinen Nachfolger, Landgraf Wilhelm V. Zwei Söhne erster Ehe, Otto und Moritz, starben, dreiundzwanzig und zwölf Jahre alt, 1617 und 1612 vor ihm, ebenso die an den Herzog von Mecklenburg vermählte Tochter, die schöne und geistvolle Elisabeth, die sich als italienische Dichterin einen Namen gemacht hat; sie hinterließ zweihundertsechzehn Madrigale und Kanzonen.

Von der zweiten Gemahlin Juliane von Nassau-Siegen hinterließ Moritz fünf Söhne und drei Töchter; Prinz Philipp war, wie erwähnt, in der Schlacht bei Lutter am Barenberge durch Mörderhand gefallen.

Für diese Kinder zweiter Ehe ward die sogenannte Rotenburgische Quart ausgesetzt, der vierte Teil von Niederhessen und Katzenelnbogen, aber unter Vorbehalt der Hoheitsrechte des regierenden Hauses.

Landgraf Hermann, der nächst Philipp älteste Prinz, geboren 1607, residierte zu Rotenburg und hinterließ keine Kinder.

Landgraf Friedrich, ›der tolle Fritz‹ zubenannt, geboren 1617, residierte zu Eschwege und hinterließ nur eine Tochter.

Landgraf Moritz, geboren 1614, und Landgraf Christian, geboren 1622, starben beide, und zwar jeder schon im neunzehnten Jahre, unvermählt.

Haupt der Rotenburger Linie – auf diese wird später eingegangen – wurde der durch den Briefwechsel mit Leibniz berühmte Landgraf Ernst zu Rheinfels, geboren 1623. Er ist der erste Fürst des Hauses Hessen-Kassel, der im Jahre 1652 wieder konvertierte. Seine Nachkommenschaft ist erst im Jahre 1834 erloschen.

Von den drei Töchtern aus Moritz' zweiter Ehe ist die schöne Agnes auszuzeichnen, Gemahlin des Fürsten Johann Casimir von Anhalt-Dessau; sie hat Kompositionen hinterlassen.

LANDGRAF WILHELM V., DER BESTÄNDIGE
1627 BIS 1637

Landgraf Wilhelm V., der Nachfolger des durch die hessische Ritterschaft von der Regierung gedrängten gelehrten Moritz, war in seiner Jugend auf den Schulen zu Straßburg, Basel und Genf und später im Ritterkollegium zu Kassel gebildet worden, er hatte frühzeitig bei dem Aufenthalt in fremden Ländern einen weiteren Horizont gewonnen und hatte auch in Holland unter seinem Verwandten Moritz von Oranien Schule in der Kriegskunst gemacht. Bereits im siebzehnten Jahre, 1619, hatte er sich mit der nachher als Vormünderin so berühmt gewordenen Amalie Elisabeth von Hanau vermählt, die eine Enkelin des großen Wilhelm von Oranien war.

Wilhelm war ein von Natur schwächlicher, sanfter und milder, aber ungemein fester und ausdauernder Herr; den Beinamen ›der Beständige‹ verdient er mit vollem Rechte. Seinem Naturell nach paßte er gar nicht für den wilden Krieg, welcher seine ganze Regierungszeit erfüllte, er führte ihn aber mit der größten Ehrenhaftigkeit. Selbst seine Gegner, wie der venetianische Graf Gualdo, gedenken seiner mit den anerkennendsten Lobeserhebungen als eines der edelsten und namentlich zuverlässigsten und uneigennützigsten Fürsten in jener an solchen Charakteren gar nicht reichen Zeit, wo alles sich nach Ländern riß und mit dem gegebenen Worte täuschte. Selbst Tilly war ihm, wie Wassenberg schreibt, ›wohl bewogen‹.

Der erste Schritt, den Landgraf Wilhelm nach der Abdankung seines Vaters tat, war, daß er persönlich im Jahre 1628 nach dem kaiserlichen Hofe in Prag reiste und nach München zum Haupte der katholischen Liga, um Schonung für sein Land zu erbitten. Dennoch aber blieb die kaiserlich-ligistische Einlagerung unter dem rauhen Collalto im Lande und drückte es schwer.

Als endlich der Retter für das bedrängte Deutschland, Gustav Adolf, erschien, faßte Landgraf Wilhelm einen herzhaften Entschluß: Er, der einzige regierende deutsche Fürst, reichte ihm die Hand zum Bunde. Wilhelm schickte bereits im

Oktober 1630 einen Abgesandten nach Stralsund, vertrieb dann im April 1631 die kaiserlichen Besatzungen und behauptete sich mutig in den Festungen Kassel und Ziegenhain, als Tilly nach Zerstörung Magdeburgs im Mai 1631, Pappenheim gegen die Schweden zurücklassend, bis zur Werra vorrückte und sein Hauptquartier zu Mühlhausen aufschlug. Nachdem Tilly von Pappenheim gegen den Schwedenkönig zurückgerufen worden, schloß Wilhelm mit Gustav Adolf das Bündnis zu Werben an der Elbe unterm 12.August 1631 ab; kraft dieses Bündnisses stellte Hessen ein Heer von zwölftausend Mann.

An die Spitze dieses Heeres kam im Jahre 1633 einer der berühmtesten Kapitäne des Dreißigjährigen Kriegs: Peter Melander (Appelmann), der spätere Reichsgraf Holzapfel. Melander war ein Bauernsohn, aus Nieder-Hadamar im Nassauischen gebürtig, einer jener Parvenus, die im Soldatenhandwerk des Dreißigjährigen Kriegs die höchsten Ehrenstufen erreichten. Er war, als er in hessischen Dienst trat, bereits achtundvierzig Jahre alt, hatte unter Moritz von Oranien, dann den Schweizern und zuletzt den Venetianern gedient. Er war ein höchst tapfrer und sehr wohlerfahrener Kriegshauptmann, aber in dem heißen Gehirn dieses Rotkopfs brannte ein ungeheurer Ehrgeiz, der ihn zuletzt zu den kaiserlichen Fahnen herüberführte. Er war eifriger Reformierter und ein abgesagter Feind der Franzosen, der guten Freunde Hessens.

Solange Gustav Adolf lebte und noch zwei Jahre nach seinem Tode blieb Hessen von Feindestritten verschont; die von Tilly zurückgelassenen Unterfeldherren Aldringen und Fugger hatten bald weichen müssen. Während dieser Zeit diente Landgraf Wilhelm im schwedischen Heere außerhalb Landes. Er brachte die Stifte Hersfeld und Fulda in seine Gewalt und behauptete sich auch als Meister in Westfalen, wo ihm durch den Schwedenkönig die Stifte Münster, Paderborn und Corvey zu erblichem Besitze versichert worden waren.

Im Jahre 1634 kam der französische Gesandte Marquis de Feuquières nach Kassel, und Wilhelm trat nun in den Dienst des Königs von Frankreich als General-Lieutenant und Premier Maréchal de France gegen eine jährliche Hausbestallung von zwölftausend Kronen.

Die Nördlinger Niederlage am 27.August 1634 änderte diese günstigen Aspekte sehr. Isolanis Kroaten brachen jetzt wieder ein, wurden aber noch glücklich von den hessischen Bauern vertrieben. Auf der Nördlinger Niederlage war der Prager Friedensschluß des Kaisers mit Sachsen im Jahre 1635 gefolgt; Wilhelm nahm ihn nicht an, trat vielmehr jetzt in ein ganz enges Bündnis mit Schweden und Frankreich. Er war wieder, wie bei Gustav Adolfs erstem Erscheinen in Deutschland, der einzige regierende deutsche Fürst, der dem Kaiser offen sich entgegenstellte.

Den Trotz des Hessenfürsten zu bändigen, rückte nun im Jahre 1636 der wilde Götzen mit seinen gefürchteten Arquebusirreitern [Büchsenschützen zu Pferde] und mit Kroatenbanden ins Land. Der Landgraf befand sich im Schwedenlager in Westfalen, wurde aber auch von hier durch Götzen vertrieben, mußte mit seiner Armee nach Holland weichen und zuletzt in den nordwestlichsten Winkel von Deutschland, nach Ostfriesland.

Erst im November 1636 führte der Sieg bei Wittstock im Brandenburgischen den schwedischen General Banér nach Kassel, er zog sich von da aber wieder nach der Elbe und mußte später bis nach Pommern zurückweichen.

Hessen wurde nun nach der Entfernung der Schweden von allen Qualen heimgesucht, die der Fanatismus und die Rache an die Hand gaben. Das Jahr 1637 ist das furchtbarste Jahr gewesen, das Hessen jemals erlebt hat; man zählt einhundertsiebenundvierzig Burgsitze, achtzehn Städte und über hundert Dorfschaften, die damals verbrannt und in Trümmer gelegt und zum Teil bis nur noch auf die Namen wüste gemacht worden sind. In diesem Schreckensjahre floh ein großer Teil des Adels und Landvolks nach Thüringen.

Mitten in dieser Bedrängnis langte die Nachricht in Kassel aus Ostfriesland an, daß der Landgraf am 21. September 1637, nur fünfunddreißig Jahre alt, bei der Belagerung der Hauptfestung des Landes, Stickhausen, in Leer verschieden sei.

Wilhelm starb, wie es hieß, an einer schwindsüchtigen Krankheit; er konnte das schlimme ungesunde Klima Ostfrieslands nicht vertragen, schadete sich bei einem Gastmahl, das der General Ranzau gab, und verlosch wie ein Licht – die innern Organe, Lunge und Leber fand man bei der Sektion gänzlich aufgerieben.

Pufendorf schreibt, daß der Landgraf Gift erhalten habe, und nennt als den, der es gegeben oder doch geben lassen, den Rotkopf Melander. Er bezieht sich dabei auf das Zeugnis des Arztes des Landgrafen, Laurellus aus Emden. Gewiß ist, daß schon damals Österreich versuchte, Melandern zu gewinnen. Der Wiener Hofkriegsratspräsident Graf Schlick schrieb ihm einen Monat nach des Landgrafen Tode unterm 31. Oktober 1637: ›Nach dem Tode des Landgrafen Wilhelm, welcher ein böses Kind gewesen und dem Reiche vielen Schaden zugefügt, möge er [Melander] nunmehr in sich gehen und sich zum rechten Saul halten, dafür er mit Ehren und Gütern und Titeln belohnt werden solle.‹ Nächst Schlick erging auch von seiten des Kurfürsten von Köln eine Einladung an Melander, eine Grafschaft im Herzogtum Jülich und Berg und eine Jahresrente von zehntausend Talern vom Wiener Hofe anzunehmen und dagegen mit dem ganzen hessischen Heere überzugehen. Aber Melander war der Offiziere und Soldaten nicht sicher und ging erst später zu dem Kaiser über.

Wichtiger als dieses Zeugnis Pufendorfs, dem die rechte Fährte nicht kund-wurde, ist ein anderes Zeugnis eines holländischen Diplomaten. Der hollän-dische Geschäftsträger L. von Kinschot schrieb unterm 2.November 1637 aus dem Haag an die Witwe des Gestorbenen, daß sein Korrespondent in Paris, ein angesehener Mann, ihm berichtet habe: Es sei ihm von Hamburg aus geschrie-ben worden, man habe sichere Nachricht, in Wien habe man Rat gehalten, um den Landgrafen von Hessen sterben zu lassen; ein gewisser von Waraban habe sich dazu erboten. Das allerdings nicht vereinzelt stehende Zeugnis, das Rom-mel in seiner ›Hessischen Geschichte‹ über die Hauptmittel im kaiserlichen Rat, Gift und Dolch, anführt, lautet: ›Mein Korrespondent in Paris, der ein Mann der Religion und des Staates ist und Advokat im Parlament, berichtet mir mit seinem Brief des vergangenen Monats, daß man ihm aus Hamburg vom 15./25. September mit eben den folgenden Worten geschrieben hat: ‚Wir haben als sicher erfahren, daß in Wien Rat gehalten worden ist, um den Landgraf von Hessen sterben zu lassen, und daß ein gewisser von Waraban sich dazu angebo-ten hat.‘ Eure Hoheit wissen, woher das kommt. Das sind die Maximen des Hau-ses Österreich, all die sterben zu lassen, die sie daran hindern, zu ihrer beabsich-tigten Monarchie und Tyrannei zu gelangen.‹

Die Vormünderin-Regentin
Amalie Elisabeth
1637 bis 1650

Über den Landgrafen Wilhelm war die kaiserliche Acht verhängt worden; es stand daher nach seinem Ableben die Frage sehr zweifelhaft, ob es dem nachge-borenen unmündigen Prinzen gelingen werde, zur Sukzession [Nachfolge] zu gelangen.

Die Aussichten waren allerdings schwankend genug. Der Wiener Hof über-trug dem Hause Darmstadt die Verwaltung des Landes. Statt der Beileidsbezeu-gung übersandte Landgraf Georg von Darmstadt an Statthalter und Stände von Hessen-Kassel den Achtsbrief des Kaisers, welcher unterm 19. August 1635 er-lassen worden war. Melander war, wie erwähnt, vom Wiener Hofe aufgefordert worden, die ganze hessische Armee zum Kaiser überzuführen. Noch stand Göt-zen mit seinen brennenden und sengenden Kroaten im Lande.

Die Regierung übernahm in dieser Bedrängnis die Landgräfin-Mutter, die vortreffliche, allen Hessen unvergeßliche Amalie Elisabeth von Hanau. Sie hatte sich seither im Lager des hessischen Heeres in Holland und Westfalen aufgehalten und blieb auch hier noch mit ihrem achtjährigen Prinzen, Wilhelm VI. Sie empfing hier die freudige Nachricht, daß die Hessen ›dem Sohne ihres lieben seligen Fürsten‹ gehuldigt hätten. Die Mutter ließ in des Prinzen Namen zurückschreiben: Er hoffe zu Gott, welcher Witwen und Waisen beschütze, daß er imstande sein werde, ihre Treue durch Liebe zu vergelten.

Amalie tat für Hessen, was viele Fürsten nicht getan haben; die hohe Frau, die seit dem Tode ihres Gemahls die Witwentrauer nicht abgelegt hat, unterzog sich der überschweren Last der Regierung mit vollkommenster Sorgfalt und Treue. Vorerst ward ein Waffenstillstand mit den Kaiserlichen auf zwei Jahre getroffen, Götzen mit seinen Kroaten zog ab. Um den ehrgeizigen Melander zu halten, nahm ihn Amalie in den Regentschaftsrat auf, der König von Frankreich verdoppelte ihm seine Pension. Er heiratete dazumal 1638 zu Gröningen seine Frau, die reiche Freiin Agnes von Effern, Witwe des Obristen Bernhard Bogislav von Platen. Im Jahre 1639 schloß Amalie ein Bündnis mit Braunschweig und Lüneburg ab, im Jahre 1640 kam sie nach Kassel.

In diesem Jahre ging der Waffenstillstand zu Ende: Piccolomini lagerte sich jetzt ein, Banér und der französische Feldherr Herzog von Longueville standen ihm gegenüber. Die Not zwang beide Teile, die ausgeraubten Gegenden zu verlassen, in den Jahren 1641 bis 1646 verzog sich der Kriegsschauplatz nach der Weser und Westfalen und an den Rhein.

Die Landgräfin beschäftigte hier mit ihrem Heere von zwanzigtausend Hessen hinlänglich die kaiserlichen Truppen unter Hatzfeld; die hessischen erhielten sich durch Brandschatzungen in den Stiften am Rhein und in Westfalen. Melander war aber nicht mehr an der Spitze dieser Truppen, er hatte schon im Jahre 1641 die Dienste der Landgräfin, wie man erzählt, wegen einer Ohrfeige, die er von der Hand der Fürstin erhielt, verlassen.

Im Jahre 1647 rückte der seit 1641 in Montabaur ohnweit Holzapfel zurückgezogene, 1645 aber offen in kaiserlichen Dienst übergetretene Melander wieder in Hessen ein. Er erschien jetzt als Feind, als kaiserlicher Feldmarschall und als Reichsgraf von Holzapfel, zu welcher Würde ihn Kaiser Ferdinand III. seit der Wiener Reise 1641 befördert hatte. Er betrug sich in Hessen als härtester Gebieter; er hatte vernehmen lassen, er wolle dem Lande jetzt eine Maulschelle geben, daß es daran denken solle. – Otto von der Malsburg, einer der angesehnsten Herren aus der hessischen Ritterschaft, hielt ihm damals vor, ›sich nicht einst nachsagen zu lassen, daß er dem Lande, mit dem er selbst einst es so gut gemeint habe, die letzte Ölung erteilt habe.‹

Lange schon vorher, ehe Melander die letzten Kriegsdrangsale über Hessen brachte, waren die Friedensunterhandlungen gegangen, von denen Amalie in einem Briefe vom Jahre 1645 schreibt, daß sie dadurch stark molestiert [belästigt] werde, daß sie in Briefen bis über die Ohren stecke und ihr Hof von Gesandten nicht leer werde. Das Jahr 1648 brachte endlich den ersehnten Westfälischen Frieden. Als Gesandte von Kassler Seite waren dabei: Reinhard Scheffer der Enkel, Johann Vultejus, Adolf Wilhelm von Krosiegk und Nicolaus Christoph Müldener. Diesen vier hessischen Abgesandten waren noch drei jüngere Männer beigegeben, die nachher unter Wilhelm VI. als Geheime Räte gedient haben: Johann Caspar von Dörnberg, zeither Gesandter in Paris, Sebastian Friedrich Zobel aus Bremen, der Sohn eines berühmten hessischen, dann dänischen Rats, und ein der Religion wegen emigrierter Österreicher, Johann Dietrich von Kunowitz aus Mähren, welcher unter Wilhelm VI. Premier ward.

Der Westfälische Frieden ließ eine Menge gehegter Hoffungen auf stattliche Ländererwerbungen schwinden. Aufgegeben werden mußte das fränkische Hochstift Fulda, wo Wilhelm V. in den Jahren 1633 und 1634 bereits in aller Form Lehnsreversalien von über fünfzig Grafen und Adelsgeschlechtern empfangen und von dem er schon Titel und Wappen geführt hatte. Ferner mußte das westfälische Stift Paderborn aufgegeben werden, das die hessischen Truppen so lange besetzt gehalten hatten und wo von Stadt und Landschaft im Jahre 1633 ebenfalls schon Landgraf Wilhelm V. gehuldigt worden war. Der Gewinn des Friedens war das reiche Fürstentum Hersfeld und die 1641 erledigte Grafschaft Schaumburg. Nur Amaliens bedeutender Persönlichkeit hatte Hessen diese Berücksichtigung zu danken. Selbst der französische Prinzipalgesandte, der Herzog von Longueville, rief zu Münster im Eifer für die große Frau aus: ›Die Frau Landgräfin ist so lieb zu mir gewesen, man muß etwas zugunsten dieser tugendhaften Dame tun, übertreffen Sie sich also selbst, meine Herren, und geben Sie der Dame jede Genugtuung!‹ Nur katholisches Land wollte Frankreich nicht mehr an Hessen kommen lassen; die schlimme Exzellenz Graf d'Avaux erklärte offen, er gönne der Landgräfin eher ein protestantisches Königreich als ein katholisches Dorf.

Amalie hatte auch auf das Stift Osnabrück und auf Stücke von Münster, ja sogar auf Stücke von Köln und Mainz ihr Augenmerk gerichtet. Aber der Bischof von Osnabrück rief bei dem bloßen Antrage aus: ›Wie, man soll der Mutter Gottes den Rock ausziehen und eine Ketzerin damit bekleiden?‹ Für Rückstattung der eroberten Landstücke konnte von den Stiften Mainz, Köln, Paderborn, Münster und Fulda nur eine Geldsumme von zusammen sechshunderttausend Talern erlangt werden. Fulda trat für Zahlung seines Anteils Stadt und Amt Vach ab.

Sehr wichtig für Hessen war die Aussöhnung mit Darmstadt. Unter Vermittlung Herzog Ernst des Frommen von Gotha war bereits im Jahre 1647 ein Hauptvergleich mit diesen feindlichen Vettern getroffen worden, kraft dessen die Abtretung Oberhessens, der Grafschaft Katzenelnbogen und Schmalkaldens, welche sich Wilhelm V. im Jahre 1627 hatte gefallen lassen müssen, wieder aufgehoben wurde; diese Landschaften fielen an Kassel zurück. Mit dem Teile von Oberhessen, den Kassel erhielt, kam auch die Landesuniversität Marburg wieder, deren Verlust am schmerzlichsten gefallen war.

Amaliens Körper war durch die ungeheure geistige Anstrengung, die die dreizehn Jahre ihrer Vormundschaft erfordert hatten, und durch vierzehn vorhergegangene Wochenbetten erschöpft, sie litt an Gliederreißen und Magenschwäche, wiederholt hatte sie, wiewohl vergebens, Bad Ems und andere Bäder gebraucht. Sie legte daher am 25. September 1650 die Regierung nieder und übergab sie im Goldenen Saale des Schlosses zu Kassel ihrem Sohne Wilhelm VI. Darauf begab sie sich auf eine Reise nach Heidelberg zu ihrer ältesten Tochter, Charlotte, der neuverheirateten Gemahlin des Kurfürsten von der Pfalz, Carl Ludwig, eines Sohnes des Böhmenkönigs, desselben Fürsten, der sich 1658 die schöne Luise von Degenfeld zur linken Hand antrauen ließ. Charlotte hatte ihn wider Neigung geheiratet und lebte sehr unglücklich mit ihm. Der Aufenthalt in Heidelberg war nicht geeignet, die alte ehrwürdige Dame zu erheitern, sie kehrte leidend zurück und starb am 8. August 1651 sanft und selig zu Kassel; ihr letztes vernehmbares Wort war ›Gute Nacht‹, darauf sank sie dem Todesschlummer in die Arme. In der Martinskirche zu Kassel, wo ihre Gruft ist, ließ sie ihren treuen Hessen der Kanzel gegenüber eine Votivtafel mit folgenden einfachen Worten zum Andenken aufrichten:

›Amalie Elisabeth, Landgräfin von Hessen.

Beste Bürger!

Zur Ehre des höchsten Gottes lasse ich Euch dieses Zeichen und Ausdruck meines Wohlwollens zurück, weil die wahre Liebe sich bildlich nicht darstellen läßt, die ich zu Euch im Herzen trage.

Lebet glücklich! Sendet Eure Gebete zum Himmel für das Wohl Eurer Fürsten, damit unter ihrer gerechten Regierung Euch nichts fehle zum glücklichen Leben.

Das wolle Gott geben!‹

Diese Frau, die Hessen in den schwierigsten Zeiten mit einer Weisheit und einer Energie regiert hat, die ihr weit und breit Hochachtung und Ansehn verschaffte, gehörte zu den nicht gerade häufig vorkommenden Fürstlichkeiten, die den ganzen Umfang und die ganze Wichtigkeit des fürstlichen Berufes begriffen. Sie schärfte es ihrem Sohn und Nachfolger ernst ein, ›die Regierungskunst, die vornehmste Wissenschaft eines Fürsten, welchem Gott Land und Leute anvertraut hat, der nicht mit fremden Augen und Ohren sehen und hören, sondern selbst über Heil und Wohlfahrt seiner Untertanen wachen und deshalb schwere Rechenschaft vor dem Allwissenden geben soll – diese Wissenschaft wird nicht auf einmal, noch ohne Mühe und Arbeit erworben‹. An der Spitze der Bewunderer ihrer großen politischen Eigenschaften standen die größten Politiker damaliger Zeit, die Venetianer und die Franzosen. Der Westfälische Friedensgesandte Contarini erklärte es laut, daß auch die Feinde der Landgräfin eingestehen müßten, daß sie die weiseste Fürstin ihrer Zeit sei. Der französische Gesandte Abel Servien pflegte von ihr zu rühmen, daß in ihr alle Großmut und Tugend Deutschlands vereinigt sei, und der Kardinal Mazarin schrieb einmal unterm 1. Juni 1645 an sie: ›Niemand kann mich übertreffen in dieser Leidenschaft für das Wohl und den Ruf des französischen Staates, besonders interessiert an der Bewahrung Ihrer Hoheit, und in der besonderen Achtung, die ich stets für Ihre Tugend und für diese Standhaftigkeit und Größe des Mutes gehabt habe, mit dem Sie auf der verbündeten Seite geblieben sind.‹

Von den drei Töchtern der Regentin vermählte sich 1650 die älteste, Charlotte, mit dem Kurfürsten von der Pfalz, Carl Ludwig, der statt ihrer die Degenfeld erwählte.

Im Sommer des vergangenen Jahres 1649 hatte Landgraf Wilhelm VI., der Sohn der berühmten Regentin Amalie und ihr Nachfolger, sein Beilager mit Hedwig Sophie, der Schwester des Großen Kurfürsten von Brandenburg, gehalten. Es berichten darüber die ›Frankfurter Relationen‹:

›Landgraf Wilhelm ist den 27. Juni von Kassel mit einem ansehnlichen Komitat nach Berlin aufgebrochen, allda in nachfolgendem Monat das Beilager mit dem kurbrandenburgischen Fräulein mit Fürstlichen Solennien [Feierlichkeiten] vollzogen worden. Solchem nach ist die Heimführung 14. Aug. zu Kassel geschehen, bei welcher es denn über alle Maßen stattlich dahergangen, indem die Fürstl. Braut mit Fürstl. Gräfl. und vielen vom Adel, auch andern vornehmen Personen eingeholt und von dem Rat der Stadt Kassel mit einer stattlichen Oration [Rede], die Ihre Fürstl. Gn. beantwortet, empfangen worden. Die Gassen der Stadt waren mit in armis [unter Waffen] haltender Bürgerschaft und grünen Maien ganz dichte besetzt und an etlichen Orten, da die Fürstin vorbei oder durch mußte, unterschiedliche Triumphpforten oder Bögen, mit Ihrer Fürstl. Gn. beiderseits Bildnissen und anderm gezieret, erbauet, darbei auf allerlei Instrumenten schön musiziert worden. Sonntags hat man den Gottesdienst abgewartet und sich stille, montags aber einen Turnier gehalten, in welchem des

Herrn Landgraf Friedrichs zu Hessen [Eschwege] Fürstl. Gn. einen großen ver-
güldten Pokal, so das beste gewesen, Herr Graf Ludwig von Dilleberg [Nassau-
Dillenburg] ein schön vergüldt, ein junger Werder aber, Herrn Obristen von
Werder [Dietrich von Werder, der Übersetzer des Tasso und Ariost, unterhandelte die Heirat zwischen Landgraf Wilhelm VI. und der Schwester des Großen
Kurfürsten] Sohn, ein ander silbernes Gießbecken gewonnen; darauf des
Abends ein überaus schön- und kostbares Feuerwerk, so bis in die Mitternacht
gewähret, zu sehen gewest, wobei unter anderm der jungen Fürstin wie ingleich-
en Herrn Landgraf Wilhelms Fürstl. Gn. Namen in einem Kunstfeuer reprä-
sentiert worden. Dienstags haben Ihre Fürstl. Gn. mit allen Herren und vom
Adel sich auf der Jagd befunden und etliche zwanzig Hirsche erlegt; darauf mitt-
wochs abermals ein Turnier angestellt, zu abends aber ein schöner Ballett gehalten und also diese Fürstl. Heimführung in allen Freuden vollbracht worden.‹

Durch die zweite Tochter der Regentin, Emilie, kam das Haus Hessen-Kassel
während des Dreißigjährigen Kriegs in eine französische Verwandtschaft: Sie
vermählte sich zweiundzwanzigjährig 1648 mit einem reformierten französischen Prinzen von Geblüt, dem siebenundzwanzigjährigen Carl Heinrich, Herzog von Tremouille, Fürst von Tarent. Er stand als General in hessischen Kriegs-
diensten, gab diese aber auf und hielt sich am französischen Hofe auf, um seine
Ansprüche auf das damals unter Masaniello aufgestandene Königreich Neapel
zu verfolgen. Später trat er in die Dienste der Generalstaaten und wurde Gouverneur zu Herzogenbusch. Zuletzt kehrte er wieder nach Frankreich zurück und
konvertierte, wie schon früher sein Vater, der, als er mit dem König im Lager
von La Rochelle stand, 1628 übergetreten war, und wie Turenne, sein großer
Oheim. Er beschloß sein unruhiges Leben 1672 zu Thouars in Poitou. Die Prinzessin Emilie war mit ihm nach Paris gezogen, lebte aber häufig getrennt von
ihm in Kassel und an andern Orten; die Ehe war sowenig glücklich als die ihrer
älteren Schwester mit dem Pfälzer Kurfürsten. Nach dem Tode ihres Gemahls
und als Ludwig XIV. das Edikt von Nantes widerrief, kehrte sie aus Frankreich
zurück, lebte in Heidelberg bei ihrer Schwester und, als diese 1686 starb, zu
Frankfurt. Ihr Ende erfolgte 1693 zu Kassel.

Die dritte Prinzessin der Regentin, Elisabeth, starb unverheiratet als Äbtissin
zu Herford.

LANDGRAF WILHELM VI.
1650 BIS 1663

Die Zeiten, die unmittelbar nach dem Dreißigjährigen Kriege folgten, zeichneten sich auch in Hessen, wie überall in Deutschland, durch eine Mischung von alter Barbarei, Roheit, Unwissenheit und Aberglauben und jener modernen Feinheit, Zierlichkeit und Frivolität aus, die von französischer Mode und Sitte herkamen, welche nach und nach während des langen Aufenthalts der Franzosen in Deutschland in dem Kriege übergebürgert waren. Nach und nach setzte sich auch in Hessen unter den höheren Ständen die Sucht fest, sich französisch zu kleiden; den Töchtern der Landgräfin Amalie sandte schon die Gemahlin des französischen Gesandten zum Westfälischen Friedenswerk, Frau von Servien, von Zeit zu Zeit Pariser Coiffüren [kunstvollen Haarputz]. Die höheren Stände fingen jetzt auch an, französisch zu reden und sich mit französischer Dienerschaft zu umgeben. Die Einmischung französischer Ausdrücke in die deutsche Rede, die man anders nicht zierlich und mit Anstand stellen zu können glaubte, ging bis in die niedern Stände herunter.

Wilhelm VI. war in den Stürmen des Kriegs im Feldlager in Holland und in Westfalen bei der Mutter aufgewachsen. Er hatte im Jahre 1647, im neunzehnten Jahre stehend, eine anderthalbjährige Reise über Holland nach Frankreich gemacht und war am Hofe des damaligen zehnjährigen Königs Ludwig XIV. von der Regentin-Mutter Anna von Österreich und Kardinal Mazarin wohl aufgenommen worden. Er war zweimal, das erstemal inkognito, in Paris, in Fontainebleau führte er die Königin-Mutter zur Tafel und ins Schauspiel, wo ›Graf Essex‹ und ›Hermocrate und Heraclius‹ aufgeführt wurden. Bei der Tafel assistierte er mit bedecktem Haupte. Jeder Tag am Pariser Hofe, wo der Gesandte Dörnberg sein Führer war, kostete, wie sein Reisebericht besagte, für ihn und seines Gefolges Unterhaltung tausend Kronen. Der König, als er zum Ritter geschlagen wurde, verehrte ihm einen diamantnen Degen, an Wert vierundzwanzigtausend Kronen. Er besuchte auch in St. Germain den Hof der Gemahlin des Unglücklichen Carl I. Stuart, Henriette von Frankreich. Die Hugenottenhäupter nahmen ihn nicht minder wohl auf; in fast allen Städten, die eine reformierte Kirche hatten, wurde kommuniziert. Am längsten verweilte er im südlichen Frankreich, wo er, wie sein Großvater Moritz, seltene Pflanzen sammelte und über Marseille und Hamburg nach Kassel schickte. In Grenoble überreichte ihm ein Fräulein St. André ein Bukett, das er durch einen Ball lösen mußte; hier mußte er die Damen der Reihe nach küssen, und als er auf die Frage, ob dies in

Deutschland Sitte sei, verneinte, sagte ihm die Gemahlin des Konnetabels, man wolle ihn schon küssen lehren. – Die Rückreise ging über Cleve, wo er seinen nachmaligen Schwager, den Großen Kurfürsten von Brandenburg und dessen Gemahlin Luise von Oranien besuchte; darauf erhielt er noch das Geleit des Grafen von Oldenburg, des berühmten Marstallhalters der Stadt Bremen, und der Herzöge von Braunschweig bis München.

Kassel blieb auch unter Landgraf Wilhelm VI. eine Stadt der Duldung. 1661 ward hier ein Religionsgespräch zwischen den Reformierten und Lutheranern gehalten. Es einigten sich die reformierten Höfe von Kassel und Brandenburg mit dem lutherischen Hofe Braunschweig dahin, daß der Unterschied zwischen beiden Konfessionen nicht den Grund des Glaubens zur Seligkeit betreffe, und die Theologen versprachen sich, die dogmatischen Streitigkeiten nicht auf die Kanzeln zu bringen. Kaum aber waren die Akten dieses Kolloquiums im Drucke erschienen, so erfolgten die härtesten Verdammungsurteile von seiten der Darmstadt-Gießner, der Sachsen-Wittenberger und der Württemberg-Tübinger Theologen; sie erklärten aufs bestimmteste, daß mit den Kalvinisten kein Frieden zu schließen sei. Von dieser Zeit an machte Landgraf Wilhelm VI. von seinem Rechte Gebrauch, ein Schutzherr der reformierten Kirche zu sein. Er schloß aus seiner Hauptstadt die lutherische Konfession aus. Sie blieb nur in den lutherischen Landesteilen Oberhessen, Schmalkalden und Schaumburg.

Damals lebte ein als Unionsfreund berühmter Engländer in Kassel, John Dury, dessen auf vielen und großen Reisen in der Welt umher angewandte rastlose Bemühungen bei den deutschen Fürsten und Theologen aber ebenfalls ganz vergebens waren; er war darüber so entrüstet, daß er den berühmten Pastor und Professor Dannhauer in Straßburg kurz vor seinem Tode 1666 vor Gottes Richterstuhl zitierte. Dury, dem die Vormünderin-Regentin freie Wohnung und Tisch am Hofe gegeben hatte, starb in hohem Alter in Kassel 1680.

Der Minister, durch den unter Wilhelm VI. die Hauptgeschäfte gingen, war ein Fremder, der schon erwähnte Graf Johann Dietrich von Kunowitz, aus einem alten mährischen Freiherrn-Geschlechte, dem die Herrschaft Hungarischbrod zugehörte. Es verlor seine Güter in der Person des Vaters des Grafen, der Geheimer Rat des Pfälzer Winterkönigs Friedrichs V. von Böhmen war und der sich nach der Katastrophe desselben zu Stade aufhielt. Der Sohn studierte in Leyden und kam schon 1645, einundzwanzig Jahre alt, unter der Landgräfin Amalie als Regierungsrat nach Kassel; er ward der Westfälischen Friedensgesandtschaft beigegeben, auch schickte ihn Amalie 1650 nach Wien, wo er allen Bekehrungsversuchen der Jesuiten widerstand. Wilhelm VI. machte ihn zum Geheimen Rat und 1656 zum Regierungspräsidenten. Kaiser Leopold erhob ihn 1684 in den Grafenstand; der Sohn seiner Mutter Bruder war des Kaisers Oberhofmeister Graf Lamberg, früher (1649) Gesandter des Wiener Hofs in Kassel. Graf Kunowitz starb erst nach fünfundfünfzigjährigem Dienst unter Landgraf Carl 1700, sechsundsiebenzig Jahre alt; er hatte das Schloß Sensenstein bei Kassel 1677 verliehen erhalten.

Neben dem Ausländer Graf Kunowitz machte sich noch ein anderer Geheimer Rat unter Landgraf Wilhelm VI. bemerkbar: Johann Caspar von Dörnberg von der hessischen Ritterschaft, der Ahnherr des Dörnbergischen Geschlechts, das angeblich im Jahre 1211 mit der Königin Elisabeth aus Ungarn nach Hessen gekommen sein soll. Dörnberg war früher Gesandter in Paris und der Gesandtschaft beim Westfälischen Frieden beigegeben, 1663 erhob ihn Kaiser Leopold in den Reichsfreiherrenstand, seine Gemahlin war eine Fräulein von Erlach, Tochter des Gouverneurs von Breisach. Er war der Urgroßvater des 1793 gestorbenen preußischen Ministers und auch ein Vorfahr des Wilhelm von Dörnberg, der im Jahre 1809 zur Zeit der französischen Herrschaft den Aufstand erhob.

Landgraf Wilhelm VI. starb 1663, wie sein Vater, der beständige Wilhelm V., in der Blüte seiner Jahre; er ward nur vieranddreißig Jahre alt. Sechs Jahre vorher, 1657, bei einer Winterjagd, hatte ihn Graf Heinrich Wilhelm von Solms-Hohensolms aus Versehen durch den Hals geschossen, die Kugel fuhr zum Rükken heraus, der Landgraf ward hergestellt und empfand nur von Zeit zu Zeit Schmerzen im Rücken. Sein Ende erfolgte plötzlich infolge eines Steckflusses, als er sich eben beim Gebrauche des Wildunger Brunnens zur Anordnung einer Jagd, die er sehr liebte, nach Hayna begeben hatte.

Wilhelm VI., der mit Hedwig Sophie, der Schwester des Großen Kurfürsten von Brandenburg, vermählt war, hinterließ von ihr vier Söhne und zwei Töchter.

Von den Söhnen sukzedierten Wilhelm VII. und Carl. Landgraf Philipp ward der Stifter der Linie Philippsthal, auf die im späteren zurückzukommen ist. Georg endlich starb bereits 1674, sechzehnjährig, zu Genf.

Von den Töchtern vermählte sich Charlotte Emilie 1667, siebzehnjährig, mit König Christian V. von Dänemark, und Elisabeth Henriette 1679, achtzehnjährig, mit dem Kurprinzen Friedrich von Brandenburg, nachmaligem ersten König in Preußen.

Die Vormünderin-Regentin
Hedwig Sophie von Brandenburg
1663 bis 1677

Der Nachfolger Wilhelm VII. war erst zwölf Jahre alt. Wiederum trat nun eine weibliche Vormundschaft ein, der Landgräfin-Mutter Hedwig Sophie von Brandenburg.

Währenddem reiste der Prinz im Jahre 1669, als er im achtzehnten Jahre stand, mit seinem Hofmeister, dem Geheimen Rat Caspar Friedrich von Dalwig, nach den Niederlanden, England und Frankreich. Er sah Hessen nicht wieder. Er starb noch früher als sein Vater und Großvater, bereits neunzehnjährig und ohne zur Regierung gekommen zu sein, im Jahre 1670 zu Paris. Wahrscheinlich töteten ihn die Ärzte dieser Weltstadt mit ihrer allzugroßen Mühwaltung und Sorgfalt; innerhalb weniger Tage setzten sie ihm in einem Fieber mit acht Aderlässen, acht Lavements [Klistieren], sechs Purganzien [Abführmitteln] und den nötigen Brechmitteln zu.

Der Tod dieses Erbprinzen Wilhelm war der zweite Fall des frühen Absterbens der Erstgebornen im Hause Hessen nach dem Tode Ottos, des Erstgebornen zweiter Ehe des Landgrafen Moritz, der 1617 vor dem Vater starb. Der Fall hat sich nachher noch gar oft wiederholt. Es hängt damit eine alte Sage von einer dämonischen Verwünschung der Erstgeburt im Hause Hessen zusammen, die bis auf des 1308 gestorbenen Stammvaters Heinrich gleichnamigen Sohn zurückgeht, der wegen einer widrigen Teilung, die sein Vater getroffen hatte, Fehde gegen ihn erhob und nachher verschwand, ohne daß von irgend jemand die Zeit seines Todes und der Ort seiner irdischen Ruhestätte bis jetzt hat ermittelt werden können. Die Erstgebornen der späteren Landgrafen von Hessen-Kassel, Carls, Wilhelms VIII., Friedrichs II. und die der beiden ersten Kurfürsten Wilhelms I. und II., sind nicht am Leben geblieben.

Die vormundschaftliche Regierung dauerte für den zweiten, beim Tode seines älteren Bruders sechzehnjährigen Sohn, Landgraf Carl, bis zum Jahre 1677 fort.

Hedwig Sophie, die Mutter, war eine deutsche Frau mitten unter den schon stark eingewucherten französischen Sitten; sie war von wenig Worten, aber kräftigem Handeln; sie war sparsam, verminderte zum Beispiel die Leibgarde zu Pferd von dreihundert Mann auf vierzehn, aber sie war unter den wenigen deutschen Fürsten, die Kaiser Leopold im Türkenkriege Hülfstruppen zusandten. Von dieser Zeit an sah man Türken, gefangene Knaben und Mädchen, die die

5. Schloss Wilhelmshöhe
bei Kassel

hessischen Truppen mitbrachten, in Kassel, wo sie unter die Hofdienerschaft aufgenommen, unterrichtet und unter großem Zulauf in der Hofkirche getauft wurden. Ungarn und Siebenbürger traten als Husaren, als Haus- und Leibwache in Dienst, ein ungarischer Hirt mit einer ungarischen Rinderherde ward auf der Aue in Kassel angesiedelt. Mohren verschrieb man aus Holland zur Bedienung im Innern der Häuser. Dazu kamen nun noch die vielen eingewanderten Holländer, Franzosen, Italiener. Schon vor der Aufhebung des Edikts von Nantes kam ein Kaufmann, Jeremie Grandidier, aus Sedan und ein anderer, Thomas Bourdon, aus Metz, der in Kassel 1640 starb, dessen Vater Staatssekretär bei Heinrich IV. als König von Navarra gewesen war und dessen Sohn, Samuel Bourdon, 1667 bis 1669 Bürgermeister in Kassel ward und 1688 starb. Nach der Aufhebung des Nanteser Edikts kamen eine Menge Emigranten. Die Franzosen aus den niedrigeren Klassen dieser Refugiés wurden Perückenmacher und Friseure, Tanz- und Ballettmeister, Barbiere, Schneider, Kammerdiener, Sprachlehrer und Informatoren. Die Italiener, die sich einfanden, besorgten das Konfekt und den Handel mit ausländischen Spezereien und Drogerien, mit Galanteriesachen, Karten und Bildern.

Hedwig Sophie trat nach vierzehnjähriger Regierung dieselbe 1677 an ihren Sohn, Landgraf Carl, ab, nachdem dieser das dreiundzwanzigste Jahr erreicht hatte; sie zog sich nach Schmalkalden zurück und starb hier im Jahre 1683.

LANDGRAF CARL
1677 BIS 1730

Die Regierung Landgraf Carls ist im Gegensatz zu der kurzen seines Vaters und Großvaters eine der längsten, die das Haus Hessen-Kassel erlebt hat, sie dauerte dreiundfünfzig Jahre.

Carl wurde geboren im Jahre 1654 und vermählte sich während der Vormundschaft seiner Mutter, ein Jahr nach seines älteren Bruders Tode, 1671, als er noch nicht siebzehn Jahre alt war. Seine Gemahlin war Marie Amalie, Prinzessin von Kurland, aus dem Kettlerschen Herzogsstamme, Tochter einer Schwester seiner Mutter; sie war schon seinem Bruder, dem Erbprinzen Wilhelm VII., verlobt gewesen, am Hofe des Großen Kurfürsten von Brandenburg erzogen und eine kluge, selbst in Staatssachen kluge Frau.

Auch Carl war ein Mann von nicht gewöhnlichen Eigenschaften, reizbaren und hitzigen Temperaments und infolge dieses Temperaments von einem ganz ungewöhnlichen Tätigkeitseifer. Dieser Tätigkeitseifer warf sich nicht nur auf alle politischen Angelegenheiten seiner Zeit, sondern auch auf alle sonstigen Kuriosa. Er gehörte zu den Herren, welche die in der letzten Hälfte des siebzehnten Jahrhunderts nach dem langen Dreißigjährigen Kriege mit aller Stärke wieder auftauchende Neigung, Merkwürdigkeiten und Raritäten aller Art zusammenzubringen, mit einer wahren Leidenschaft zu befriedigen trachtete; er stand unter den ›curieusen Herren‹, wie man sie damals nannte, an der Spitze. Zu Hause und im Ausland ging er der Neigung nach. Er sammelte überall, schon während der Rheinfeldzüge gegen die Franzosen in den neunziger Jahren, auf den Reisen in Holland und 1699 auf der Reise in Italien. Im Jahre 1714 treffen wir den reise- und sammlungslustigen Herrn auf der Leipziger Ostermesse bei dem damaligen ersten Fischerstechen in Leipzig zu Besuch bei dem galanten August dem Starken. Kaum konnte irgendeine Stadt in Deutschland damals so viele Absonderlichkeiten und Sehenswürdigkeiten aufweisen als Kassel unter der langen Regierung des Herzogs Carl. Er selbst war von der Natur mit einem eminenten Talente für Mechanik bedacht worden; das Perpetuum mobile, das fast das ganze achtzehnte Jahrhundert hindurch eine Menge geschäftige und müßige Köpfe in Bewegung setzte, beschäftigte ihn lebhaft. Es gelang ihm, einen Stuhl zu erfinden, der durch mit Luft gefüllte Blasebälge Stockwerke hoch in die Höhe getrieben werden konnte. Er beschäftigte sich unaufhörlich mit neuen Maschinen und Instrumenten und mit Erfindungen von aller Art. In Kassel ließ er ein eignes Modellhaus einrichten; man sah da das schöne, künstliche Modell des Weißensteins von Wachter, eine Menge Modelle von römischen Gebäuden aus Korkholz und so weiter; dieses Modellhaus hatte nicht seinesgleichen in ganz Deutschland. Solche und so mannigfaltige Tausendkünsteleien, wie die Kunstkammer in Kassel sie aufzuzeigen hatte, sah man überhaupt schwerlich irgendwo beisammen: Es gab da die kostbarste Sammlung von Instrumenten zur Geometrie, Astronomie, Zivil- und Kriegsbaukunst; ferner ein kopioses optisches Kabinett, Fernröhre, Mikroskope und dergleichen bis herab zu den Zauberlaternen; sodann unter andern eine Schnellwaage, die 150 Zentner auf einmal abwog; es gab ferner Uhren mit mit dem Kopfe wackelnden und mit einem Stabe beim Umwandeln die Stunden anzeigenden Männchen, Uhren mit Glockenspielen; ferner Brennspiegel aus Stein und Alabaster, Vexierspiegel, unter andern einen Hohlspiegel, der so stark vergrößerte, daß es schien, als stehe der Gegenstand außerhalb vor dem Glase. Die Kunstkammer enthielt als ein besonderes Kunststück ein Pferd von Leder mit Sattel und Zeug; es war mit Winde gefüllt, und der Erfinder, ein hessischer Landspritzenmeister, ritt auf demselben in der Fulda herum, mittelst vier Gewichten in den Beinen erhielt er sich im Gleichgewichte.

Diese Kunstkammer barg die kuriosesten Kuriositäten; unter andern enthielt sie eine Sammlung der aufs schönste geschnittenen Straußeneier, Brustbilder des Landgrafen und seiner Gemahlin in Alabaster, in Glas gegossen, ja sogar Carl in Stahl geschnitten, etwa einen Schuh hoch, geharnischt, mit so feinen Manschetten, als wären es Spitzen. Ferner gab es einen ganzen Saal mit einem Wachskabinett aller Landgrafen seit dem großmütigen Philipp. Sogar die musikalischen Instrumente der Alten nach der Angabe Athanasius Kirchers in seiner ›Musurgie‹ und nach Meiboms Beschreibung ließ der kuriose Herr nachmachen. Alles dieser Gattung aber übertraf das berühmte Katzenklavier, eine höchsteigne Erfindung des Landgrafen. Vierzehn Katzen von verschiedner Größe und Alter wurden in einen Kasten so eingesperrt, daß jede abgesondert saß und den Schwanz heraussteckte. Wenn nun das Klavier gespielt wurde, so stachen die spitzigen Tasten in die Schwänze der verschiednen alten und großen, jungen und kleinen Katzen ein, und das mannigfaltige Geschrei der vierzehn gestochnen Bestien produzierte die allerdings in ihrer Art einzige Katzensymphonie. Mit Vorliebe trieb Landgraf Carl das Drechseln, gewöhnlich nach Tische pflegte er in einer eignen Kammer unter dem Schloßtor zu arbeiten; mit Zar Peter hat er wiederholt Drechslerarbeiten gewechselt. Carls Ruf war weit und breit bei den Potentaten, auch bei den Potentaten im Reiche der Gelehrsamkeit verbreitet. Der berühmte Tschirnhausen schenkte ihm unter andern einen seiner vier großen Brennspiegel, die andern drei Bevorzugten waren der Kaiser, der König von Polen-Sachsen, Tschirnhausens Landesherr, und der König von Frankreich.

Landgraf Carl benutzte die Erfindungen, Instrumente und Maschinen aber nicht bloß zur Kurzweil und Kuriosität, sondern er war einsichtsvoll genug, sie ganz besonders auch praktisch zum Landesnutzen zu verwenden. Sogar Leibniz gedenkt seiner wiederholt mit dem anerkennendsten Lobe. ›Seiner Gnaden der Landgraf‹, schreibt er einmal an den Landgrafen Ernst von Rheinfels, ›hat nicht nur viel schöne Neugier. Doch, was mehr ist, Seine Hoheit hat viel Scharfsinn und Kenntnis. Das läßt die Künste erblühen und zieht geschickte Leute an.‹ Unter diesen geschickten Leuten befand sich unter andern auch der nachher so berühmte Minister Waitz von Eschen, welchen Carl 1723 als Mathematicus anstellte und nachher zum Bergrat aufsteigen ließ.

Bei Carls Plänen und Entwürfen für die Landesaufnahme stand ihm, wie dem Großen Kurfürsten von Brandenburg, das durch Gewerbfleiß und Handel so hoch aufgekommene Holland vor Augen, das er aus eigner Anschauung von seinen Rheinfeldzügen her kannte. Von daher erhielt er auch schon im Jahre 1684 den Hauptgehülfen, den er zur Ausführung seiner vielen, gewöhnlich hastig sich aufeinander drängenden Plänen gebrauchte: den Ingenieurhauptmann Paul du Ry. Du Ry war ein Hugenotte aus Paris, der in die Dienste des Statthalters Wilhelm III. von Oranien, späteren Königs von England, eingetreten und von ihm zum Baumeister und Ingenieur von Maastricht ernannt worden war. Mit der Überlassung dieses geschickten Mannes glaubte der Statthalter, dem Landgrafen einen Freundschaftsdienst erweisen zu müssen. Du Ry wurde die Seele der landgräflichen Entwürfe, er riet Carl, die Industrie in den hessischen Landstädten, die größtenteils Ackerbaustädte wären, zu heben und die Gewerbe zu veredeln. Er riet ihm zu diesem Behuf, Kolonisten unter Bewilligung günstiger Bedingungen aufzunehmen. Es war damals gerade die Zeit, wo Ludwig XIV. durch das Edikt von Nantes 1685 die Hugenotten austrieb und wo die Pfalz in demselben Jahre von der reformierten Linie Simmern auf die katholische Neuburg überging, was die Verfolgung und zum Teil Austreibung der Reformierten der Pfalz zur Folge hatte. Darauf erließ Carl, gleich dem Großen Kurfürsten von Brandenburg, im April 1685 seine ›Freiheits-Konzession und Begnadigung für fremde Manufakturisten‹. Zu Ende des Jahres waren in Kassel schon so viele französische Familien eingewandert, daß ihnen der Landgraf den Mitgebrauch der Altstädter Kirche einräumte. Sie konstituierten sich nach und nach, wie in Berlin, zu einer eigenen Gemeinde unter einem aus ihrer Mitte, Pierre Feuquière d'Aubigny als Bailli, als Amtmann, einem rechtschaffenen, frommen Manne, dessen Familie in Hessen verblüht ist. Die französischen Hugenottenprediger machten großes Aufsehn in Kassel, da sie in kurzen Mänteln, die man spöttisch mit Apothekermänteln verglich, und mit dem Hute auf dem Kopfe predigten. Da die Zahl dieser französischen Flüchtlinge sich in den nächsten Jahren noch bedeutend vermehrte, ließ Landgraf Carl durch seinen Baumeister du Ry 1688 die Neustadt Kassel anlegen. Die schöne Lage derselben, die neu angelegten Spazierwege auf der Esplanade lockten an Sonn- und Festtagen fast die ganze Bevölkerung Kassels aus der dunkeln eingeschlossenen Festung in die helle, freie französische Neustadt, wo schon ein Refugié, ein Perückenmacher Henri Benezé, ein Kaffeehaus und Billard angelegt hatte. Du Ry baute auch 1711 die Kaserne in der Altstadt und starb 1714. Sein Sohn und sein Enkel waren ebenfalls Oberbaumeister.

Nächst den französischen Refugiés nahm Landgraf Carl auch noch die seit dem Jahre 1686 auf Frankreichs Betrieb furchtbar verfolgten Waldenser auf, die aus Savoyen und Piemont und dem Dauphiné nach der Schweiz eingewandert waren. Sie wurden teils in Oberhessen angesiedelt, teils legten sie die freundlichen Dörfer in der Gegend von Hofgeismar und Immenhausen an, unter Leitung ihrer Barbets, ihrer Alten oder Väter.

Um seine Lieblingswissenschaft, die Physik und Mechanik, der studierenden Jugend seines Landes zugänglich zu machen, stiftete der Landgraf 1709 eine Art höhere Gewerbschule, das Carolinum, das später unter seinem Nachfolger mit einer chirurgischen Anstalt noch verbunden, ja sogar unter Landgraf Friedrich II. vorübergehend in den Rang einer Universität erhoben wurde.

Sämtliche Kunstschätze und Merkwürdigkeiten wurden in dem neuen, 1696 vollendeten Kunsthause aufgestellt.

Im Winter 1699 reiste der Landgraf, den die durch den Tod des Erbprinzen in Paris ängstlich gemachte Mutter in der Jugend nicht hatte größere Reisen machen lassen, unter dem Namen eines Grafen von Solms nach Italien. Hier traf er seinen Sohn, den Erbprinzen, den nachmaligen König von Schweden, Friedrich, der mit seinem Hofmeister du Rosey die europäische Tour eben machte; er kehrte mit ihm im Frühling des folgenden Jahres zurück. Beide, Vater und Sohn, begaben sich nach Berlin, wo Friedrich Hochzeit mit der einzigen Tochter des ersten Königs von Preußen, Luise Dorothea, hielt. In den folgenden Jahren 1701 bis 1711 begann Landgraf Carl seine Bauten: Er ließ die Orangerie, ein italienisches Prachtgebäude und das Marmorbad im Augarten zu Kassel bauen. Seine Hauptschöpfung aber waren die berühmten Wasserwerke auf dem Weißenstein bei Kassel. Der Berg dieses Schlosses, das jetzt Wilhelmshöhe heißt, der damals so genannte Winterkasten, ward durch den italienischen Baumeister Giovanni Francesco Guarnieri zu einer Art Wunderberg umgeschaffen. Er legte das kolossale Oktogon an, die Kaskaden, die achthundertzweiundvierzig Stufen herabfallen, die große Fontäne, die den Wasserstrahl von zwölf Fuß Stärke zweihundert Fuß in die Höhe treibt, und den französischen Garten. 1717 ward die aus Kupfer getriebene dreißig Fuß hohe Statue des farnesischen Herkules aufgestellt, in dessen Keule neun Menschen Platz fanden. Die Hessen aber nannten diesen Herkules ›den großen Christophel‹. Die Wasserkünste des Weißensteins waren die grandiosesten in Europa, denn sie übertrafen noch die hannoverischen von Herrenhausen, die von Chatsworth beim Herzog von Devonshire, die von Versailles und St. Cloud.

Mit der Zunahme des Luxus ging aber auch ein Zunehmen der Abgaben Hand in Hand. Die Hauptabgabe war die Kontribution, ein Produkt des Dreißigjährigen Kriegs. Zu der alten Tranksteuer kam nach dem Beispiel Preußens und Hannovers die Akzise, der Lizent, die Stempelpapiersteuer und auch eine Perückensteuer. Zu dieser ward nach vier Rangklassen gesteuert. In der ersten standen fürstliche, gräfliche und adelige Personen: Sie zahlten jährlich einen Taler; in der zweiten Klasse standen Räte, Hauptleute, Professoren, Prediger und Bürgermeister; in der dritten Lieutenants, Prokuratoren, Literaten; in der vierten endlich Bürger, Offiziere (Offizianten) und Studenten. 1690 schon hatte ein Armen- und Waisenhaus gestiftet werden müssen, 1720 folgte ein Zuchthaus.

Nächst den stehenden Steuern kam ein stehendes Heer. Es ward auf den Fuß von zwölftausend Mann im Solde erhalten. Die Garnison von Kassel stand seit 1711 in den von du Ry neuerbauten Kasernen. In der hessischen Armee diente unter Landgraf Carl ein Mann, der europäische Berühmtheit erlangt hat, der Oldenburger Burkhard Christoph Graf von Münnich, der 1767 als russischer Generalfeldmarschall vierundachtzigjährig in Moskau starb. Münnich war 1701 während des Spanischen Erbfolgekriegs als Hauptmann in darmstädtische Dienste getreten, 1705 trat er in die von Kassel, ward 1712 im Treffen bei Denain von den Franzosen gefangen, er avancierte dann zum Obersten und baute den Kanal und die Schleuse zu Carlshafen; es war des Landgrafen Projekt, die Weser mit dem Rheine zu verbinden. Münnich verließ den kasselschen Dienst 1716 und begab sich erst in polnisch-sächsischen, dann in schwedischen und 1720 in russischen.

Die hessischen Truppen nahmen fast an allen Kriegshändeln der damaligen Zeit teil. Carl war es, der die berüchtigte Soldatenverkäuferei in Hessen anfing. Schon 1687 schloß er einen Vertrag mit Venedig ab wegen Überlassung von tausend Mann zu Fuß zum Türkenkriege in Morea. Im Spanischen Erbfolgekriege schloß er 1702 einen anderweiten Vertrag mit den Seemächten, worin ihnen neuntausend Hessen überlassen wurden. 1706 wurden zehntausendfünfhundert Mann Infanterie und Kavallerie an England und Holland zum Gebrauch in Italien verkauft. Endlich nach dem Utrechter Frieden überließ Landgraf Carl nochmals zwölftausend Hessen gegen englische Subsidien [Hilfsgelder] an König Georg I.; im Jahre 1727, als Georg II. den Thron von England bestiegen hatte, zahlte England, wie Lord Hervey berichtet, jährlich zweihundertvierzigtausend Pfund Sterling, eine Million sechshundertfünfzigtausend Taler.

Landgraf Carl hatte seine Hände fast in allen politischen Bewegungen seiner Zeit, er blieb keiner derselben fremd. Er hielt treu an der alten Allianz seines Hauses mit Holland und Brandenburg. Am 27. Juli 1688 ward die wichtige immerwährende Allianz mit Brandenburg geschlossen. Schon seit 1671 mit der kurländischen Prinzessin Amalie vermählt, kam er durch dieselbe auch mit Rußland und durch die Heirat seines Erbprinzen Friedrich mit Ulrike Eleonore, der Schwester König Carls XII. von Schweden, 1715 auch mit dieser nordischen Macht in nähere Verbindung.

Alle Geschäfte wurden von Landgraf Carl allein in seinem Kabinette beraten und entschieden. So traf ihn noch im hohen Alter, bereits im siebzigsten Lebensjahre, der bekannte österreichische Diplomat General Graf Seckendorf, der über eine Mission, die er damals in Kassel beendigt, aus Nürnberg unterm 17. Dezember 1725 an Prinz Eugen nach Wien berichtete: ›Der Landgraf will allezeit die wichtigsten Sachen allein überlegen und ausmachen, obwohl er nicht mehr die Konnexion von allen Dingen wohl behält. Er bedient sich niemandes als des Geheimen Sekretärs Ries, der die meisten Affären im Geheimen traktiert. Der vornehmste Minister ist dermalen Herr von Dalwig, aber der Landgraf setzt in alle Minister Mißtrauen.‹

Der in dieser Depesche Seckendorfs genannte Minister Johann Reinhard von Dalwig (von der Linie Lichtenfels) war früher hessen-kasselscher Gesandter im Haag gewesen während des Spanischen Erbfolgekriegs, später ward er Geheimer Rat und Kammerpräsident und Generalpostdirektor, überlebte noch den Landgrafen Carl und starb unter der folgenden Regierung 1737, achtundsechzig Jahre alt, ohne Kinder.

An der Spitze des Hofs und Staats stand unter Landgraf Carl als Oberhofmarschall und Premierminister wieder ein Fremder: Jacob Friedrich Baron von Kettler, gebürtig aus Mitau, mit dem herzoglich-kurländischen Hause verwandt, dem die Gemahlin des Landgrafen angehörte. Er war Soldat, Diplomat und Hofmann zugleich, General-Lieutenant, Generalkriegskommissar und Geheimer Etatsminister. Er hatte vielen Feldzügen beigewohnt, war in vielen Gesandtschaften gebraucht worden, überlebte ebenfalls noch seinen Herrn und starb nach über fünfzigjährigem, dem Hause Kassel geleistetem Dienste – schon 1684 war er in die hessische Armee getreten – 1735, achtzig Jahre alt.

Der Hofstaat war schon ganz auf den modernen galanten Fuß eingerichtet, schon ziemlich zahlreich und schon ziemlich kostbar. Die Mischung der verschiednen Nationalitäten, die sich nach und nach in Kassel zusammengefunden hatten, trat auch hier hervor. Die Hofdienerschaft, in prächtige Livreen eingekleidet, zählte eine Menge Franzosen. Der Kapellmeister, der mit einer wohlbesetzten Kapelle die Hoffeste und Kurtage verherrlichte, war ein Italiener. Demnächst figurierten französische Tanzmeister, Peruquiers und Hofschneider, italienische Ortolanfänger und venetianische Gondoliere, holländische Hofgärtner, ungarische Hofhusaren. Echt deutsch war zweierlei noch: einmal die Furie der Präzedenzstreitigkeiten, die sogar in der Kirche beim Abendmahl zu ärgerlichen Auftritten führte, weshalb Landgraf Carl schon 1702 eine scharfe Verordnung wegen dieses Unfugs der Präzedenz für die Hofdienerschaft erließ. Und dann der Aberglauben, der sich namentlich in der Geisterseherei sehn ließ. Am 24. Juli 1721 schreibt einmal die bekannte Herzogin von Orléans aus St. Cloud an ihre Schwester, die Raugräfin, nach Frankfurt: ›An Örtern, wo man die Geister glaubt, wie am Kasselischen Hof, sieht man sie allezeit; an userm Hof, da man sie nicht glaubt, wird auch nie nichts gesehen. Also besteht es viel in der Einbildung.‹ Und am 21.Februar 1722 schreibt sie wieder: ›Solche Sachen begegnen mehr den hessischen fürstlichen Personen als allen andern Leuten – wo es herkommt, mag Gott wissen, wir andern Pfälzer sind ganz konträr, wir hören und sehen weder Geister noch Träume.‹

Die Landgräfin Marie Amalie von Kurland war im Jahre 1711 gestorben, und der alte Landgraf fügte sich in die neue Mode der Zeit. ›Wie ist es‹, schreibt die Herzogin von Orléans am 5.November 1721, ›meinem Vetter, dem Landgrafen von Kassel, in seinen alten Tagen ankommen, so galant zu werden, in seiner Jugend hat man doch nichts davon gehört. Hier sagt man, daß er eine Mariage de conscience [Gewissenshochzeit] getan hätte mit einer Fräulein von Bernhold von Geschlecht. Es muß nur sein, um ihn zu wärmen, wie der König David getan, denn ich kann nicht glauben, daß, wenn ein Mann über sechsundsechzig Jahre alt ist, daß er gar pressiert ist und den Ehestand so nötig hat. Es soll gar eine schöne Dame sein! Alter hilft vor Torheit nicht, wie das alte deutsche Sprüchwort sagt und die Probe gar klar ist, wo anders wahr ist, was man sagt.‹

Landgraf Carl starb vierundsiebzigjährig im Jahre 1730. Der rastlos tätige Mann war zuletzt vollkommen stumpfsinnig geworden. Er hinterließ vier Prinzen und zwei Prinzessinnen.

Von den Prinzen sukzedierten Friedrich, der schon seit 1720 König von Schweden war, und Wilhelm. Prinz Maximilian starb 1753 als kaiserlicher und Reichs-Generalfeldmarschall, vierundsechzig Jahre alt, zu Kassel. Prinz Georg endlich, von dem einmal die Herzogin von Orléans, als sie ihn 1716 in Paris gesehen hatte, schreibt: ›Meinen Vetter Landgraf Georg, den man mir so schön gemacht, hab' ich gar nicht schön gefunden, er hat ein abscheulich groß Maul und lacht nicht angenehm‹, starb 1751, sechzig Jahre alt, als schwedischer Feldmarschall zu Stockholm.

Von den Prinzessinnen ward Sophie Charlotte 1704, sechzehnjährig, mit dem Herzog Friedrich Wilhelm von Schwerin vermählt, und Marie Luise heiratete 1709, siebzehnjährig, Johann Wilhelm Friso von Nassau-Diez, den bekannten holländischen General, Prinzen und Erben des Hauses Oranien, der schon nach zweijähriger Ehe 1711, erst vierundzwanzig Jahre alt, verunglückte.

Friedrich I.,
König von Schweden
1730 bis 1751

Friedrich I. wurde geboren 1676 und galt schon in früher Jugend als ein Prinz, der zu Hoffnungen berechtigte. Friedrich hatte, nachdem er mit seinem Hofmeister, dem Obristen du Rosey, gereist, namentlich Italien besucht hatte, mit den hessischen Truppen, die sein Vater dem Kaiser und den Seemächten im Spanischen Sukzessionskriege zuführte, am Rhein, in den Niederlanden und in Italien gefochten. Schon im Jahre 1700, damals vierundzwanzig Jahre alt, gleich nach seiner Zurückkunft aus Italien, hatte er sich mit Luise Dorothea, der zwanzigjährigen einzigen Tochter König Friedrichs I. von Preußen, verheiratet, verlor sie aber bereits im Jahre 1705. Zehn Jahre darauf, 1715, vermählte er sich mit der siebenundzwanzigjährigen Schwester König Carls XII. von Schweden, Ulrike Eleonore, gerade zu der Zeit, als Carl aus der Türkei zurückgekommen war. Von Carls Zurückkunft bis zu dessen tragischem Tode, 11. Dezember 1718 vor Friedrichshall, blieb Prinz Friedrich fortwährend in seines martialischen Schwagers Umgebung, und er blieb auch den Intrigen gar nicht fern, die die Ermordung desselben herbeiführten. Graf Görtz hatte schon die Friedensunterhandlung mit Rußland, wo eine Heirat mit einer russischen Prinzessin stipuliert [abgemacht] war, zustande gebracht, Dänemark fing die Depeschen auf, die Verschworenen brachen los. Görtz ward hingerichtet, um ihm den Mund für immer zu schließen. Wie Carl war auch Friedrich Feind alles Äußeren, namentlich französischen Prunkes, aber er war nachgiebig gegen den Adel Schwedens. Am 1. März 1719 ward seine Gemahlin zur Königin von Schweden gewählt, am 2. April 1720 überließ sie ihm die Regierung, und er überließ dieselbe wieder der schwedischen Aristokratie.

Nach dem Tode seines Vaters kam der König 1731 nach Kassel, bereiste das Land und erteilte – da er selbst bei seiner Thronbesteigung in Schweden zur lutherischen Konfession hatte übertreten müssen – den Lutheranern freien Gottesdienst in Kassel. Friedrich vermehrte das Heer bis auf vierundzwanzigtausend Mann ohne die Miliz; Hessen-Kassel ward jetzt so entschieden ein Soldatenstaat wie Preußen. Nachdem Friedrich das alles geordnet hatte, reiste er wieder nach Stockholm zurück. Sein Bruder Wilhelm führte als Statthalter in seinem Namen die Regierung.

Von dem König-Landgraf Friedrich hat Graf Rochus Friedrich zu Lynar, der als dänischer Gesandter am Hofe zu Stockholm den König genau kennenzulernen

Gelegenheit hatte, eine Schilderung hinterlassen, welche Büsching in den ›Beiträgen zur Lebensgeschichte denkwürdiger Personen‹ im vierten Bande mitteilt:

›König Friedrich‹, sagt Graf Lynar, ›war nicht groß von Person, aber untersetzt, ein belebter und freundlicher Herr. Er hatte das gesellige und ungezwungene Wesen eines artigen Privatmannes, und man sah es ihm an, daß er nicht erzogen worden war, um König zu sein, und daß er in der Jugend gedient hatte. Im Jahre 1694 tat er seinen ersten Feldzug und leistete Adjutantendienste bei dem König William III., der damals in den Niederlanden kommandierte. Am Schellenberge (1704) empfing er einen Schuß vorn in die Brust; sein Adjutant Boyneburg sagte zu ihm, das Blut liefe am Rücken herab. Er merkte, daß die Kugel durchgegangen sei, und wartete auf den Augenblick, da ihm die Sinne vergehen und er hinsinken würde. Doch da sich's verzog, bekam er wieder Mut, ritt zurück und ließ sich verbinden. Da fand man, daß die Kugel auf eine fast unglaubliche Art, ohne eine tödliche Verletzung zu verursachen, durchgefahren war. Als er aber etliche Wochen hernach in der Schlacht bei Höchstädt sich sehr erhitzte, fing die erst halb zugeheilte Wunde stark an zu bluten. Um keine Zeit zu verlieren, ließ er ein Pechpflaster darauf legen, welches nachher bei der Ablösung ihm heftige Schmerzen und wegen eines dazugeschlagenen Fiebers die größte Gefahr zuzog. In Norwegen ward er in das dicke Bein geschossen, und die Kugel, die in der Hüfte sitzen geblieben war, mußte herausgenommen werden. Bei dem Schnitt schlug er dem Wundarzt ins Gesicht, und weil dieser deswegen nicht arbeiten, der Prinz aber diese mechanische Bewegung nicht unterlassen konnte, ward ein Grenadier gerufen, welcher sich für etliche Dukaten so lange schlagen ließ, bis die Operation vorbei war. Der König, aus dessen eigenem Munde der Graf diese Anekdoten gehört hat, redete gern von seinen ehemaligen Feldzügen, aber von sich selbst allezeit mit vieler Bescheidenheit, ungeachtet er Ruhm im Kriege erlangt hatte. Als ein Geistlicher bei einer feierlichen Gelegenheit in seiner Rede der vielen von dem König erfochtenen Siege Erwähnung tat, sagte Friedrich: ‚Der gute Mann weiß nicht, daß ich nur zweimal allein kommandiert und beidemal Schläge bekommen habe.‘ Er liebte die Jagd und schoß vortrefflich, die Jäger aber hatten dabei zum öfteren keine gute Zeit. Ebenso ging es den Ärzten, wenn er unpäßlich war und Anfälle vom Stein hatte. Daher sagte der alte Baron Höpken einmal zu ihm: ‚Wenn ich mir etwas wünschen sollte, so möchte ich Ihro Maj. Arzt auf der Jagd und Dero Jäger in der Krankheit sein!‘ Die Regierungsgeschäfte waren ihm nicht die angenehmsten, und dazu trug vielleicht etwas bei, daß er nach der damaligen Verfassung in Schweden nicht viel zu sagen hatte, worüber er selbst scherzte und erzählte, daß er eine Bittschrift erhalten, auf welcher gestanden: an Seine Exzellenz, Exzellenz, Exzellenz den König von Schweden. ‚Der Narr‘, sagte der König, ‚macht mich zu einer dreifachen Exzellenz, und ich bin doch nur eine doppelte, weil ich nicht mehr als zwei Stimmen im Reichsrate habe.‘ Er liebte die Frauen und hatte von der Zeit an, da er den Thron bestieg (1720), zwei Mätressen, die Gräfin Hedwig von Taube, Tochter des Grafen Ernst von Taube, schwedischen Reichsrats und Oberadmirals, und nach deren Tode (1744) das Fräulein Horn. Mit der Gräfin Taube erzeugte er zwei Söhne, von denen der älteste, Friedrich Wilhelm, geboren 1735, als Graf von Hessenstein unter dem Namen Fürst von Hessenstein 1772 zum Reichsfürsten erhoben wurde, schwedischer Generalfeldmarschall und Generalgouverneur von Pommern wurde (und 1808 starb). Die Liebe zur Wollust verließ den König Friedrich selbst im hohen Alter nicht; und obgleich die Ärzte ihn von derselben dadurch abzuschrecken suchten, daß sie wahrscheinlich machten, er werde, weil er wirklich jedesmal in tiefe Ohnmacht fiel, dabei sterben, so ließ er sich doch nicht abhalten, sondern setzte sie fort, so lange er noch Kräfte hatte und sie sich durch Kunst in Tätigkeit setzen ließen. Als er zweiundsiebenzig Jahre alt war, rührte ihn der Schlag, er erholte sich aber wieder und erreichte noch das vierundsiebenzigste Jahr seines Alters. Eine geraume Zeit vor seinem Tode wurde sein Gedächtnis schwach, und selten konnte er sich auf einen Namen oder auch nur auf das Amt einer Person besinnen, sondern nannte alle Doktor. ›Laßt mir den Doktor kommen‹, sagte er, und weil niemand wußte, wen er meinte, mußte man so lange fragen, bis man es erriet. Einstmal wollte er unter dem gewöhnlichen Namen Doktor den Oberjägermeister gerufen haben, und da auf denselben niemand fiel, machte er sich endlich dadurch verständlich, daß er sagte: ›Der Doktor von den Hirschen!‹

Friedrich I. starb in seinem Königreich Schweden am 5. April 1751, ohne rechtmäßige Kinder von seinen beiden Gemahlinnen zu hinterlassen.

LANDGRAF WILHELM VIII.
1751 BIS 1760

Landgraf Wilhelm, geboren 1682, hatte, wie sein Bruder Friedrich, im Spanischen Erbfolgekriege unter Eugen und Marlborough gedient, er war General in holländischen Diensten und Gouverneur von Maastricht bis 1748. Den soldatischen Geist trug er als Statthalter auch auf die Staatsgeschäfte über. Er war ein sehr gestrenger, rauher, martialischer Herr, ja nach einer beiläufigen Erwähnung Horace Walpoles in seinen Memoiren, wo er von Wilhelms Sohn, dem Erbprinzen, Gemahl einer englischen Königstochter, spricht, hatte eben dieser Wilhelm noch ganz andere üblere Eigenschaften, er nennt ihn ›eigenwillig, hinterlistig und keineswegs im Rufe der Rechtschaffenheit stehend‹. Tatsache ist, daß er die Übertragung der schwedischen Krone auf das hessische Haus nicht durchsetzen konnte, der schwedischen Aristokratie mochte der martialische Herr zu energisch erscheinen.

Schon als Statthalter setzte er die Soldatenverkäuferei fort: 1743 im Österreichischen Erbfolgekrieg wurden wieder sechstausend Hessen an König Georg II. als den Alliierten der Kaiserin Maria Theresia verkauft. Zu gleicher Zeit verkaufte aber Wilhelm auch noch andere sechstausend Hessen an Maria Theresias Feind, den Kaiser Carl VII. von Bayern, und dieser Menschenschacher hätte veranlassen können, daß Hessen und Hessen auf den Schlachtfeldern sich geschlagen hätten. Daß späterhin die Hannover-Dynastie noch in England regierte und nicht wieder die Stuarts, dankt sie hauptsächlich den Hessen, die den Kern der holländischen Hülfstruppen bildeten, mit denen der Herzog von Cumberland 1746 die Schlacht bei Culloden gewann.

Wie sein Vater war Wilhelm ein Freund vom Bauen. Sobald er die Regierung angetreten hatte, 1751, ließ er für die schöne Sammlung niederländischer Bilder, die er besaß, von Carl du Ry, Pauls Sohn, eine Gemäldegalerie bauen. Ihr folgte 1753 Schloß und Park Wilhelmsthal bei Kassel, ebenfalls durch Carl du Ry erbaut. Die Residenz hatte 1748 Laternenbeleuchtung erhalten, nachdem schon unter Landgraf Carl 1704 eine Erneuerung des Pflasters zustande gekommen war.

Vermählt war Landgraf Wilhelm seit 1717 mit Dorothee Wilhelmine von Sachsen-Zeitz. Sie war, wie die geistreiche Prinzessin von Anspach, spätere Königin Charlotte von England, an die bekannte Herzogin von Orléans schrieb, ›gar häßlich und hatte dabei einen wunderlichen Kopf‹. Die Ehe war traurig; sie starb zweiundfünfzigjährig 1743. Erste Dame am Kassler Hofe war schon bei ihren Lebzeiten Marie Anna Christine Fräulein von Bernhold gewesen, die den Titel ›Oberhofmeisterin‹ führte. Ein Jahr vor dem Tode seiner Gemahlin schon, 1742, ließ Wilhelm Fräulein Bernhold zur Reichsgräfin von Bernhold von und zu Eschau durch Kaiser Carl VII. von Bayern erheben. Sie war die Tochter einer verwitweten Generalin von Bernhold, gebornen Baronin von Rathsamhausen zum Stein, aus einem später ausgestorbenen rheinländischen Geschlechte. 1761 hat diese Gräfin-Favoritin Bernhold von den vielen Geschenken, die sie dem Landgrafen verdankte, die sogenannte Bernholdsche Fundation für adelige Damen gemacht.

Aus derselben Zeit datiert auch noch eine andere Stiftung von der Familie Bernhold: das Frankenbergsche lutherische Waisen- und Armenhaus in Kassel, gestiftet von Marie Amalie Juliane von Frankenberg. Sie war auch eine geborne Freiin von Bernhold zu Eschau, starb 1776, dreiundachtzig Jahre alt, zu Kassel und war die Gemahlin des Geheimen Rats, Kammerpräsidenten und Oberhofmeisters Carl Magnus von Frankenberg, der 1757 sechzigjährig starb.

Für einen natürlichen Sohn des Landgrafen Wilhelm galt der Marquis Gentil de Langallerie, dessen der schwedische Tourist Björnstahl in einem seiner Reisebriefe aus Bern, den 20. Oktober 1773, bei Gelegenheit seines tragischen Todes zu Lausanne, wo er lebte, gedenkt: ›Heute erfuhren wir eine unangenehme Neuigkeit von Lausanne, nämlich, daß der Herr Marquis Gentil de Langallerie Sonntag, den 17. dieses Monats, vom Bisse einer tollen Katze, der ihm sechs Wochen vorher widerfahren, verstorben ist. Dies setzte uns in so viel größere Bestürzung, da wir den vorhergehenden Sonntag, den 10., beim Herrn Bischof von Noyon de Broglie (Bruder des Marschalls) mit ihm zu Abend gespeist hatten, da er bei so guter Laune war, daß er ein schwedisches Lied sang, das er zu Stockholm im Jahre 1738 gelernt hatte. Er war, wie man erzählt, ein natürlicher Sohn des vorigen Landgrafen von Hessen, Bruders von König Friedrich. Seine Mutter war mit einem Langallerie verheiratet, von dem er den Namen bekommen hatte. Er war alt, aber sehr munter; hatte weite Reisen gemacht, war auch in Schweden und der Türkei gewesen.‹

Der von Walpole mit dem Vorwurf, daß er nicht im Rufe der Rechtschaffenheit stehe, stigmatisierte [gebrandmarkte] Landgraf Wilhelm hatte zur Zeit, als er noch Statthalter war, wenigstens einen redlichen Minister [Johann Friedrich von Stein], der in dem Grade redlich war, daß der göttingische Professor Simonetti in ihm das Urbild der Ehrlichkeit erblickte und dieses Urbild unter dem Titel ›Der ehrliche Mann‹ in einem Buche entwarf, welches er zu Göttingen 1745 ans Licht treten ließ, als der Gefeierte schon zehn Jahre tot war.

Steins Nachfolger als Premierminister in Kassel war der seitherige Oberhofmeister des Erbprinzen, General August Moritz von Donop aus der hessischen Ritterschaft. Er war seit 1720 aus dänischen Diensten in die von Hessen-Kassel getreten, diente an verschiedenen Höfen als Gesandter und war seit 1730 Generaladjutant König Friedrichs. Er starb 1762, achtundsechzig Jahre alt.

Der Erbprinz Friedrich, seit 1740 mit Maria, der Tochter König Georgs II. von England, vermählt, hatte im Jahre 1749 einen Besuch zu Neuhaus bei dem Kurfürsten Clemens August von Köln aus dem Hause Bayern abgestattet, als dieser eben im Stifte Paderborn, das er ebenfalls innehatte, verweilte. Hier ward Friedrich überredet, das Bekenntnis seines Übertritts in die Hände des Kurfürsten abzulegen. Die Sache ward ganz heimlich gehalten. Landgraf Wilhelm, der den Kurfürsten auf seiner Rückreise nach Köln aufs freundlichste empfing und prächtig bewirtete, erfuhr davon nicht das geringste. Erst im Jahre 1754, als er sich in Hanau befand, erhielt er die erschütternde Nachricht, daß der Erbprinz konvertiert worden sei. Auf die Frage, die er durch den Geheimen Rat von Eyben und Generalmajor Diede zum Fürstenstein, die er nach Kassel abordnete, an den Sohn gelangen ließ, gab dieser ein offenes Geständnis. Darauf sahen sich Vater und Sohn; bei diesem Wiedersehen befand sich nur des Prinzen Obristhofmeister General von Donop. Der Prinz begab sich hierauf nach Homburg; hier wollte ihn Graf Pergen, der kaiserliche Gesandte am oberrheinischen Kreise, nach Wien retten, das Projekt ward aber entdeckt und der Prinz arretiert; er mußte nun nach Berlin gehn, zu Friedrich dem Großen. Der katholische Landgraf Constantin von Hessen-Rotenburg mit seiner Gemahlin, einer gebornen Gräfin Starhemberg, war mit im geheimen Einverständnis gewesen. Der auch später nicht gehörig bekannt gewordene Plan war damals, Preußen und dem gesamten protestantischen Deutschland mit der Religion wieder entgegenzuarbeiten. Landgraf Wilhelm ruhte aber nicht eher, bis Hessen durch eine eigne Religions-Assekurations-Akte vom Jahre 1754 gegen die Eingriffe des Katholizismus sichergestellt war. Zu ihrer Aufrechterhaltung traten alle protestantischen Mächte zusammen, an ihrer Spitze Friedrich der Große. Der Landgraf vertraute auch, wie erwähnt, den Erbprinzen dem König von Preußen an, der ihm in Wesel ein Regiment gab und ihm sein Ehrenwort abnahm, sich einst, wenn er die Regierung angetreten, aller Verfolgung des Glaubens wegen zu enthalten. Die Erbprinzessin zog sich mit ihren Kindern nach Hanau zurück, des Erbprinzen Hofstaat, wofür ihm sechsundzwanzigtausend Taler ausgesetzt wurden, blieb in Kassel.

In diese Aufregung traf der Siebenjährige Krieg, wobei bekanntlich Preußen die Stimmung gegen den Katholizismus wohl auszubeuten verstand. Landgraf Wilhelm ließ sein ganzes Heer zu der mit Friedrich des Großen verbündeten englischen Armee stoßen. 1757 brachen die Franzosen ins Land ein, der Landgraf suchte Sicherheit in Hamburg und Bremen. Viermal ward Kassel von der französischen Armee besetzt, viermal wieder verlassen, zweimal, 1761 und 1762, ward es belagert. Aber auch der Nachfolger, Landgraf Friedrich II., blieb der preußischen Allianz treu und erhielt den Stand des hessischen Heers auf der Zahl, die schon sein Oheim 1731 ihm gegeben hatte, auf vierundzwanzigtausend Mann. Das war eine ungemein wichtige Verstärkung der Armee des preußischen Königs. Für einen Teil der hessischen Truppen zahlte England Subsidien.

Landgraf Wilhelm VIII. starb, nachdem er, wie sein Vater, ebenfalls mehrere Jahre ganz stumpfsinnig gewesen war, während des Kriegs zu Rinteln in der Grafschaft Schaumburg 1760. Sein vierzigjähriger Sohn, der katholisch gewordene Friedrich II., folgte.

LANDGRAF FRIEDRICH II.
1760 BIS 1785

Anfang Januar 1763 kam Landgraf Friedrich II. nach Kassel, bis dahin hatte er sich in Braunschweig aufgehalten. Die allgemeine Befürchtung, daß der katholisch gewordene Fürst der Religionsfreiheit der Protestanten schaden werde, widerlegte er durch Aufrechterhaltung der Religions-Assekurations-Akte. Er war sehr indifferent im Religionspunkt. Was ihn zu der Religionsänderung vorzüglich bestimmt hatte, drückte einmal Friedrich der Große in einem an d'Alembert gerichteten Briefe vom 18. Dezember 1770 so aus: ›Die Protestanten werden oft katholisch, bloß aus Liebe zu den Feiertagen, den Zeremonien und schönen Kirchenmusiken, so z.B. der Landgraf von Hessen, Pöllnitz usw.‹

Der neue Herr hatte nicht nur eine gute Erziehung erhalten, sondern sich auch in der Welt umgesehen; er war nicht nur in den neueren, sondern auch in den alten Sprachen geübt worden und hatte in Genf an dem Vater des berühmten französischen Ministers Necker einen ausgezeichneten Lehrer des Staatsrechts erhalten. Als Hofmeister fungierte von 1728 bis 1735 der bekannte Philosoph und Mathematiker Johann Peter de Crousaz aus Lausanne, wohin er zurückging und als Professor 1748 starb. Der Oberhofmeister war der bereits genannte spätere Premier General August Moritz von Donop. Nachdem Friedrich 1749 konvertiert war, hatte er im Winter darauf Paris besucht, dann unter Friedrich II. als Soldat gedient und einen Teil des Siebenjährigen Kriegs mitgemacht. Er hatte einen großen Teil von Deutschland, Holland, England und Schottland gesehen. Als er regierender Landgraf geworden war, folgten noch mehrere Reisen ins Ausland, wie im Winter 1776 nach Italien, im Sommer 1784 nach Paris und andere. Aber trotz aller dieser Bildungselemente zeigte er weit mehr Sinn und Neigung zum Schein als zum Wesen. Die Liebe zum Glanz hatte ihn zum Religionswechsel getrieben. Dieselbe Liebe trieb ihn dazu, den Mäzenas zu spielen, den erhabenen Beschützer der Wissenschaften und Künste. Es geschah nur aus Eitelkeit, um mit ihnen zu prunken. Seine Hauptleidenschaft waren Luxus und Pracht. Er ward der Vertreter des philosophischen achtzehnten Jahrhunderts für Kassel, aber zugleich aller der Üppigkeiten und Weichlichkeiten, die es in seinem Gefolge mit sich führte. Kassel wurde unter Friedrich II. eine französische Stadt inmitten von Deutschland.

Friedrich II. wollte Kassel um jeden Preis zu einer Residenzstadt ersten Ranges erheben. Vor allen Dingen wurden eine Menge Bauten in Angriff genommen. 1763 ward durch Simon Ludwig du Ry, Pauls Enkel, für die Garnison der Paradeplatz mit der schönen Kolonnade gebaut und 1765 ebenfalls durch du Ry das Opernhaus; seit 1767 wurden die Festungswerke demoliert, und 1769 endlich, ebenfalls durch Simon Ludwig du Ry, wurde das große Museum Fridericianum für Aufnahme der Bibliothek und Kunstschätze gebaut. Dieses Museum stand auf dem aus der seitherigen Esplanade gebildeten Prachtplatz, der der Friedrichsplatz genannt wurde, hier ließ der Landgraf seine eigne Statue noch bei seinen Lebzeiten 1783 hinstellen. Auf diesem Platze stand auch die 1781 ebenfalls durch du Ry erbaute katholische Kirche.

Mit ganz besonderer Vorliebe ward das Theater und die Kapelle ausgestattet. Auf Voltaires Empfehlung ließ Friedrich drei Franzosen nach Kassel kommen, die als Intendants des Spectacles [Haushofmeister der Theatervorstellungen] alle Hoffeierlichkeiten dirigierten und sehr einflußreiche Leute wurden. Diese drei Franzosen waren der Geheime Rat Marquis de Luchet, der Chevalier de Nerciat und der Geheime Legationsrat Marquis de Trestondam. Marquis de Luchet war ein französischer Abenteurer, der sechs Jahre lang in Kassel sein Unwesen trieb. Er war hier Directeur des französischen Theaters, Surintendant der Hofkapelle und zugleich Bibliothécaire und Secrétaire perpetuel de la Société des Antiquités [Bibliothekar und ständiger Sekretär der Gesellschaft für Altertumswissenschaft], Geheimer Legationsrat, später Geheimer Rat und Historiograph von Hessen, ein seichter Vielschreiber. Unter dem Marquis als Oberbibliothekar stand damals der berühmte Schweizer Johannes Müller. Die Kapelle bestand aus einem zahlreichen Personal französischer, italienischer und deutscher Musiker, mit denen der Landgraf öfters selbst in seinem Kabinette Musikstücke aufführte; sie mußte besonders zur Verherrlichung der italienischen und französischen Oper dienen, für die, wie erwähnt, 1765 durch du Ry das Opernhaus gebaut wurde. Aus dem Personal dieser Oper ist die berühmte Kasselerin Schmehling, die Tochter eines Turmwächters an der Martinikirche, hervorgegangen, die der Hof vernachlässigte, weil der erste Sänger Morelli dem Landgrafen sagte: ›Ella canta come una Tedesca [Sie singt wie eine Deutsche]‹, und die nachher als Madame Mara Europa als gefeierteste Sängerin ihrer Zeit durchzog. Die Kapelle diente auch für das Ballett, das mit höchster Pracht ausgerüstet war. Deutsche Schauspiele wurden in dem ebenfalls durch du Ry erbauten Schauspiel-

6. Oktogon (künstliche Ruine)
und Kaskaden im Park Wilhelmshöhe
bei Kassel

haus am Paradeplatz gegeben. Der Staatskalender auf 1785 führt unter der Rubrik ›Hofkapell-Musik‹ unter der Direktion der beiden Marquis vierzig, unter der Rubrik ›Komödien-Etat‹ unter derselben Direktion sechzehn und unter der Rubrik ›Ballett-Etat‹ zwanzig Personen und dazu noch sieben Chorsänger auf.

Auf diese Weise wurde Kassel im Norden Deutschlands, wie gleichzeitig unter Herzog Carl Stuttgart im Süden, der Sitz eines der glänzendsten Höfe, zu welchem Fremde aller Stände von allen Seiten herbeiströmten, die der Landgraf mit liebenswürdiger Zuvorkommenheit aufnahm. Der Geist der Aufklärung wehte aus allen Anstalten für Wissenschaft und Kunst, der Geist der Freude aus den steten Festen und Vergnügungen, und frohste Lebenslust belebte die Kassler Einwohnerschaft, der das zahlreiche Militär, die zahlreichen Staatsbehörden, die vielen Fremden, die ununterbrochenen Neubauten Wohlstand, ja Überfluß verschafften. Berenhorst, der im Kassler Schlosse im Februar 1768 wohnte, rühmte unter andern die freundliche und ausgezeichnete Aufnahme, die ihm zuteil ward, und Hof und Stadt als einen sehr angenehmen unterhaltenden Aufenthalt; er nennt Kassel ›einen zweiten Teil von Berlin, der einem Fremden wahrscheinlich mehr als der erste behagen würde‹. Als eine besondere Merkwürdigkeit erwähnt er, daß der Landgraf noch eine vollständige Beizjagd unterhalte und daß, als er eines Tags mit ihm und abgerichteten Falken und den ihnen beigegebenen Windhunden auf die Jagd gegangen sei, Falke und Hund in guter Eintracht vor einem hohlen Baume, in den ein Hase gekrochen sei, gesessen und Wache gehalten hätten. Auch Goethe kehrte auf seinen Reisen wiederholt in Kassel ein, wie 1779 mit dem Herzog von Weimar auf der Schweizerreise und allein 1783. Von dieser Reise schrieb er an Frau von Stein unterm 2. Oktober: ›Ich bin am Hof gewesen und werde überall sehr gut aufgenommen; den gleichgültigen Menschen begegne ich nach der Welt Sitte, den guten begegne ich offen und freundlich, und sie behandeln mich dagegen, als wenn mich der Verstand mit der Redlichkeit erzeugt hätte und diese Abkunft etwas Weltbekanntes wäre [...] Ich sehe‹, schreibt er weiter, wahrscheinlich in Bezug auf Forster und Sömmering, die er besuchte, ›sehr schöne und gute Sachen.‹ Wieland meinte freilich, als Merck den Panegyricus der ›Kassler Merkwürdigkeiten‹ ihm in seinen ›Merkur‹ gegeben hatte: ›Reichere und größere und breitere und dickere Fürsten als die unsrigen gibt's wohl manche in der Welt, aber bessere, honettere und bei denen und von denen man weniger geplagt und geschoren wird, gibt's gewiß nicht.‹

Von einem Ausländer, dem englischen Touristen Dr. Moore, haben wir eine ausführlichere Beschreibung des damaligen kasselschen Hofs unter Friedrich II. Er sah ihn in Begleitung des jungen Herzogs von Hamilton im Jahre 1775 und berichtet darüber also: ›Wir kommen ohngefähr eine halbe Stunde vor dem Auftragen des Diners an den Hof, wo wir die sämtlichen eingeladenen Offiziere in einem großen Saale versammelt finden. Der Landgraf kommt bald zum Vorschein, bleibt da und unterhält sich mit der Gesellschaft, bis seine Gemahlin [die zweite, eine Prinzessin von Schwedt] mit der Prinzessin Charlotte [Tochter des Prinzen Max, Oheims des Landgrafen] und den Damen kommen, die sie eingeladen haben. Die Gesellschaft begibt sich sodann in den Speisesaal, wo täglich ungefähr dreißig Couverts und in einem daranstoßenden Saale ebensoviele gelegt werden. Die Türen zwischen beiden Sälen bleiben offen, so daß die zwei Tafeln gewissermaßen eine Gesellschaft ausmachen. Die Fremden und alle Offiziere, die nicht unter dem Obristengrade sind, speisen an der Tafel Ihrer Durchlauchten. Die Tafel währt etwa zwei Stunden, während welcher man sich nicht ohne einen kleinen Anschein von Zwang und ziemlich leise unterhält, außer wenn etwa Ihre Durchlauchten der Landgraf oder seine Gemahlin jemand anreden, der in einiger Entfernung von ihnen sitzt. Nach dem Diner begibt sich die Gesellschaft in den Versammlungssaal zurück und bleibt, bis der Landgraf sich entfernt, was gemeiniglich in einer Viertelstunde geschieht. Dann geht man auseinander, um abends 7 Uhr wieder zum Spiel sich zusammenzufinden.

Der Landgraf spielt immer Cavagnote, eine Art Lotteriespiel, wozu man weder Geschick noch Aufmerksamkeit braucht, welches aber kaum ein Gespräch unterbricht. Zu diesem Spiel braucht der Landgraf etwa ein Dutzend Personen. Die Landgräfin spielt Quadrille und wählt sich jeden Abend ihre Gesellschaft dazu. In den nächsten Zimmern stehen andre Spieltische für die übrige Gesellschaft.

Nach ein paar Stunden erhebt sich der Landgraf, küßt seine Gemahlin auf beide Wangen und zieht sich in seine Appartements zurück, während die Landgräfin und die übrige Gesellschaft sich zum Souper setzt. Hier herrscht weniger Etikette und mehr Munterkeit als beim Diner.

Bisweilen wird diese gewöhnliche Ordnung verändert, indem in den Zimmern des Landgrafen ein Konzert stattfindet.

Während des Karnevals sind einige Maskeraden. 6 Uhr abends versammelt sich der Hof, die Herren in Dominos, die Damen in ihren gewöhnlichen, nur etwas phantastisch dekorierten Kleidern. Bis zum Souper wird Karte gespielt und konversiert. Dann wird zum Souper gegangen, die Herren und Damen sitzen nach dem gezogenen Lose. Erst nach dem Souper maskiert sich die Gesellschaft, und die Landgräfin mit ihrem Partner eröffnet den Tanz. Sie tanzt gewöhnlich neun bis zehn Menuetts hintereinander, dann folgen Kotillons und Kontretänze bis morgens 4 oder 5 Uhr. Ihre Durchlaucht, die Landgräfin, ist eine sehr schöne und reizende, muntre und lebhafte Prinzessin. Sie läuft Gefahr, etwas stark zu werden, und deshalb sucht sie diese Unbequemlichkeit durch viele Motion zu verzögern.

Außer der Gesellschaft, die bei Hof speist, wimmeln die Zimmer gemeiniglich von Masken aus der Stadt, worunter einige in phantastischen Aufzügen erscheinen [...]

Der Landgraf hält zu Friedenszeiten 16000 M[ann] Truppen. Er findet sein Vergnügen daran, sie zu exerzieren. Bei sehr schlechtem Wetter macht er sich diesen Zeitvertreib im Speisesaal seines Palastes, wo ich oft 2 bis 300 Mann vom ersten Bataillon seiner Garde mit aller möglichen Fertigkeit habe manövrieren sehn. Im Sommer macht sich Seine Durchlaucht seinen Lieblingszeitvertreib mit den Soldaten auf dem Lustschlosse hart außer der Stadt [dem fürstlichen Haus am Ende der Bellevue], das er den größten Teil dieser Jahreszeit über bewohnt, und zwar auf dem flachen Dache dieses Schlosses, das dazu sehr bequem ist.

Das Theater in Kassel ist zwar klein, aber hübsch. Die vordere Galerie, nebst einem bequemen Zimmer hinter derselben ist dem Hofe vorbehalten. Wenn der Landgraf oder die Landgräfin zwischen den Aufzügen oder während des Spiels aufsteht, so stehen augenblicklich auch alle Zuschauer, Parterre, Logen und Galerie auf und bleiben so lange stehen, bis ihr Landesherr oder seine Gemahlin sich wieder setzt.‹

General Schlieffen war 1772 zum Direktor des Carolinums ernannt worden. Es ward von ihm sofort zu einer wissenschaftlichen Anstalt erweitert, die dem philosophischen Jahrhundert Ehre machen sollte. Seit 1772 bis zum Tode des Landgrafen war das Carolinum zu Kassel der Sitz der namhaftesten literarischen Notabilitäten, die als Professoren nicht bloß vor den Studierenden, sondern auch vor Gebildeten aller Stände, Offizieren, Assessoren und Geschäftsleuten ihre Vorlesungen hielten. Es lehrte hier Tiedemann lateinische und griechische Literatur und machte die Philosophen des Altertums auch dem Dilettanten zugänglich, Mauvillon lehrte Philosophie und Mathematik, Dohm Finanzwissenschaft und Statistik; deutsche Reichsgeschichte und deutsches Staatsrecht lehrte Runde, römisches Recht Höpfner, Medizin der berühmte Anatom Sömmering. Die beiden berühmtesten Lehrer, die hier vorübergehend lehrten, waren der Weltumsegler Georg Forster 1778 bis 1784, der Naturgeschichte vortrug, und Johannes von Müller 1781 bis 1783, der Geschichte und zwar zuerst in Deutschland in einem edleren Sinne darstellte. Noch hatte der Landgraf vorübergehend an seinem Hofe einen damals sehr renommierten Literaten und Musikdilettanten, den Verfasser des ›Umgangs mit Menschen‹, den hannoverischen Freiherrn von Knigge, der von 1770 bis 1777 Hofjunker und Assessor bei der Kriegs- und Domainenkammer war und 1773 eine hessische Hofdame, ein Fräulein von Baumbach, heiratete. Nächst dem Carolinum in dieser erweiterten Gestalt stiftete Friedrich auch 1775 eine Kunstakademie, die ›Société des antiquités‹, wie sie im Staatskalender aufgeführt ist, wozu ›Membres Honoraires et Amateurs [Ehren- und Liebhabermitglieder]‹ und Damen als ›Membres Amateurs‹ aufgenommen wurden. Unter jenen befand sich unter andern der Maler Tischbein, dessen Atelier eine Menge lehrbegierige Kunstschüler nach Kassel zog, der Baudirektor du Ry und Merck, der bekannte Freund Goethes in Darmstadt. Vizepräsident war der Kammerherr und Deutsch-Ordens-Komtur Friedrich Wilhelm von Veltheim, der Bruder des ersten Grafen Veltheim in Braunschweig. Die dritte gelehrte Gesellschaft war die ›Gesellschaft des Ackerbaus und der Künste‹, deren Präsident der Oberhofmarschall von Boyneburg war. Hierzu kam noch eine vierte philantropische Gesellschaft. Bei allem diesem äußerlich dem Publikum gegenüber ausgestellten Apparat für die Aufklärung, die Modesache geworden war, ist charakteristisch genug, was Forster unterm 8. August 1781 an Jacobi schreibt: ›Niemand liest in Kassel. Ich bekomme hier kein Buch zu sehen oder zu lesen, wenn ich es nicht kaufe.‹ 1777, kurz nach der Rückkehr des Landgrafen von seiner Reise nach Italien, ward die Gesellschaft der Altertümer gestiftet, Komiteepräsident derselben und beständiger Sekretär war Marquis de Luchet. Eine große Freimaurerloge, ›Friedrich zur Freundschaft‹, vereinigte zwar fast alle Angestellten in Kassel zum Bruderbunde der Humanität; aber nichtsdestoweniger klagte Joh. Müller in einem Briefe von 1782: ›Die steife Entfernung der verschiedenen Stände in Kassel ist mir lästig.‹

Der nicht geringe Glanz und Luxus des Kassler Hofes hatte eine sehr düstre Schattenseite in dem übrigen Lande. Der Aufwand überstieg weit die Kräfte des kleinen Staats. Um Geld zu erlangen, griff der Landgraf zu zwei sehr schlimmen Mitteln, zum Lotto und zur Seelenverkäuferei.

Das Lotto wurde durch den Mailänder Sinistrario im Jahre 1777 angelegt. In der Königsstraße zu Kassel strömten von jetzt an zweimal wöchentlich die Bewohner der Stadt und die Landleute zusammen, um die fünf verhängnisvollen Zahlen, die dem Glücksrade entrollt waren, abzuwarten, die auf einer Tribüne unter Trompetenklang ausgestellt wurden. Die unglaubliche Wut, die die Bevölkerung ergriffen, ließ sie die Verderblichkeit des Glücksspiels übersehen, bei welchem über dem Gewinne der einzelnen Amben, Ternen, Quaternen und Quinten Tausende von Menschen in ihrem Vermögen ruiniert wurden. Sinistrario war noch dazu ein Erzbetrüger, er betrog mit einem gewissen St. George mittelst einer sehr künstlichen Manipulation die Lottokasse um fast siebzigtausend Taler; erst als man nach fünf Jahren den Betrug entdeckte, kam er in die Eisenarbeit. Eine Filialanstalt des Lottos zu Kassel war in Marburg, der zweiten Stadt des Landes, errichtet.

Noch schlimmer als das Lotto war die schon unter Landgraf Carl eingeführte Seelenverkäuferei, die von Landgraf Friedrich II. jetzt recht im Großen betrieben wurde. Sie ward der Schandfleck des Landes und hat den armen Landleuten die gedrückten kummervollen Züge eingegraben. ›Der Staat Hessen-Kassel‹, sagt ›der reisende Franzos‹ Kaspar Riesbeck in seinen Reisen während der achtziger Jahre, ›ist der militärischste von ganz Deutschland. Seine Bauern sind nicht nur alle exerziert, sondern auch immer in die ganze weite Welt marschfertig. Der Hof steht in beständiger Verbindung mit dem von St. James. Nach dem Siebenjährigen Krieg war das Land von aller jungen Mannschaft entblößt, und kaum waren wieder einige nachgewachsen, als sie nach Amerika wandern mußten.‹ Im Jahre 1775 schloß der edelste Mann in Hessen, der General und Minister von Schlieffen, für den Landgraf in London den berüchtigten Vertrag mit den Engländern ab, kraft dessen er ihnen zwölftausendachthundert Hessen zum Gebrauch in ihren Kolonien verkaufte. Es war dies der dreiunddreißigste Teil der Einwohnerschaft, indem Hessen-Kassel damals nur vierhunderttausend Einwohner hatte. Bis zum Jahre 1782 wurden noch viertausendzweihundert Rekruten nachgeschickt. Dazu gab Hanau noch besonders zweitausendvierhundert Mann. Diese insgesamt neunzehntausendvierhundert Mann machten also fast den zwanzigsten Teil der Einwohnerschaft aus. Es kamen die englischen Kommissarien nach Kassel und besichtigten die verkauften Menschen auf dem Markte, wie sie die Neger in Amerika zu besichtigen gewohnt waren. Die Engländer zahlten hundert Taler für jedes Stück dieser ausgehobenen hagern und steifen Menschen, die zur Uniform und den Gamaschen gepuderte Haare, Locken und lange magere Zöpfe wie Rattenschwänze den Rücken herunterhängen hatten, deren Vernachlässigung in Kassel sofort Stockprügel nach sich zog. Sie wurden auf der Weser eingeschifft, und bei Preußisch-Minden ließ sie Friedrich der Große wie Ware versteuern, er erhob von ihnen den üblichen Viehzoll. Als man den Landgrafen einmal dem König ›seinen Schüler‹ nannte, sagte er: ›Wenn er aus meiner Schule hervorgegangen wäre, hätte er seine Untertanen nicht an die Engländer verkauft, wie man Vieh zum Schlachten verkauft.‹ Und er schrieb in seinem ›Antimacchiavelli‹ im letzten Kapitel: ›Es gibt Fürsten, welche einen ehrlosen Handel mit dem Blute ihrer Völker treiben; ihre Truppen gehören den Meistbietenden; es ist dies eine Art Auktion, wo diejenigen, welche die größten Subsidien zahlen, die Soldaten dieser unwürdigen Fürsten zur Schlachtbank führen. Solche Fürsten sollten erröten über die Schändlichkeit, mit welcher sie das Leben der Menschen verkaufen, die sie als Väter ihrer Völker beschützen sollten.‹ Die stärkste Zensur kam dem schlimmen hessischen Landesvater von einem Manne des Volkes, das er so liebte, von einem Franzosen. Der nachher so berühmte Graf Mirabeau schickte dem Landgrafen auf einem gedruckten fliegenden Blatte einen meisterhaften geharnischten Zuruf zu unter der Aufschrift: ›Warnung an die Hessen und andere Völker Deutschlands, die von ihren Prinzen an England verkauft werden‹; er ward erst in Cleve in Quart, dann in Amsterdam auf einem Bogen gedruckt.

Schon im Jahre 1762 war das damalige freiwillige hessische Werbesystem aufgehoben und das Land zum Behuf der Soldatenaushebung in Kantons, wie in Preußen, eingeteilt worden, von denen jeder einem bestimmten Regimente zugewiesen war. Nur Kassel behielt seine bisherige Freiheit von der Aushebung bei, es wurden nur diejenigen Burschen der Hauptstadt zu den Regimentern genommen, die sich freiwillig meldeten. Wenn die Eltern der weggenommenen Söhne klagten, kamen die Väter in die Eisenarbeit, die Mütter aufs Zuchthaus. Wer desertierte, mußte Spießruten laufen zwei Tage hintereinander, jeden Tag zwölfmal, wie es in den Bekanntmachungen hieß, zuweilen bis zum Tode. ›Nie‹, sagt Carl Julius Weber in seinen ›Briefen eines in Deutschland reisenden Deutschen‹, ›sah ich mehr arme Teufel durch die Gasse jagen als einst zu Kassel, die Trauermusik hörte ich in meiner Wohnung, die Offiziere belehrten mich, daß Gassenlaufen der Gesundheit weniger nachteilig sei als die alten Stockprügel‹. Die Hessen wurden von den Engländern zum Teil nach Ostindien geführt, wo sie wider Hyder Ali von Mysore dienten, zum Teil nach Nordamerika, wo damals der Freiheitskrieg ausgebrochen war. Die gekauften zwölftausendachthundert Hessen wurden 1776 nach Amerika gebracht. Sie standen unter dem Oberbefehl des Generals von Heister und seit 1777 Baron Wilhelms von Knyphausen aus Ostfriesland. Unmittelbar nach ihrem Erscheinen erklärten die dreizehn vereinigten Staaten ihre Unabhängigkeit, die Engländer hatten mit den gegen die Freiheit der Amerikaner fechtenden Hessen wenig Glück, neunhundert Hessen mußten schon 1776 bei Trenton unter Obrist Rall kapitulieren. Es macht einen eigenen deutschen Eindruck, wenn man liest, wie diese verkauften deutschen Seelen von ihren Freunden, an die sie verkauft worden waren, und von den Feinden dachten, gegen die sie, um den Säckel ihres Landesherrn zu füllen, die Waffen tragen mußten. Forster schreibt aus Kassel unterm 29. Dezember 1779 an seinen Vater: ›Hier erhält man keinen Brief von den hessischen Offiziers in Amerika, welcher nicht voll Lobes wäre von den amerikanischen Soldaten; sie vergleichen sie in jedem Punkt ohne Ausnahme mit unsern besten deutschen Truppen, sie behaupten, daß die englischen Truppen in keinem Stück den Vergleich mit ihnen aushalten könnten, da diese nichts von einem Soldaten haben als persönliche Tapferkeit. Diese Briefe drücken einen Grad von Verachtung gegen die englischen Offiziere aus, der kaum zu glauben ist. In einem derselben las ich dieser Tage: Man hoffte nächstens Toiletten in den Laufgräben zu finden und den Befehl zu erhalten, das Pulver zu parfümieren. Der Schreiber sagte, daß weder der englische General noch seine Adjutanten je die Posten besuchen noch rekognoszieren gehen, indes die Amerikaner keinen Teil der Disziplin vernachlässigen und gegen jede Gefahr abgehärtet sind [...] Amerika ist, meiner bescheidenen Meinung nach, für England verloren.‹

Von neunzehntausendvierhundert Mann kehrten im Herbst 1783 und im Frühjahr 1784 elftausendneunhundert zurück. Siebentausendfünfhundert Mann hatte der Krieg weggerafft.

Unter den nach Nordamerika damals geführten Truppen befand sich auch der Dichter Seume, den, als er nach Frankreich reisen wollte, die Werber des Landgrafen plötzlich zu Vach auf dem Wege von Eisenach nach Fulda aufgegriffen hatten. Seume schreibt: ›Niemand war damals vor den Handlangern des Seelenverkäufers sicher. Überredung, List, Betrug, Gewalt, alles galt. Fremde aller Art wurden angehalten, eingesteckt, fortgeschickt. Mir zerrissen sie meine akademische Inskription als das einzige Instrument meiner Legitimation.‹ Der bekannte Kinderschriftsteller Campe schrieb in seiner Reisebeschreibung: ›Die ganze hessische Nation weiblichen Geschlechts scheint in Trauer zu sein. Ob wegen ihrer in Amerika abgeschlachteten Männer und Söhne oder wegen der Übereinstimmung der Schwarzen mit der Farbe ihrer Haut und Haare, weiß ich nicht.‹ Die damals in Deutschland erwachende Publizität deckte eine Menge geheimer Schäden auf, die in Hessen seither nur bedeckt geblieben waren, von denen das Land aber, so wenig wie andere deutsche Länder, rein geblieben war. ›Da gibt es‹, schreibt das Buch ›Huergelmer‹, ›unter andern auch einen hessischen Fürsten, der sich auszeichnen muß. Hierzu gehören prächtige Schlösser, kostbare Gärten, Opern, Mätressen usw. So etwas kostet Geld. Überdies sind auch immer Schulden vorrätig, welche die Schwelgerei des in Gott ruhenden Vorfahren erzeugte. Es müssen also Mittel ausgedacht werden, wodurch die Kosten herbeikommen. Handel und Wandel ist gewiß eine ehrliche Art, sich Geld zu erwerben. Was tut also der Fürst? Er nimmt dich unnützen Knecht von der Straße weg, wendet ein fünfzig Taler zu deiner Ausrüstung an, schickt dich dann fort und läßt sich hundert Taler dafür wieder bezahlen.‹ Mehrere der hessischen Offiziere verheirateten sich während der transatlantischen Kampagne, und so kam auch noch republikanisch-anglo-amerikanisches Blut zu dem Emigrantenblut der Franzosen in das Blut der hessischen Aristokratie. Der bekannte Dichter Baron Ernst Friedrich Georg Otto von der Malsburg, Gesandter in Sachsen, welcher auf seinem Gute zu Escheberg 1824, achtunddreißigjährig, starb, war der Sohn einer Amerikanerin, der Tochter des Sir Charles Egerton-Leigt aus Charlestown.

Mit der Soldatenverkäuferei und der Sorgfalt, in dem Bauernstande immer einen stets tüchtigen, ungeschwächten Menschenfonds zu der Soldatenaushebung zu haben, hängt auch das Kaffeeverbot zusammen, das in Hessen, wie in Hannover, unter harten Strafen verhangen wurde: Ein Edikt vom 6. Juli 1775 verbot die heimliche Begünstigung des Kaffeegenusses bei hundert Taler Strafe und bei Zuchthaus.

Die Folge dieser Seelenverkäuferei, des weißen Sklavenhandels, waren haufenweise Auswanderungen nach Polen und Ungarn. Die Hessen pflegten sich sehr bezeichnend ›Herrenmänner‹ zu nennen. Überall sagte der gemeine Mann in dem Lande: ›Sind wir tot, so sind wir davon.‹

Es ist merkwürdig, wie mit diesen menschenentwürdigenden Gewalttätigkeiten, die den düsteren Hintergrund in Schillers ›Kabale und Liebe‹ bilden, wieder ganz entgegenlaufende Humanitätstendenzen durch die von Frankreich herüberkommenden philanthropischen Ideen sich auch in Hessen geltend machten. So wurde in Kassel damals in die Gesetzgebung eine menschenfreundlichere Ansicht eingeführt, so daß nicht nur die Tortur verschwand, sondern auch die einfache Todesstrafe zur größten Seltenheit ward.

Folge der vorherrschenden französischen Bildung war, daß die höheren Stände der Kirche, ja zum Teil auch dem Christentum entfremdet wurden. Mauvillon griff in seiner Schrift ›Das einzig wahre System der christlichen Religion‹ nicht allein den göttlichen Ursprung, sondern auch die Moral des Christentums mit vielem Scharfsinne an. Es kam zwar nun das erste Zensuredikt in Kassel, vom 5. Oktober 1780, aber die Geistlichkeit verhielt sich dabei ziemlich matt. Ohne allen Widerstand wurde das neue, der herrschenden Aufklärung gemäß umgeänderte und vernüchterte Gesangbuch 1770 in der reformierten und 1783 in der lutherischen Kirche eingeführt.

Landgraf Friedrich II. starb, fünfundsechzig Jahre alt, 1785. Er starb, trotz seiner vielen Bauten und Reisen durch die Seelenverkäuferei so reich, daß er sechsundfünfzig Millionen Taler hinterlassen haben soll. Die Subsidien, die England in den Jahren 1776 bis 1784 wegen der zusammen neunzehntausendvierhundert Hessen, die ihm zum Dienst nach Amerika verkauft worden waren, zahlte, hatten allein fast zweiundzwanzig Millionen Taler getragen.

Unter welchen französischen Einflüssen der erhabene Beförderer der französischen philanthropischen Ideen in Kassel und der große englische Seelenverkäufer stand, davon gibt eine Stelle eines Briefes Forsters an seinen Vater Aufklärung. Dieser schreibt aus Kassel, 19. September 1782:

›Wenn Sie einen Franzosen kennen, der geläufig Unsinn reden kann und eine eherne Stirn hat, so senden Sie ihn hierher, und in Jahresfrist wird er ein angesehener Mann. Wir haben hier eine bettelhafte französische Marquise, deren verstorbener Mann ein spanischer Grande war. Anfangs sagte man, sie sei unermeßlich reich; nun höre ich, daß sie auf eine Pension vom Landgrafen Jagd macht. Sie kam hierher unter dem Vorwand, dem Landgrafen einige Geister zu zeigen, tat aber bis jetzt nichts, weil er, wie sie behauptet, nicht fromm genug ist, um vom Teufel in körperlicher Gestalt versucht zu werden. Diese alte Hexe erhielt von ihm eine Dose, hundertfünfzig Louisdor an Wert, zur letzten Augustmesse. Sie ist ungefähr siebzig Jahr alt und hat einen alten Franzosen bei sich, der ein halber Narr ist und empfindsame Dramen schreibt, die, obgleich unerhört langweilig, doch auf unserm französischen Theater gespielt werden. Er ist auch einer von jenen schlauen Taschenspielern und sagt den Leuten, daß die Heilige Dreieinigkeit auf sie herabgekommen sei, als sie getauft wurde, und besteht darauf, daß ein jeder, der recht fromm sein will, katholisch werden müsse. Eigentlich treibt sie und ihr alter Franzose Teufel von den Besessenen aus. Er erzählt eine Geschichte, wie er, einst über den Pont neuf gehend, eine besessene Frau sah. Ihre Lage bemitleidend, berührte er sie im Vorübergehen leise mit dem Ellbogen, worauf sie sogleich in Konvulsionen verfiel und zu ihrer Schwester gebracht wurde. Er folgte ihr und legte seine Hand auf ihre Brust; darauf ging der Teufel in den Bauch hinab, von wo er ihn, mit der Hand immer weiter herabgleitend, von einer Verschanzung zur andern trieb, bis der böse Geist so weit gekommen war, daß unser Beschwörer ein Nachtgeschirr forderte und das Weib ihn mit dem Urin von sich gab. – Ist das nicht eine gute Geschichte, um sie in Deutschland zu erzählen?‹

Die ehelichen Verhältnisse des Landgrafen mit seiner englischen Gemahlin waren gar nicht sehr glücklich. Die Engländer waren empört über die Behandlung, die er derselben zuteil werden ließ. Sie war eine Frau von vielem Verstand und große Liebhaberin des Lesens. ›Der Erbprinz von Hessen-Kassel‹, schreibt Walpole in seinen Memoiren, ›war ein roher Deutscher, starrköpfig, talentlos, und lebte die letzte Zeit von seiner Gemahlin, der Prinzessin Maria, ganz getrennt, nachdem er sie, die sanfteste und nachgiebigste Frau ihrer Familie, lange auf das härteste behandelt hatte. Sie genoß jedoch den Schutz seines Vaters.‹ Der englische Tourist Sir William Wraxall, der sich in Kassel im Monat September 1777 aufhielt, als der Landgraf schon eine zweite brandenburgische Gemahlin hatte, berichtet über diese und die erste Ehe wie folgt:

›Friedrich II. ist gegenwärtig etwa siebenundfünfzig Jahre alt, von mittler Statur, etwas zum Robusten neigend, seine Haltung ist männlich. Unter seiner Uniform trägt er gewöhnlich den Hosenbandorden, aber die Behandlung der Landgräfin, seiner ersten Frau [die 1772 gestorben war], einer Tochter König Georgs II., war nicht geeignet, die Verbindung zu befestigen, die er mit dem König von Großbritannien eingegangen war. Beide Ehegatten lebten viele Jahre hindurch getrennt voneinander [seit 1754, dem Jahre, wo die Konversion bekannt ward, nach dem Willen des Königs von England förmlich geschieden]. Das Unglück seiner ersten Ehe hat ihn aber nicht abgehalten, eine zweite Ehe einzugehen, sobald die notwendigen Rücksichten der Schicklichkeit es erlaubten [die zweite Ehe ward 1773 geschlossen]. Angezogen von den Reizen einer Prinzessin von Brandenburg-Schwedt, hat er sich mit dieser zur Zeit noch sehr schönen Dame, einer Verwandten des preußischen Hauses, vermählt. Aber der Landgraf scheint nicht bestimmt oder nicht geeigenschaftet zu sein für ein eheliches Glück. Sie leben in entschiedener Entfernung und Entfremdung in derselben Residenz und in demselben Palais, ohne Kinder und ohne irgendeinen Verkehr miteinander zu haben [die Prinzessin heiratete nach dem Tode des Landgrafen ihren Oberstallmeister von Wintzingerode zur linken Hand, lebte in Berlin und starb erst 1800].

Für dies häusliche Unglück tröstet er sich in der Gesellschaft der Mademoiselle F., deren persönliche Reize durch die ‚faszinierende Koketterie‘ einer Pariser Erziehung erhöht werden. Sie war Mätresse des Herzogs von Bouillon und kam hier erst vor drei Monaten an. Sie erhielt für die Kosten ihrer Reise von Paris nach Kassel zweitausend Louisdor, und ihre gegenwärtige Stellung bringt ihr nicht viel weniger als sechstausend Pfund St. jährlich ein. Als wenn alle diese Erkenntlichkeiten unter ihren Verdiensten stünden, wird sie mit noch weit schmeichelhafteren Beweisen der Auszeichnung behandelt. Im öffentlichen Theater ist ihre Loge zunächst der Bühne auf einem Punkte, der im ganzen Hause gesehen werden kann. Ich sah sie gestern, als der Landgraf und die Landgräfin der Vorstellung beiwohnten. Diese Nichtachtung des Schicklichkeitsgefühls, unsern Sitten so widerstrebend, ist an den deutschen Höfen nicht ungewöhnlich und scheint durch den Gebrauch eine Art Heiligung erhalten zu haben.‹

Außer dieser französischen Hauptfavoritin hielt sich der Seelenverkäufer noch eine zahllose Menge anderer Mätressen und hatte von diesem Serail eine große Anzahl Bastarde; ungescheut erhob er von den Untertanen einen eigens für diese Mätressen und Bastarde bestimmten ›Salzheller‹.

Die Trennung von der ersten Gemahlin war auch mit der Trennung von den Kindern begleitet gewesen; wir erfahren aus einem Brief Forsters an seinen Vater, daß der Landgraf neunundzwanzig Jahre lang sie nicht sah, daß die Wiedervereinigung lange hintertrieben ward und daß endlich Schlieffen sie bewirkte.

›Der Landgraf‹, schreibt Forster aus Kassel unterm 13. Februar 1783, zwei Jahre vor dem Tode des Landgrafen, ›ist jetzt sehr heiter und glücklich, da er seine drei Söhne, die er seit neunundzwanzig Jahren nicht gesehen hatte, um sich hat. Der Erbprinz kam gestern von Hanau. Es ward so viel vor Freude geweint, daß alle Soldaten unter den Waffen auf der Parade in Tränen waren, als der Landgraf seinen ältesten Sohn zum General-Lieutenant aller hessischen Truppen erklärte. Er selbst weinte lange, und so taten alle Prinzen; Prinz Carl und Friedrich gingen bei ihren Bekannten und Offizieren herum und sagten: ‚Gott Lob und Dank! Nun sind wir wieder beisammen!‘ – Mit einem Wort, alles ist voller Freude und der Landgraf sehr glücklich, von seinen Kindern umgeben zu sein. Unsre preußische Junta konnte diesen Schlag nicht länger abwenden, oder, die Wahrheit zu sagen, ich glaube, die Junta ist nicht mehr so einig wie früher. General Jungheim wird sich wahrscheinlich zuerst zurückziehen, denn unser Freund Schlieffen steht gut mit allen Parteien, wie ein Mann von Geist und Verstand, der nach Grundsätzen handelt. Ich bewundere seinen Charakter, je länger ich ihn kenne. Es ist schade, daß seine Grundsätze über die christliche Religion nicht so gesund sind, als sein Verstand zu versprechen scheint.‹

Der Erbprinz Wilhelm, der bisher in Hanau residierte, sukzedierte und wurde der erste Kurfürst von Hessen. Die nachgebornen Prinzen Carl und Friedrich hatten seither in dänischen Diensten gestanden.

Landgraf Carl von Hessen war ein zu seiner Zeit sehr merkwürdiger Mann. Erzogen bei seinem Oheim Friedrich V. in Kopenhagen, hatte er 1766, zweiundzwanzigjährig, Luise, dessen Tochter, die Schwester des dänischen Königs Christian VII., unter dem die Struenseesche Katastrophe vorfiel, geheiratet; sie starb 1831 in Schleswig. Die Heirat war eine Herzensheirat, die Ehegatten feierten nicht nur die goldene, sondern auch die diamantene Hochzeit. Carl war dänischer Feldmarschall und Statthalter in Schleswig und Holstein. Er residierte in Schleswig zu Gottorp und in dem heitern Luisenlund im Sommer. Er hielt sich aber öfters auch in Kopenhagen und in Deutschland auf, namentlich in Hanau. Friedrich den Großen sah er wiederholt, noch 1779 nach dem Bayrischen Erbfolgekriege.

Landgraf Carl beschäftigte sich sein ganzes Leben hindurch vornehmlich und angelegentlich mit geheimem Ordenswesen, Freimaurerei, Rosenkreuzerei und Illuminatismus [Ordenslehre, die durch religiöse Aufklärung die Herrschaft der Vernunft fördern und weltbürgerliche Gesinnung verbreiten wollte] sowie mit Theosophie, Alchimie, Astrologie und anderen geheimen Wissenschaften. Er wurde schon 1776, zweiunddreißigjährig, in den Freimaurerorden in Schleswig aufgenommen und zuletzt desselben Großmeister. Er war einer der Erweckten seiner Zeit und stand mit den berühmtesten und gefeiertsten Männern dieser Richtung in Verbindung, unter andern mit Lavater, mit Jung-Stilling und mit dem Theosophen St. Martin, dem Übersetzer von Jacob Böhme. Lavater – der freilich schon die Frage aufgeworfen hatte, ob man es mit Jesu so weit bringen könne, daß man des Umgangs der Geister gewürdigt werde, und der in seinen ›Aussichten in die Ewigkeit‹ die Verklärten mit den Füßen auf rollenden Planeten und Sonnen auf ihren Häuptern gesehen hatte – versicherte Landgraf Carl, daß der Apostel Johannes inkognito noch auf Erden herumwandle und ihn bald sichtbar besuchen würde, worauf Lavater nicht abgeneigt war, sich zu Zeiten selbst für den Apostel Johannes zu halten. Jung-Stilling, wie er selbst in seinem ›Leben‹ schreibt, erfuhr gleichergestalt von dem Landgrafen Carl unter dem Siegel die allerhöchsten Geheimnisse. Schleswig wurde der Sammelplatz aller geheimnisvollen Männer der Zeit. Der famose Abenteurer und Wundermann Comte de St. Germain ist in Carls Armen in Schleswig 1784 gestorben. Seine Papiere gelangten in die Hände des Landgrafen, der aber nie etwas über die Mysterien dieses Mannes enthüllte.

Carls vertrauter Freund war der ihm geistesverwandte Landgraf Christian von Darmstadt; er stand in engster Verbindung mit dem durch ihn und andere tief in das Logengetriebe und die Rosenkreuzerei hineingeführten König Friedrich Wilhelm II. von Preußen; ja sogar den späteren Zar Paul von Rußland wußte Carl auf seiner Reise durch Deutschland 1782 für die verborgne Maurerei so einzunehmen, daß er sich insgeheim während seines Aufenthalts in Lyon aufnehmen ließ.

Die Haupttätigkeit Landgraf Carls bei der Maurerei ging auf die Herstellung des Systems der sogenannten strikten Observanz, der Regeneration des Freimaurerordens im aristokratischen Sinne. 1784 wurde dem Landgrafen die Leitung der Pläne des Illuminatenordens für den Norden, Dänemark, Norwegen und Schweden, angetragen. Er nahm den Antrag an, jedoch unter Bedingungen, die es ihm möglich machten, unter der ihm verliehenen Autorität die übeln Folgen abzuwehren, welche Philipp Egalité, der dasselbe Amt für Frankreich erhielt, indem er in die Pläne der Illuminaten [›Erleuchtete‹, die sich einer höheren Erkenntnis Gottes und eines engen Verkehrs mit der Geisterwelt rühmten] für allgemeine Freiheit und Gleichheit einging, nicht abzuwehren vermochte. Später zog Landgraf Carl sich von der Teilnahme an dem Sektenwesen zurück und beschränkte sich auf die religiöse Tätigkeit. Er arbeitete für eine neue Kirche, die Anhänger in England und Amerika fand und die gleich fern von protestantischem Rationalismus und katholischem Absolutismus eine mystische Interpretation der Bibel zum Symbolum nahm. Er schrieb über diese neue Kirche, die namentlich das Herannahen des tausendjährigen Reichs verkündigte, die merkwürdige

Schrift, die viel Aufsehen machte und sogar die Aufmerksamkeit des französischen Instituts auf sich zog: ›La pierre zodiacale du temple de Denderah, expliquée par S.A.le Landgrave Charles de Hesse [Der Tierkreisstein des Tempels von Denderah, erklärt von Seiner Hoheit dem Landgraf Carl von Hessen]‹.

Landgraf Carl erreichte ein fast hundertjähriges Alter, er war geboren 1744 und starb am 17.August, dem Todestage Friedrichs des Großen, 1836 in Luisenlund, ward also zweiundneunzig Jahre alt. Sein Tod war ungemein sanft. Nach gewohnter Weise empfing er in seinem Schlafzimmer am Vormittag seinen Kammerherrn, seinen Adjutanten und die Glieder seiner Familie – die jüngste Tochter, die verwitwete Herzogin von Holstein-Glücksburg, lebte mit ihren zehn Kindern mit ihm, die älteste Tochter war die regierende Königin von Dänemark, Verfasserin der Supplemente zu Hübners genealogischen Tafeln. Auf den Nachmittag hatte Carl einen Mechanikus, mit dem er sprechen wollte, bestellen lassen. Gegen zwei Uhr mittags stand er auf, ließ sich, wie gewöhnlich, ganz ankleiden und nach seinem Arbeitszimmer vor seinen Schreibtisch bringen. Hier las er die Kassler Zeitung, ein Kammerdiener war bei ihm. Etwa halb drei Uhr legte er die Brille weg und setzte sich in seinen Lehnsessel zurecht, wie zum Schlafen. Bald sanken ihm die Augen zu, und der Kammerdiener zog sich im Zimmer zurück. Er bemerkte jedoch, daß eine eigentümliche Blässe das Gesicht überziehe – der Landgraf war verschieden. Jugendlich kräftig bis zum Tode erhielt Carl sich, ohne jemals Arznei einzunehmen und indem er sich immer durch eine eigentümliche Diät wieder herstellte. Er besaß eine außerordentliche Herzensgüte, er fand sein Glück im Wohltun, selbst an notorisch Undankbare, er war reich, er hatte unter andern seinen Vetter, den Fürsten von Hessenstein, 1808 beerbt, der allein an Gütern eineinhalb Millionen Taler hinterließ. Bei einem außerordentlichen Gedächtnisse und einem ebenso außerordentlichen Fleiße gelang es ihm, da sein Verstand scharf und klar war, eine seltene Kenntnis der politischen Lage Europas zu erlangen; seine lange Erfahrung, seine überall hin verzweigten Verbindungen und seine ungemein ausgedehnte Korrespondenz setzten ihn sogar in die Lage, als ein glücklicher Prophet die Zukunft vorauszusagen. Er erlebte das Zeitalter Friedrichs des Großen, die Revolution, Napoleon, die Restauration und überlebte noch sechs Jahre die Julirevolution. Er hat mit Bestimmtheit aus der Zukunft Hessens Dinge vorhergesagt, die niemand ahnen konnte, und die alle eingetroffen sind. Sein Tätigkeitseifer war erstaunlich und verließ ihn selbst in den letzten Jahren, wo die Kräfte merklich schwanden, nicht. Seine Maxime war: ›Der Geist muß immer Herr im Hause bleiben und nie müßig sein‹, und sein Wahlspruch: ›Omnia cum Deo [Alles mit Gott].‹

Auch Landgraf Friedrich, der dritte Sohn des regierenden Landgrafen Friedrich, ward neunzig Jahre alt; er starb als dänischer, holländischer und kurhessischer General der Kavallerie 1837 zu Frankfurt am Main. Sein Wohnsitz war sein Schloß Rumpenheim bei Hanau, ehemals der hanauischen Familie Edelsheim gehörig. Seit 1823 war er Witwer von der Prinzessin Caroline von Nassau-Usingen. Sein Sohn, Landgraf Wilhelm, wurde geboren 1787, war dänischer General und Gouverneur von Kopenhagen und seit 1810 Gemahl Charlottens, der Tochter des 1805 verstorbenen Erbprinzen von Dänemark. Sein Erbe wieder ist sein Erstgeborner, Friedrich, geboren 1820, dänischer und russischer General. Er vermählte sich 1844 mit Alexandra, Tochter des Zaren Nikolaus von Rußland, die aber in demselben Jahre noch starb, womit die russische Absicht, auch dadurch überwiegenden Einfluß in Dänemark zu gewinnen, von dieser Seite fehlschlug. Im Jahre 1853 erfolgte die zweite Heirat mit Anna, Tochter des Prinzen Carl von Preußen, Bruders des Königs. Außer dem Landgrafen Wilhelm hinterließ Landgraf Friedrich noch zwei Prinzen: Friedrich und Georg, beide General-Lieutenants à la suite [im Gefolge und zur Verfügung stehend] in der preußischen Armee, und drei Prinzessinnen: Luise, die sogenannte Prinzessin von der Decken, die 1833, neununddreißigjährig, Gemahlin des hannoverischen Generals dieses Namens wurde, Marie, die 1817 Großherzogin von Strelitz, und Auguste, die 1818 Herzogin von Cambridge wurde.

Landgraf Wilhelm IX.,
als Kurfürst Wilhelm I.
1785 bis 1807

Es folgte dem Landgrafen Friedrich II. von Hessen-Kassel sein Sohn Wilhelm, geboren 1743. Er hatte unter den Augen seiner englischen Mutter Maria, die seit 1754 getrennt von ihrem katholisch gewordenen Gemahl in Hanau lebte, eine aufmerksame ernst-protestantische Erziehung erhalten; sein Mentor in Staatssachen war der gelehrte Regierungsrat Lederhose. Wilhelm ward laut der durch Friedrich den Großen durchgesetzten Religions-Assekurations-Akte von 1754 in der reformierten Religion konfirmiert und studierte darauf in Göttingen. Beim Ausbruch des Siebenjährigen Kriegs flüchtete er zu seinem Oheim König Friedrich V. nach Kopenhagen; von da zurückgekehrt, übernahm er, ebenfalls kraft der Religions-Assekurations-Akte, im Jahre 1764, einundzwanzig

7. LÖWENBURG IM PARK WILHELMSHÖHE
BEI KASSEL

Jahre alt, die selbständige Regierung von Hanau. Er vermählte sich in demselben Jahre mit Wilhelmine Caroline, Tochter Friedrichs V. von Dänemark, und hielt seitdem in Hanau Hof.

Der kleine Hof zu Hanau hatte, wie schon erwähnt, mit dem zu Kassel drei Dezennien durch gar keinen Kontakt; es trat jetzt die hessische Merkwürdigkeit ein, die gewiß seltsam zu nennen ist, daß der katholische Vater seine eigenen protestantisch erzogenen Söhne neunundzwanzig Jahre hindurch von 1754 bis 1783 gar nicht sah. Das Leben in Hanau verfloß einfach und still, nur als preußischer General nahm Wilhelm 1778 am Bayrischen Erbfolgekrieg teil.

Im Jahre 1774 verweilte der schwedische Tourist Björnstahl mit seinem Schützling Baron Rudbeck am Hanauer Hofe und berichtet darüber: ›Den 18. April besahen wir die Bibliothek des Prinzen, die auf dem Schlosse steht. Sie ist nicht groß, aber ausgesucht und besteht aus etwa 3000 Bänden. Es finden sich in derselben viele kostbare Werke, unter welchen sich die vom Prinzen mit eigner Hand aufgesetzten Manuskripte, nämlich Geschichte von Deutschland und historisch-genealogische Tabellen, Hessen und Frankreich betreffend, als die allerkostbarsten auszeichnen: Es ist alles sehr gut geschrieben. Der Prinz ist ein großer Freund der Wissenschaften und wohnt, wenn ich mich so ausdrücken darf, auf der Bibliothek [...]

Um zwei Uhr wurden wir vom Herrn Hofmarschall und Obersten Freiherrn de Gall dem Erbprinzen Wilhelm von Hessen-Kassel, regierenden Grafen von Hanau, vorgestellt. Dieser begegnete uns sehr gnädig, hieß uns willkommen und wünschte, wir möchten uns hier ebenso vergnügt als zu Karlsruhe befinden. Darauf wurden wir ebenfalls seiner Gemahlin, Prinzessin Wilhelmine Caroline von Dänemark, vorgestellt, die sich in ebenso gnädigen Ausdrücken mit uns unterhielt. Mittags aßen wir an des Fürsten eigner Tafel. An dem hanauischen Hofe geht alles sehr ordentlich und ohne Aufwand zu. Die Hofleute sind artig und höflich.

Nachmittags besuchten wir Herrn Hofrat Cancrinus, einen geschickten Mineralogen, der ein ansehnliches, aber noch nicht in Ordnung gebrachtes Mineralienkabinett besitzt [sein Sohn war der 1773 in Hanau geborne berühmte russische General und Finanzminister Graf Franz Cancrin]. Er hat auch Verschiedenes, die Mineralogie und Probierkunst betreffend, ingleichen eine Beschreibung seiner auf Kosten und Befehl des Prinzen gemachten Reise, herausgegeben. Er ist ein Mann von großen Verdiensten. Unter andern hat er die Anlegung der Salzwerke und die Erbauung eines recht hübschen Schauspielhauses zu Hanau veranstaltet.

Den 19. April wohnten wir den Übungen der hannoverischen Truppen bei.

Der König von England hält hier nämlich eine aus zwei Bataillonen bestehende Besatzung, und zwar, insofern er Garant des die Abtretung von Hanau an den Erbprinzen betreffenden Traktats ist. Als der Landgraf von Hessen-Kassel die papistische Religion annahm, wollte er diese Abtretung widerrufen [...]

Den 21. April nahmen wir das Arbeitshaus in Augenschein, welches eine durch die landesväterliche Vorsorge des Prinzen zustande gekommene und sehr nützliche Einrichtung ist, wo die Armen ihr tägliches Brot verdienen können. Die hiesige Polizei ist überhaupt sehr gut, man sieht nie einen Bettler auf der Straße.

Während der Abendmahlzeit auf dem Schlosse unterhielten wir uns mit dem Erbprinzen über allerhand Gegenstände, namentlich über den freien Zutritt, den der König von Schweden an gewissen Tagen in der Woche seinen Untertanen von allen Ständen verstattet, wie auch über den Markgrafen von Baden, der ein Gleiches tut.

Den 23. April ließen wir uns auf dem Schlosse die Zimmer zeigen, worin die verstorbene Landgräfin Marie von Hessen-Kassel, Mutter des Erbprinzen, gewohnt hat. Sie war eine englische Prinzessin, König Georgs II. Tochter, ließ sich von ihrem Gemahle, dem Landgrafen von Hessen-Kassel, als er die katholische Religion annahm, scheiden und lebte hernach hier zu Hanau als Vormünderin ihres Sohnes. Diese Prinzessin besaß viel Verstand und war eine ungemeine Liebhaberin des Lesens. Sie war es, die zuerst anfing, Hanau aufzuräumen und zu einer schönen Stadt zu machen. Die von ihr bewohnten Zimmer sind recht angenehm, stehen jetzt aber ganz leer. Das Schloß selbst sieht eben nicht groß aus, ist inzwischen doch sehr geräumig und enthält Wohnungen für 300 Personen [...]

Den 27. April nachmittags geruhte der Erbprinz selbst, uns auf seine Bibliothek zu begleiten und uns mit acht von ihm selbst gezeichneten und gestochenen Kupfern wie auch mit verschiedenen Stücken von erhabener Arbeit (en bosse), die er selbst gedrechselt hatte und ungemein schön waren, als zwei Vasen und dergleichen, ein Geschenk zu machen. Auch sahen wir seine eigenen Manuskripte, nämlich: Geschichte von Deutschland, die von den Zeiten der Römer unter August anfängt und bis auf Kaiser Siegmund 1437 fortgeht; hessisches Staatswerk; historische Tabellen über die Geschichte von Hanau, Hessen-Kassel und Frankreich; Stammtafeln der Landgrafen von Kassel und der Grafen von Hanau; geographische Karten von den hanauischen und kasselschen Ländern, die sehr genau sind; Risse und Pläne von Festungen u.a.: alles von des Prinzen eigner Hand. Ferner zeigte er uns verschiedene von ihm selbst mit vieler Nettigkeit nach Polybios und des Ritters Folard Werken verfertigte Kriegsmaschinen der Alten, als Aries [Sturmbock], Katapulta [Katapult], Balista [Schleudermaschine] usw. Gegenwärtig arbeitet er an der Geschichte von Hanau. Er hat auch mit eigner Hand eine Beschreibung seiner Sammlung moderner silberner Schaumünzen aufgesetzt, die sehr nett geschrieben ist und gegen sechzehn bis zwanzig kleine Foliobände ausmacht. – Kurz, dieser Fürst ist nie ohne Beschäftigung; selbst wenn er sich die Zeit mit Drechseln vertreibt, ist Herr Wegener zugegen und liest ihm vor. Er verliert nicht einen einzigen Augenblick seiner Tage: Sehr früh, des sommers um vier oder fünf Uhr, steht er auf; um sechs geht er auf die Parade (denn er ist ein großer Freund des Kriegswesens); der übrige Teil des Vormittags wird beinahe ganz auf der Bibliothek zugebracht; die Essenszeit ist auch genau festgesetzt; des Nachmittags geht er eine kleine Weile spazieren, und darauf begibt er sich wieder zu seinen Büchern. Er sucht Gutes zu tun, wo er nur kann, ist gesprächig, höflich und herablassend, redet mit seinen Untertanen mit derjenigen Leutseligkeit, die eine schöne Seele verrät, ob er gleich bisher noch nicht nach dem Beispiel des Königs von Schweden und des Markgrafen von Baden einen gewissen Tag wöchentlich zum öffentlichen Vortritte bestimmt hat.

Den 20. Mai wohnten wir der Musterung der Truppen des Erbprinzen, Grafen von Hanau, bei […] Die Truppen sind gut geübt und haben ein schönes Ansehn. Der Prinz war allenthalben selbst zugegen und stets an der Spitze seiner Leute. Von Frankfurt waren gegen 3000 Personen hierhergekommen, um diese schöne Musterung anzusehen.‹

Wilhelm IX. wurde das bare Gegenteil seines Vaters. War dieser prunkhaft und üppig gewesen, so war Wilhelm IX. sparsam bis zum Geize. Wie der Vater die Franzosen liebte und begünstigte, so haßte sie der Sohn. Der Anfang seiner Regierung ließ sich gut an: Er machte eine Rundreise zu Pferde mit geringer Begleitung fast von Dorf zu Dorf, um die Beschwerden seiner Untertanen zu erfahren. Sodann erfolgten die Reformen, er gab das Prunksystem des Vaters auf. Eine seiner ersten Verordnungen war die Aufhebung des verderblichen Lottos zu Kassel und Marburg. Sodann erfolgte die Aufhebung der prächtigen Oper und des Balletts. Für die Kapelle wurden nur deutsche Künstler beibehalten. Sämtliche französischen Abenteurer und Windbeutel in Zivil und Militär wanderten ab, nur wenige nahmen Pension. Sogar die französischen Moden, Haarbeutel und gepuderte Röcke, wurden verboten. Auch die Kapell- und Komödien-Intendanten, Marquis de Luchet und Marquis de Trestondam, sahen ein, daß mit dem Ableben Landgraf Friedrichs II. ihre Zeit vorübergegangen sei, und verließen Kassel, ehe sie die ausdrückliche Aufforderung dazu erhielten, der Chevalier de Nerciat war schon vorher wieder nach Paris zurückgekehrt. Da im

Jahre 1787 das Komödienhaus abbrannte, wurde das Opernhaus zum Schauspielhaus bestimmt. Darauf kam eine Reduktion der Truppen, die insolente erste Garde, die die Ehrenwache im Schlosse hatte und sogar nach der Weise der römischen Prätorianer eine Verschwörung gegen das Leben des Landgrafen versucht haben sollte, ward unter die beiden andern Bataillone der Garde gesteckt. Auch das Carolinum ward aufgelöst, die kostspielige Anstalt ward mit der Universität Marburg verbunden, viele Professoren gingen nach Marburg, andere waren schon außer Landes gegangen, wie Müller nach Mainz, Forster nach Wilna, Mauvillon nach Braunschweig, Dohm und Sömmering nach Berlin, Runde nach Göttingen. Der Beamtenunfug und die Sinekuren hörten auf. Der neue Landgraf erließ den Ständen das üblich gewesene don gratuit bei der Huldigung, eine Summe von hunderttausend Talern; er erklärte, er sei, weit entfernt, die Lasten seiner getreuen Untertanen zu vermehren, auf Verminderung derselben bedacht. Aber ehe die Stände auseinandergingen, legte er ihnen eine Rechnung vor, nach der sie ihm seit 1704 noch eine Million hunderttausendsechshunderteinundsechzig Taler an Reichs-, Kreis- und Landessteuern schulden sollten.

Die Sparsamkeit erstreckte sich, wie bei Friedrich Wilhelm I. von Preußen, sogar bis auf die Details der Tafel. Landgraf Wilhelm IX. schrieb eigenhändig auf einen Speisezettel, wo eine Garnierung mit Zitronenscheiben erwähnt war: ›Gelbe Rüben tut's auch.‹ Aber diese Sparsamkeit machte Wilhelm IX. reich.

Noch reicher machte ihn die Seelenverkäuferei, die schon seinen Vater so reich gemacht hatte. Die hessische Seelenverkäuferei dauerte noch tief bis in die Französische Revolution fort; noch 1794 wurden wieder viertausend Hessen in die Kolonien verkauft, als schon der republikanische Nationalkonvent seine furchtbare Volksmacht entwickelt hatte. Wilhelm IX. galt für den reichsten Fürsten Deutschlands, und bekanntlich haben die reichsten Bankiers Europas, die Rothschilds, deren Vater Amschel in Frankfurt 1800 noch ein kleiner Geldwechsler war, ihr Glück durch ihn gemacht. Amschel ward 1801 landgräflich Hessen-Kasselscher Hofagent und negotiierte [trieb Handel] seit 1806 mit dem Vermögen Wilhelms IX. nach seiner Vertreibung aus Kassel.

Zwei Neigungen teilte der Landgraf Wilhelm IX. mit so vielen seiner Vorfahren: die Soldatenliebhaberei und die Baulust. Um das Desertieren zu verhindern, erließ er einen Befehl, darin er ankündigte, daß an den Grenzorten beständig Husaren reiten würden, die für jeden tot oder lebendig eingebrachten Deserteur fünf Taler bekommen sollten; die lebendig Zurückgebrachten liefen zwei Tage hintereinander Spießruten und kamen dann, wie der Wortlaut war, ›auf ewig in unehrliche Eisen‹. Die Armee blieb noch immer auf dem Fuß von vierzehntausend Mann, der neue Landgraf unternahm sogar mit ihr einen kleinen Feldzug, 1787, um Schaumburg-Lippe wegen einer unstandesmäßigen Heirat als vermeintlich erledigtes Lehn an sich zu bringen. Der sukzedierende Graf war ein Kind von zwei Jahren. Der Feldzug war ein Landfriedensbruch, wie Kaiser Joseph II. ihm geradezu in einem strengen Reskripte sagte; Kaiser und Reich drohten mit einer Exekutionsarmee, aber der Landgraf wollte darauf nichts geben, er verließ sich auf Preußen. Erst als Friedrich Wilhelm II. ihn im Stiche ließ und ihm sein Unrecht vorhielt, entschloß er sich, seine Eroberung wieder zu räumen, den liquidierten Schaden mußte er erstatten. Um nun wieder zu seinem Gelde zu kommen, schloß der Landgraf damals einen neuen Subsidientraktat mit England auf vier Jahre, kraft dessen er wieder zwölftausend Mann in englischen Sold gab und dafür ohne die Einkleidungsentschädigung eine Subsidie von sechshundertfünfundsiebzigtausend Krontalern erhielt.

Seit dem Jahre 1787 begann der Landgraf großartige neue Bauten. Sein Lieblingssitz war der Weißenstein bei Kassel: Er ließ das alte, von Landgraf Moritz erbaute, von Friedrich II. erweiterte Schloß abbrechen und das neue Schloß durch Simon Ludwig du Ry und Jussow bauen. Seit 1794 hieß es nach ihm Wilhelmshöhe. Er fügte den großartigen Guernerischen Wasserwerken des Landgrafen Carl den Aquädukt von vierzehn Bogen, die Teufelsbrücke und den großen Wasserfall hinzu sowie den Wilhelmshöher Park. Auch die Löwenburg wurde unter Jussow seit 1793 erbaut und mit Rittersaal, Kapelle und Rüstkammer, dazu mit Mobilien aus alten Burgen und andern Verzierungen im Geschmack der alten Ritterzeit ausgestattet – mitten in der Revolutionszeit. Wilhelmsbad bei Hanau war Wilhelms zweite Schöpfung; es ward von dem schon genannten Cancrin, Direktor der hessischen Salz- und Bergwerke, erbaut. In Wilhelmsbad hatte 1786 die berühmte Versammlung aller deutschen Freimaurer unter Vorsitz des Herzogs Ferdinand von Braunschweig stattgefunden.

Während dieser Zeit nahte der Sturm der Französischen Revolution. Die Stimmung war schon durch die Ideen ernster geworden, die die aus Amerika zurückkehrenden Truppen in Umlauf gebracht hatten. Aber obgleich Emissäre der Mainzer Propaganda auch nach Hessen kamen, um den Geist der Freiheit und Gleichheit zu proklamieren, regte sich doch keine offene Unzufriedenheit. Kassel füllte sich mit Emigranten, die bis zu dem Frieden, den Preußen in Basel 1795 schloß, verweilten. Der sparsame Landgraf duldete sie, ließ ihnen aber keine Unterstützung zugehen, er verbot die revolutionären ›runden Hüte, ungeheuren Halstücher und Rockkeulen‹, und eine merkwürdige Änderung trat mit seiner Bücherliebhaberei ein. ›In einer Kategorie mit den runden Hüten und Pantalons‹, schreibt unterm 15. Februar 1809 Graf Reinhard aus Kassel an

Goethe, ›standen ihm seit der Revolution Bücher.‹ Nach dem Basler Frieden kehrten auch die an England verkauften zwölftausend Mann, die den Feldzug in der Champagne mit den Preußen gemacht hatten, zurück. Noch 1797 ward Landgraf Wilhelm preußischer Generalfeldmarschall und Gouverneur von Wesel.

Im Jahre 1803 kam der Kurhut an das Haus Kassel, aber die Länderentschädigung fiel kärglich aus; nur Fritzlar ward für die an Frankreich abgetretene Festung Rheinfels und St. Goar erworben. Wilhelm hatte aus Geiz versäumt, wie Darmstadt, der Stammvetter, und Württemberg und Baden taten, die französischen Minister und Teilungskommissäre mit einer namhaften Summe zu bestechen; die zwanzigtausend Louisdor, die er bot, waren mit Verachtung zurückgewiesen worden. Der neue Kurfürst hielt sich von Napoleon so entfernt er konnte, kam nicht, wie der Stamm der nachher den Rheinbund bildenden Fürsten 1804 tat, zu ihm nach Mainz, entfernte auch auf Napoleons Verlangen den englischen Gesandten Tallor von seinem Hoflager nicht. Endlich kam die Katastrophe von 1806. Kurfürst Wilhelm reiste beim Ausbruche des Kriegs zwischen Frankreich und Preußen ins preußische Lager und sprach den König Friedrich Wilhelm in Naumburg, um die Neutralität für Kassel zu erwirken. Diese Neutralität ward auch von Kaiser Napoleon zugesichert. Aber der Kurfürst war trotz aller Demonstrationen von Neutralität mit Herz und Seele für Preußen, ›und‹, bemerkt Gentz in seinem Memorial über den Krieg von 1806, ›wenn er zu schwanken geschienen, so konnte der Grund nur etwas habsüchtiger Natur sein, um nämlich bei einer Unterhandlung auf seine eigene Rechnung sich Englands Subsidien nicht entgehen zu lassen‹. Wilhelm haßte Napoleon gründlich. Er pflegte zu sagen: ›Lieber bloßer preußischer Feldmarschall, als König aus Napoleons Fabrik‹, er nannte Napoleon nur ›den französischen Glücksritter‹. Nach der Schlacht bei Jena rückte nun aber Marschall Mortier ein, mit der Weisung, das Land militärisch zu besetzen. In der Nacht des 31. Oktobers ward vom französischen Gesandten St. Genest dem Kurfürsten eröffnet, daß Napoleon die Anhänglichkeit des kasselschen Hofes an Preußen vollkommen kenne und daß er deshalb seine Residenz zu verlassen habe, widrigenfalls man sich seiner Person bemächtigen werde. Am 1. November 1806, früh 1/2 8 Uhr, mußte der Kurfürst Kassel verlassen. Er brachte seine Schätze in Sicherheit, floh erst nach Schleswig zu seinem Bruder Carl und lebte seit Julius 1808 in Prag, seine Gemahlin, die dänische Prinzessin, bei ihrer Tochter, der regierenden Herzogin von Gotha, der Kurprinz mit seiner preußischen Gemahlin in Berlin. Es erfolgte nun das siebenundzwanzigste Bulletin mit den Worten: ›Das Hessen-Kasselsche Haus hat seine Untertanen seit vielen Jahren an England verkauft, und dadurch hat der Kurfürst so große Schätze gesammelt. Dieser schmutzige Geiz stürzt nun sein Haus.‹ Es kam die Erklärung vom ›Glücksritter‹, daß das Haus Hessen-Kassel zu regieren aufgehört habe und infolge des Tilsiter Friedens die Stiftung des Königreichs Westfalen, dem Kassel einverleibt wurde.

JÉRÔME NAPOLEON, KÖNIG VON WESTFALEN 1807 BIS 1813

Es folgte nun das siebenjährige Intermezzo eines französischen Hofs im Herzen von Deutschland.

Jérôme Napoleon hatte seine Laufbahn als Handlungskommis zu Baltimore in den Vereinigten Staaten begonnen. Er hatte schon hier Glück bei den Damen, er heiratete eine sehr reiche Amerikanerin, Tochter eines Bankiers, Miss Elisabeth Patterson, die sich für ihn enthusiasmierte; sein Haus ward mit aller der Behaglichkeit eingerichtet, wie sie die Kreolen in Amerika lieben. Als sein Bruder ihn, nachdem er Konsul geworden, nach Frankreich entbot, ließ er seine Gemahlin zum Dank für Hingebung in Lissabon zurück, Napoleon verweigerte ihr die Erlaubnis, in Holland zu landen; es blieb ihr nichts übrig, als zu ihren Eltern zurückzugehen. Am 22. August 1807 verheiratete Fürst-Primas Dalberg zu Fontainebleau Jérôme mit einer Königstochter, Catharina von Württemberg, und mit ihr begann er die siebenjährige Hofhaltung in Kassel.

Jérôme war ein Mann von guten und schlechten Qualitäten. Die guten, worunter seine hohe Liebenswürdigkeit obenan steht, hat der bekannte Tourist von Strombeck in seinen Memoiren ins beste Licht gestellt, ein ehemaliger braunschweigischer Diener, der damals in westfälischen Dienst kam; die schlechten Eigenschaften, unter denen Jérômes sehr starke Debauchen [Ausschweifungen] im Fache der Liebe und im Hofprunk sich in Kassel während der siebenjährigen Zepterführung nur zu bemerkbar machten, hat die 1814 nach seinem Sturz erschienene ›Geheime Geschichte des westfälischen Hofs‹, auch von einem westfälischen Staatsdiener geschrieben, gehörig schwarz abgeschildert, von den Partie fines [geheime Lustpartien mit Damen] in Napoleonshöhe an, wo Jérôme mit ›Morgen wieder lustischk!‹ die Tage schloß, bis zu den Mysterien in der goldvergitterten Theaterloge, die die langen Aktpausen im Schauspiel veranlaßten, und bis zu den nächtlichen Orgien mit den Sängerinnen und Tänzerinnen, die den ›niedlichen König‹ häufig so anstrengten, daß er am Morgen darauf nicht im Staatsrat erscheinen, Gesandte nicht empfangen konnte, Orgien, die die berüchtigten stereotypen Bouillonbäder – zu denen alltäglich ein Kalb geopfert wurde – und die Weinbäder nötig machten, die die Majestät auch bei Reisen nicht aussetzte und wozu in Freundes- und Feindesland die Stadtmagistrate die Kosten hergeben mußten. In Kassel fürchtete man sich, Rotwein zu trinken, weil vorgekommen war, daß man den königlichen Badewein verkauft hatte; davon konnte jene galante Krankheit erlangt werden, die von dem Vaterland des Königs ihren Namen hat. Geistige Genüsse kannte man in Kassel wenig: ›An unserm jungen Hof ist der Refrain: Nous ne lisons guères [Wir lesen kaum]‹, schreibt einmal unterm 15. Februar 1809 der damalige Gesandte Frankreichs, Graf Reinhard, an Goethe.

Wie der Monarch selbst seine guten und seine schlimmen Seiten hatte, so hatte sie auch die siebenjährige westfälische Regierung. Die Verwaltung der Justiz kam durch die französische Präfekten-Regierung auf einen weit besseren Stand, wie dies Strombeck sehr bestimmt in seinen Memoiren nachweist. Dagegen standen die schweren Übelstände des hohen Finanzdrucks, der Armee und der Spionerie, die sogenannte hohe Polizei, wie sie im Staatskalender figuriert. Jérôme machte nicht nur in Kassel selbst einen sehr glänzenden Hofaufwand, sondern sorgte auch für die Zukunft vor. Ebenso taten die Minister und Hofleute. Der rheinische Antiquar von Stramberg, welcher diese Herren auf geschäftlichem Wege kennenlernte, versichert, sie seien sämtlich Geldschneider gewesen. ›Wunderliche Posten kamen in den Rechnungen zum Vorschein, und rührend war die Übereinstimmung der Herren, wenn es darauf ankam, für ein X ein U zu malen.‹ Übrigens schickte Jérôme auch ungeheure Summen nach Frankreich, als Kriegskontributionen und als Geschenke und Dotationen für Günstlinge an dem Hofe seines mächtigen Bruders in St. Cloud. Dieser seinesteils sah streng darauf, daß die Armee auf einem respektablen Fuße gehalten wurde; Jérôme hielt sie seiner Sicherheit wegen sogar auf einem sehr hohen. Und beide Brüder fanden es in dem fremden Lande der Sicherheit halber für sehr nötig, die haute police [hohe Polizei] in ausgedehntester Weise ihr Netz auswerfen zu lassen; die Zahl der Mouchards [Spitzel] wird auf sechsundzwanzigtausend angegeben.

8. König Jérôme Napoleon Bonaparte

KURFÜRST WILHELM I.
1813 BIS 1821

Einen Eindruck, wie unbequem das napoleonische System geworden war, hatte der französische König Jérôme in Deutschland erhalten. Er schrieb seinem großen Bruder unterm 11. Dezember 1811: ›Die Gärung ist auf den höchsten Grad gestiegen, man hält sich das Beispiel Spaniens vor. Die Ursache der Bewegung ist nicht allein der Franzosenhaß, sie liegt tiefer in der Zugrunderichtung aller Klassen, in dem Übermaß der Auflagen, den Kriegssteuern, dem Truppenunterhalt, den Durchmärschen und den ohne Unterbrechung sich erneuernden Bedrückungen jeder Art. Die Verzweiflung der Völker ist zu fürchten, die nichts weiter zu verlieren haben, weil man ihnen alles genommen hat. Der Aufstand wird nicht allein in Westfalen und den französisch gewordenen Provinzen ausbrechen, sondern auch bei allen Fürsten des Rheinbunds. Diese selbst werden die ersten Opfer ihrer Untertanen sein, im Fall sie nicht an der Gewalterhebung teilnehmen. Die Völker sind gleichgültig gegen die hohen Kombinationen der Politik, sie fühlen allein die Übel, die sie unmittelbar drücken.‹

Napoleon achtete nicht sehr auf diese Ängstlichkeiten und begnügte sich, den Brief mit der Bemerkung abzufertigen: ›Wenn die Truppen des Königs nicht zuverlässig sind, wer ist schuld daran? Der König hält zuviel Truppen und verschwendet zuviel.‹ Napoleon hatte seinen Glauben, daß das Land sicher sein müsse und Herren nicht zurückwünschen könne, die Seelenverkäuferei getrieben und sich damit den beschmutztesten Reichtum in Europa gesammelt hatten.

Vergebens suchte der entthronte Herr wieder zu seiner Herrschaft zu kommen, indem er im Jahre 1809 beim österreichischen Kriege gegen Napoleon zu Prag ein Truppenkorps auf seine Kosten stellte. Er bewies dabei den schmählichen Geiz: Wilhelm Freiherrn von Dörnberg, der nachher den Aufstand erhob und sich ihm in Prag vorstellte, gab er eine österreichische Banknote von tausend Gulden, die nach damaligem Kurs etwa vierunddreißig Carolinen wert war; Dörnberg warf sie ihm vor die Füße und ging fort. Stein, der damals auch als Verbannter in Prag lebte, versprach er, wenn alles gut gehe – seinen Orden. Stein wurde wütend; der Kurfürst begütigte ihn wiederholt mit den Worten: ›Beruhigen Sie sich, mein lieber Freiherr, Sie sollen meinen Orden nicht haben!‹

Dörnbergs Waffenerhebung mißglückte; es kamen dadurch nur eine Menge Familien ins Unglück. Der Kurfürst behandelte die Teilnehmer des Aufstands, die flüchtig werden mußten, kalt, unfreundlich und nach wie vor mit schmutzigem Geize.

Erst nach sieben Jahren, 1813, nach der Leipziger Schlacht, am 21. November, konnte Kurfürst Wilhelm, ein nun schon siebenzig Jahre alter Mann, nachdem er zuvor im September von Prag nach Breslau zu den verbündeten Monarchen gegangen war und sich zu Geldzahlungen in die Kriegsoperationskasse verbindlich gemacht hatte, in sein Land zurückkehren. Carl von Raumer beschreibt in seinen Erinnerungen den Einzug in Kassel, dem er beiwohnte: ›Voran eine Menge Bauern zu Pferde, zum Teil angetrunken, eine Schar weißgekleideter, vor Frost zitternder Mädchen, Schulmeister mit angestrengt schreienden Chorschülern, Nationalgarden zu Pferde und zu Fuß. Endlich kam der Kurfürst selbst, wohl von zweihundert Menschen gezogen. Er stand im Wagen, neben ihm der Kurprinz. Der alte Herr trug eine mächtige Zopfperücke, ein großes Gewächs am Halse nötigte ihn, den Kopf seitwärts zu neigen.‹

Der Kurfürst begnügte sich, da er den Titel ›König der Chatten‹ nicht erlangen konnte, mit dem Titel ›Königliche Hoheit‹ und erwarb das ehemalige Hochstift Fulda; die Seelenzahl Kurhessens kam damit auf sechshunderttausend mit drei Millionen Taler Einkünften.

Man hätte glauben sollen, daß die siebenjährige Verbannung von seinem Lande den alten Herrn etwas verändert haben werde. Starrer aber als jemals kehrte er zurück. Er nahm alle Freudenbezeigungen ohne Zeichen von irgendeiner Teilnahme oder Rührung an. Endlich erschien, erzählt der Herausgeber des englischen Touristen Swinburne, White, ein alter Offizier vor ihm mit einem ungeheuern Zopfe. Da schmunzelte der alte Herr, wandte sich zu seinem Adjutanten und rief aus: ›Gott sei gelobt, der hat ihn noch!‹ Er erklärte ausdrücklich, ›er habe nur sieben Jahre geschlafen‹. Dieser Erklärung zufolge führte er alles wieder ganz auf den Fuß zurück, wie es vor dem Siebenschlaf der französisch-westfälischen Herrschaft gestanden hatte. Genauso, wie er es verlassen habe, sollte alles wieder werden. Demzufolge setzte er die Räte, die Jérôme gemacht hatte, zu Sekretären, die Capitains zu Lieutenants, was sie vorher gewesen waren, herunter. Die ganze Armee mußte wieder Zöpfe tragen und Puder im Haare führen, die vier vorschriftsmäßigen gepuderten Papilloten und gewichste Schnurrbärte, ganz so wie im Siebenjährigen Kriege. Da die Haare der Soldaten sehr oft nicht lang genug waren, um daran die falschen Zöpfe zu befestigen, ward befohlen, falsche Zöpfe an die Uniformkragen, aber keineswegs an die Hüte zu stecken. Dieser Befehl war durch einen seltsamen Vorfall erwirkt worden. Der Kurfürst bemerkte einst, als er aus dem Schlosse kam und die Wache schnell ins Gewehr trat, einen Offizier mit zwei Zöpfen. ›Warum hat man zwei Zöpfe?‹ donnerte die alte Hoheit. Der Offizier hatte den Hut eines Kameraden, an dem dessen Zopf festgemacht war, ergriffen, der seinige hing an dem eigenen Haare. Unnachsichtlich erhielt dieser Offizier Arrest, und es erging der genannte Befehl. Um echte Zöpfe zu erzeugen, setzte der Kurfürst eine Prämie auf eine den Haarwuchs befördernde Salbe, und Offiziere, die echte Zöpfe zu produzieren vermochten, erhielten eine Zopfgratifikation. In ganz Europa ward der Kurfürst wegen dieser krankhaften Zopfmanie verspottet; ein Engländer spazierte sogar vor dem Schlosse Wilhelmshöhe erst mit einem fast schenkeldicken Zopfe, der bis an die Kniekehle herabreichte, und dann sogar mit vier, fünf bis beinahe zur Erde herabhängenden Zöpfen auf und nieder. Allen, die keinen amtlichen Titel hatten, untersagte der Kurfürst, sich ›Herr‹ zu nennen. Um wieder ganz den alten guten Patriarchenzustand herzustellen, wurden selbst die unter Jérôme abgeschafften Fronen wieder hergestellt. Die alte Leidenschaft des Geizes trat mit erneuter Stärke hervor. Allen Domänenkäufern wurden die unter Jérôme erkauften Güter genommen. Entschädigung ward nicht gegeben, doch bequemte sich der Kurfürst zu annehmlichen Vergleichen. Dagegen sollte es bei der Reduktion, durch die die westfälische Regierung die alten hessischen Schuldbriefe auf ein Drittel des Nennwerts herabgesetzt hatte, sein Bewenden haben, die Stände nötigten aber doch noch zu dem Gerechtigkeitsakte der Anerkennung des vollen Werts der Briefe. Das Land mußte die Schulden, die der Kurprinz gemacht hatte, mit zweihunderttausend Talern bezahlen. Und die Gehalte schmälerte er, der steinreiche Landesherr, dergestalt, daß ein Lieutenant monatlich nur fünf Taler erhielt. Das Auffallendste endlich war, daß der Kurfürst eine neue Verfassung, die die Stände begehrten, geradezu feilbot für vier Millionen Taler – als Entschädigung angeblich für die Ausrüstung der im Jahre 1814 gestellten Truppen, die er aber keineswegs aus seiner Schatulle bezahlt hatte –, darauf später für zwei Millionen und zuletzt für eine zehnjährige Tranksteuer zu achthunderttausend Talern. Da die Stände diese dreifache Offerte ausschlugen, regierte der Kurfürst völlig nach Willkür. Wer die geringste Unzufriedenheit blicken ließ, konnte dem Kerker nicht entgehen.

Ein Segen des Landes wurde unter diesen Umständen die Geliebte des alten Herrn, Fräulein Caroline von Schlotheim, die Maîtresse en titre [amtliche Geliebte] war und die er zur Gräfin von Hessenstein erhoben hatte. Die Verbindung datierte schon von der Zeit vor der Französischen Revolution. Das arme, ganz junge Mädchen ward damals gewaltsam entführt, weigerte sich anfänglich, ihrem siebenundzwanzig Jahre älteren begehrlichen Herrn ›von Gottes Gnaden‹ zu Willen zu werden, floh sogar, ward aber von den eigenen Eltern an den Landgrafen zurückgeliefert. Wie das Fräulein von Hartenfeld in Braunschweig, gehörte die Gräfin von Hessenstein zu den wenigen Gunstdamen deutscher Fürsten, die des Landes Wohltäterinnen wurden; durch ihre edle Denkungsart und ihren sanften Einfluß ist manches Unheil abgewendet worden.

Merkwürdig war nur, daß der alte starre Herr, der alles wieder auf den alten Stand brachte, den Kurfürstentitel beibehielt, obgleich das deutsche Reich aufgelöst war und es keinen Kaiser mehr in Deutschland zu küren gab. Die Ehren Königlicher Hoheit nahm er überall an, auch wo sie ihm nicht geboten wurden; so stand er zum Beispiel bei einem Besuche in Berlin im Theater bei dem Eröffnungschor der Oper, der die Amazonenkönigin leben ließ, zu großer Erheiterung des Publikums auf, um sich zu bedanken. Der Chor sang: ›Viva Atalanta!‹ – der Kurfürst verstand: ›Viva der alte Landgraf!‹

Der alte wunderliche Herr starb endlich, nachdem er außer Podagra [Gicht] nur vorübergehende Unpäßlichkeiten gehabt hatte, siebenundsiebzigjährig am Schlagflusse. Er wurde in der Kapelle der Löwenburg bei Wilhelmshöhe in einem Sarge von karrarischem Marmor begraben. Acht Monate vorher hatte er noch mit besonderen Feierlichkeiten den Grundstein zu einem neuen Residenzschlosse in Kassel gelegt, der ›Chattenburg‹, die ein unvergängliches Denkmal für ihn bei der Nachwelt, eine Art pharaonischer Königsbau, werden sollte. Das alte Schloß zu Kassel mit dem Goldenen Saale, wo dereinst Moritz der Gelehrte und die große Amalie von Hanau ihre Regierungen niedergelegt hatten, war 1811 in der westfälischen Periode durch Verwahrlosung ausgebrannt. Der neue Prachtbau der Chattenburg sollte das alte Schloß ersetzen; er war kolossal angelegt, die Chattenburg sollte fünfhundertfünfzig Fuß lang und vierhundert Fuß breit und mit vierundachtzig großen Säulen geschmückt werden. Der Tod des Zopfkurfürsten unterbrach die Ausführung, er erlebte nur das Fundament, das Erdgeschoß und einen Teil der untern Etage.

Wilhelm I. hinterließ außer dem Kurprinzen, seinem Nachfolger, nur zwei Töchter, von denen Caroline Amalie seit 1802 an Herzog August von Gotha und Marie Friederike seit 1794 an Fürst Alexius Friedrich Christian von Bernburg vermählt war.

Aber von seinen zahlreichen Mätressen hatte der Zopfkurfürst außerdem noch eine Anzahl von nicht weniger, wie man ihm nachgerechnet hat, als vierundsiebzig Kindern. Darunter befinden sich die Grafen von Hessenstein und von Schlotheim, die von Hessenthal und von Hessen, die Barone Haynau, die von Heimroth und so weiter.

Von der Gräfin Hessenstein wurden dem Kurfürsten in den Jahren 1790 bis 1804 fünf Kinder geboren, drei Söhne und zwei Töchter. Von den drei Söhnen, den Grafen Hessenstein, war der älteste, Wilhelm, Oberhofmarschall zu Kassel;

9. KASSEL VON NORDOSTEN

er heiratete 1820 die mecklenburgische Gräfin Angelika von der Osten-Sacken und ward als Gesandter von Mecklenburg-Schwerin in Berlin akreditiert; der zweite, Louis, war Schloßhauptmann zu Kassel und der dritte, Carl, preußischer Kammerherr und Major. Von den zwei Töchtern war die eine vermählt mit dem Minister der auswärtigen Angelegenheiten, von Steuben. Die Mutter dieser Kinder, siebenundzwanzig Jahre jünger als der alte Kurfürst, überlebte ihn noch sechsundzwanzig Jahre und starb achtzigjährig erst 1847.

Von den Baronen Haynau haben drei Brüder sich einen Namen gemacht: Julius, der bekannte, in Italien und Ungarn hinlänglich illustrierte und in London wegen der Frauenauspeitschungen in Ungarn am Barte gestrafte österreichische Feldzeugmeister, geboren 1786, starb 1853 kurz nach seiner Ernennung als Nachfolger Radetzkys in Verona. Ludwig war der übelberüchtigte Polizeiminister in Baden, der 1843 starb. Ein dritter Bruder Haynau, Oberkommandant von Kassel im Sturmjahre 1850, war nachfolgend Kriegsminister.

KURFÜRST WILHELM II.
1821 BIS 1847

Der Nachfolger des alten Zopfkurfürsten, sein einziger Sohn Wilhelm II., war auch schon vierundvierzig Jahre alt, als er zur Regierung gelangte. Er hatte seine erste Erziehung an dem kleinen Hofe von Hanau erhalten; er stand im achten Jahre, als sein Vater 1785 die Regierung in Kassel antrat. Seit dem Jahre 1793 hatte er die Universität Leipzig besucht und war seit dem Jahre 1797 vermählt mit Auguste, Tochter König Friedrich Wilhelms II. von Preußen. Während des Siebenschlafs hatte er mit seiner Gemahlin in Berlin gelebt, wo er die Liaison mit der Gräfin Reichenbach anfing und zweihunderttausend Taler Schulden machte, die nachher das Land bezahlen mußte; sodann hatte er im Befreiungskriege die Hessen in Frankreich kommandiert und darauf mit seinem Vater den Kongreß zu Wien besucht.

Wilhelm II. schaffte, als er zur Sukzession kam, die Zöpfe und den Puder ab, im übrigen blieb auch bei ihm alles beim alten. Die Regierung des Landes war so schlecht, wie sie in einem kleinen Lande ohne Stände sein konnte. An der Spitze befand sich ein Kabinett unter Rivalier. Am greulichsten war die Finanzwirtschaft: Das Land ward mit der Landesschuldensteuer und andern Steuern fast erdrückt, die Geheimen Finanzräte in Kassel wurden Kommandierende des Löwenordens und kleine Rothschilds. Zuletzt aber wollte der große Rothschild diesen kleinen Rothschilds nicht mehr auf hunderttausend Taler Kredit geben ohne persönliche Bürgschaft des Kurfürsten.

Zu diesen öffentlichen Landesmißständen kam noch der Greuel der Privatwirtschaft des Kurfürsten. Wilhelm II. lebte in offenem Unfrieden mit Schwester, mit Gemahlin und mit Sohn.

Die Schwester, die 1768 geborne und sechsundzwanzigjährig 1794 an den Fürsten von Anhalt-Bernburg verheiratete Prinzessin Marie Friederike, war eine allerdings exaltierte und extravagante, launenhafte, eigensinnige, heftige und eifersüchtige Dame, die wiederholt gegen den Wunsch ihres Gemahls kostbare Reisen nach der Schweiz und Italien unternommen und 1810 sogar den Montblanc bestiegen hatte, wobei sie ein Bein brach. Der Herzog hatte sich im Jahre 1817 von ihr geschieden, um ein Fräulein von Sonnenberg und nach deren Tode 1818 ein nächstes Fräulein von Sonnenberg, ihre Schwester, heiraten zu können.

Des Kurfürsten Gemahlin war die Schwester des Königs von Preußen, Friedrich Wilhelms III. Sie war eine wenn auch nicht ausgezeichnete Frau – sie hatte namentlich die Schwäche, Comerage [Klatsch] zu lieben, weshalb sie der König nicht gern in Berlin sah –, aber doch sonst eine durchaus achtungswürdige Dame, die sich die schlimme Zeit, die sie bei ihrem Eheherrn hatte, mit Zeichnen und Malen vertrieb und Künstler und Gelehrte beschützte. Sie wurde aufs gröblichste, selbst tätlich von ihrem Gemahl mißhandelt. Vergebens schickte ihr königlicher Bruder noch im Jahre 1829 den Geheimen Legationsrat Varnhagen von Ense nach Kassel und nach Bonn, wo sich der Kurprinz damals befand, um den höchst ärgerlichen häuslichen Zwist beizulegen. Statt mit Gemahlin und Sohn lebte der Kurfürst mit einer intriganten Favoritin, und zwar war er ganz in den Händen dieser Favoritin und deren Anhangs.

Die neue Gunstdame, die Gräfin Reichenbach-Lessonitz, war eine Frau weit schlimmeren Schlages, als weiland die Gräfin Hessenstein gewesen war. Sie war eine Berlinerin, Tochter eines Goldarbeiters, geboren im Jahre 1791, ihr Mädchenname war Emilie Ortlöpp. Die Verbindung mit dieser Emilie datierte weit zurück in die Zeit, wo der Kurfürst noch Kurprinz war und mit seiner preußischen Gemahlin im Exil in Berlin lebte, zur Zeit des Siebenschlafs seines Vaters. Der Plan der Gräfin Reichenbach war, den Kurfürsten in ihrem Garne zu behalten. Sie fand einen dienstwilligen Anhang. Dieser Anhang ging so weit, den Kurfürsten durch Drohbriefe zu schrecken, um ihn ganz im Sinne der Gräfin zu leiten. Die Drohbriefe verführten den Kurfürsten zu den härtesten Maßnahmen; um den Verfasser derselben zu entdecken, wurden die Leute in großer Zahl verhaftet, sogar die Reisenden scheuten sich, Kassel zu berühren. Endlich

10. Kurfürst Wilhelm II.

entdeckte man, daß ein Hofgünstling, der Oberpolizeidirektor Ludwig von Manger, die Drohbriefe höchstwahrscheinlich selbst geschrieben habe; er kam im Jahre 1827 in leidliche Haft auf die Festung Spangenberg.

Kurze Zeit, nachdem die Schreckenszeit der Drohbriefe vorüber war, trat die Julirevolution ein, und sie ergriff auch Hessen-Kassel. Schon am 6. September 1830 fand ein Volksaufstand in der Hauptstadt statt, und der Kurfürst sah sich genötigt, um die drückende Landesschuldensteuer zu beenden, die Schulden zu übernehmen und die Regierung provisorisch an den Kurprinzen abzutreten. Er verließ Kassel, weil seine Freundin, die teure Gräfin Reichenbach, nicht mehr ihres Lebens sicher war. Er begab sich mit ihr am 23. März 1831 nach dem Schlosse Philippsruhe bei Hanau und erklärte von hier aus unterm 30. September 1831 seinen Sohn zum Mitregenten mit der Ermächtigung, allein und ausschließlich die Regierungsgeschäfte zu führen. Seitdem blieb der Kurfürst in der Zurückgezogenheit, teils im Schloß Philippsruhe, teils in Schloß Wilhelmsbad bei Frankfurt, teils in seiner angenehmen Villa zu Frankfurt. Am 19. Februar 1841 starb seine preußische Gemahlin zu Kassel, und nun heiratete der Kurfürst am 8. Juli 1841 seine länger als dreißigjährige Geliebte, die Gräfin Reichenbach, noch in morganatischer Ehe [Ehe zur linken Hand, bei der die Frau nicht den Rang und Stand des Mannes teilt und die Kinder nicht die vollen Rechte haben]; die späte Hochzeit ward auf ihrem Schlosse Lessonitz bei Brünn gefeiert. Sie genoß aber die Ehre, kirchlich eingesegnete Frau zu sein, nur zwei Jahre, indem sie schon 1843, zweiundfünfzig Jahre alt, starb.

Die Herrschaft Lessonitz erbte ihr in der Bigamie erzeugter Sohn, der Graf Reichenbach-Lessonitz. Ihre in der Bigamie erzeugten vier Töchter aber wurden, jede angeblich mit vierzigtausend Talern jährlicher Renten ausgestattet, an den Bruder der Fürstin Metternich, einen Grafen Zichy, und an drei sächsische Edelleute, den Grafen Bose, einen von Watzdorf und einen von Fabrice verheiratet. Bei Frau Minna von Watzdorf ist die Kuriosität anzumerken, daß sie von ihrem ersten Manne, einem holsteinischen Grafen Luckner, einem von dem von Dänemark 1784 gegraften Geschlechte des 1794 guillotinierten französischen Marschalls, sich hatte scheiden lassen und ihn nach Watzdorfs Tode in dritter Ehe wieder nahm.

Nach dem Tode der teuern Gräfin Emilie Reichenbach entschloß sich der sechsundsechzigjährige Kurfürst doch noch zu einer dritten Heirat. Er vermählte sich, und zwar noch in demselben Jahre, wo die unvergeßliche Gräfin gestorben war, 1843, wieder in morganatischer Ehe zu Wilhelmsbad mit der dreiundzwanzigjährigen Tochter des Kommandanten zu Kassel, Fräulein Caroline von Berlepsch; er erhob sie zur Gräfin von Bergen. Diese dritte Ehe genoß der alte Herr nur noch vier Jahre, er starb zu Frankfurt 1847, siebzig Jahre alt. Er hinterließ seiner jungen Witwe angeblich eine Million Taler. Sie wollte, wie das Gerücht ging, ihre reiche Hand eben dem sehr derangierten Fürsten Felix Lichnowsky reichen, als dieser im September 1848 zu Frankfurt ermordet wurde. Darauf reichte die Gräfin Bergen 1851 ihre reiche Hand dem Grafen Adolf von Hohenthal-Knauthain, wieder einem sächsischen Edelmanne, früher Gesandter in Paris, jetzt in Berlin.

Bereits im Jahre 1831, noch ehe der Kurfürst die Regierung an seinen Sohn, mit dem er, wie erwähnt, seither in erklärtem Unfrieden gelebt hatte, abtrat, war durch Vertrag mit den Ständen die neue Konstitution für das Land zustande gekommen, die Ruhe ward aber, wie der Kurfürst hoffte, damit nicht hergestellt. Gerade am Tage der Verkündigung der Verfassung, am 8. Januar 1831, war die Gräfin Reichenbach zurückgekehrt, um sich wieder in Wilhelmshöhe zu installieren; das über die Mätressenwirtschaft empörte Volk vertrieb sie. Sie trat nur ab, um einer neuen Mätresse Platz zu machen: An die Stelle der Berliner Goldarbeiterstochter trat eine Bonner Weinhändlerstochter. Wilhelm II. war kein Salomo, aber sein Sohn sollte der Rehabeam des Hessenlands werden; statt der Peitschenzüchtigung kam die mit Skorpionen.

Wilhelm II. hinterließ, wie sein Vater, von seiner ebenbürtigen ersten Gemahlin außer dem Thronfolger auch nur zwei Prinzessinnen: Die ältere, Caroline, geboren 1799, blieb unvermählt, die zweite, Marie, geboren 1804, ward 1825 mit dem regierenden Herzoge von Meiningen vermählt.

KURFÜRST FRIEDRICH
SEIT 1847

Der Kurprinz-Mitregent Friedrich wurde geboren 1802 und war, als er die Regierung antrat, neunundzwanzig Jahre alt. Seine Jugend war in die schwere französische Zeit gefallen, wo seine Eltern und Großeltern von Kassel geflohen waren; er verbrachte den Siebenschlaf mit seiner preußischen Mutter in Berlin. Später studierte er, wie sein Vater, in Leipzig. Es war in Bonn, im Jahre 1829, dem Jahre, in das Varnhagens oben erwähnte Sendung fällt, wo Friedrich, damals siebenundzwanzig Jahre alt, die vier Jahre jüngere, in Bonn 1806 geborne Tochter des Weinhändlers Falkenstein kennenlernte, die damals Gertrude Lehmann hieß und die Gattin eines preußischen Offiziers war. Weil sie ihm ganz besonders gefiel, kaufte er sie demselben ab; der Ehemann mußte aber damals seinen Abschied nehmen, die Kameraden wollten nicht mehr mit ihm dienen. Es fand darauf eine Ehe zur linken Hand statt wie bei Friedrichs Vater und der Gräfin Reichenbach. Wann diese Ehe aber geschlossen worden sei, ist ungewiß, gewiß aber, daß im Jahre 1850 – dem großen Sturmjahre Hessens – die Zeitungen meldeten: Der kurfürstliche Schwiegersohn Graf Max von Isenburg-Wächtersbach habe seinen Schwiegervater der Fälschung angeklagt, denn es habe sich gefunden, daß seine 1849 geheiratete Frau, die älteste Tochter aus der durch den Handel verschafften Ehe, vor der Ehe geboren worden sei, der Kurfürst habe einen Geistlichen in Fulda oder in der Umgegend dieser Stadt bestochen, das Taufzeugnis zurückzudatieren; die Gräfin Isenburg könne daher ihrem Gemahl keine in Lehngüter sukzessionsfähigen Kinder gebären.

Die Erhebung der erhandelten Frau Gertrude zur Gräfin von Schaumburg war die erste Regierungshandlung des von seinem Vater zum Regenten Ernannten im Oktober 1831 – erst nach zweiundzwanzig Jahren, nach der glücklichen Beschwichtigung des Sturms von 1850, ward der Gräfinnentitel mit dem Fürstinnentitel vertauscht; sowohl die Mutter als auch die neun Kinder, die sie geboren, sechs Söhne und drei Töchter, wurden von Kurfürst Friedrich kraft seiner Souveränität zu Fürsten und Fürstinnen zu Hanau erklärt.

Der neue Regent von Hessen, der, wie erwähnt, bis zu seinem Regierungsantritt mit seinem Vater in bitterm Zwiespalt gelebt hatte, kam alsbald nach seinem Regierungsantritte auch in bittern Zwiespalt mit seiner alten Mutter. Diese Dame, die preußische Königstochter, weigerte sich natürlich, neben der ganz neuen Schwiegertochter im Theater Platz zu nehmen, wie der Sohn ihr zumutete; er verschloß ihr deshalb das Theater. Als sie nun nach längerer Abwesenheit am Abend des 7. Dezember wieder einmal im Schauspielhause erschien, legte ihr das Publikum seine Teilnahme und Anhänglichkeit an den Tag; die Aufregung dauerte noch nach dem Schlusse vor dem Schauspielhause fort, und zuletzt hieb die Leibgarde zu Pferd in die versammelten Volksmassen ein, um sie auseinanderzubringen. Seitdem setzte sich eine entschiedene Mißstimmung zwischen dem Kurprinzen einerseits und dem Volk und den Ständen andererseits fest.

Das Heft der Geschäfte hatte der Regierungsrat Dr. Eggena in den Händen gehabt. An seine Stelle trat im Jahre 1832 der Mann, welchem vorbehalten war, im Jahre 1850, dem großen Sturmjahre Hessens, seinen höchsten Ruhm zu erwerben: Hans Daniel Ludwig Hassenpflug.

Es begann nun jenes widerliche Getriebe von Gewalttätigkeit, Pfiffen und Ränken von seiten der in die Reaktion mit aller Macht einlenkenden Regierung und von Streitsucht, Rechthaberei und Nörgelei, oft ohne Takt und Verstand, oft ohne Fug und Recht und ganz besonders oft um pure Kleinigkeiten von seiten der Stände. Die Mißstimmung ward noch vermehrt, als nach dem Aussterben der Linie Rotenburg 1834 der Kurfürst die Einkünfte derselben, die sogenannte Rotenburgische Quart, zu seinem Privatvermögen zog.

Der Minister Hassenpflug ward endlich so verhaßt, daß er im Jahre 1837 abtreten mußte; sein Nachfolger war Scheffer, früher Advokat.

Nun aber kam die stärkste Gewalttätigkeit der Regierung: der Prozeß und die Einsperrung des Führers der liberalen Partei auf dem Kassler Landtage, Sylvester Jordans, Professor zu Marburg, seit dem Jahre 1839. Jordan, ein Schuhmacherssohn aus Tirol, war derselbe Mann, der vom Kurfürsten, seinem ehemaligen Verfolger, nach den Schrecken der Februarrevolution 1848 zum Bundestagsgesandten in Frankfurt gemacht und der auch noch in der kritischen Zeit 1850 von ihm zu Rate gezogen werden mußte. Jordan war im Gefängnis mürbe geworden; es hatte über fünf Jahre gedauert, erst 1845 war er gegen Kaution entlassen und 1846 erst ganz wieder auf freien Fuß gestellt worden.

Im Jahre 1847 sukzedierte Friedrich seinem Vater als Kurfürst, um der Welt nach Überstehung des Schreckens von 1848 das Schauspiel zu geben, das in seiner Art einzig ist, des zweiten Ministeriums Hassenpflug, welches das Ministerium Eberhard ablöste. Die Folge dieser Ablösung war der Sturm von 1850, zu dessen Beschwichtigung sich die beiden ersten Gewaltmächte Deutschlands und Bayern erhoben. Der bayrische General Graf Leiningen besetzte Kassel, der Hof, der nach Wilhelmsbad bei Frankfurt verlegt worden war, kehrte zum Weihnachtsfeste 1850 wieder nach Kassel zurück.

Kassel ward seitdem ein stiller Ort. Alle Sammlungen, namentlich die Galerien, wurden geschlossen, selbst für die Fremden; sogar den sonst so beliebten englischen Touristen ward gesagt, der Hof wolle jetzt keine Fremden in Kassel sehen.

Wie es zu Forsters Zeit und wie es zu Müllers Zeit gewesen war, blieb es am Kassler Hofe auch: ›Nous ne lisons guères [Wir lesen kaum].‹ Der Kassler Hof nimmt von allem literarischen Verkehr so wenig Notiz, daß er alljährlich nicht für zehn Taler Bücher anschafft, und zwar ist bei dieser Anschaffung das gesamte Hofpersonal gemeint. Personen, die mit den Zuständen des Buchhandels in Kassel bekannt sind, berichten, daß Schulbücher der einzige Vertrieb der Kassler Buchhändler ist – die Zustände sind ganz so in dieser Beziehung, wie sie dereinst in Zweibrücken unter dem letzten Tyrannen auf dem Carlsberge waren. Dabei wird eine Art kirchlicher Zwangspolitik von oben herab befolgt: Wie die Zeitungen meldeten, sei ein Beamter in Marburg removiert worden, der der Aufforderung des Presbyteriums, in die Kirche zu gehen, nicht Parition geleistet habe, und exkommuniziert worden; das Ministerium habe ihm eröffnet, daß man einen exkommunizierten Beamten nicht brauchen könne.

DIE HÖFE
DER HESSEN-KASSELSCHEN NEBENLINIEN

ROTENBURG, PHILIPPSTHAL
UND PHILIPPSTHAL-
BARCHFELD

Hessen-Rotenburg

Landgraf Moritz von Hessen-Kassel, der 1605 zur reformierten Religion sich bekannte und im Dreißigjährigen Kriege 1627 sich zugunsten seines Sohnes und Nachfolgers aus der ersten Ehe der Regierung begab, hatte für die fünf Söhne und drei Töchter von seiner zweiten Gemahlin Juliane von Nassau-Siegen die sogenannte Rotenburgische Quart ausgesetzt, den vierten Teil von Niederhessen und von dem kasselschen Teil von Katzenelnbogen unter Vorbehalt der Regierungsrechte für den Erstgebornen. Von diesen nachgebornen Söhnen ward Ernst zu Rheinfels, geboren 1623, das Haupt, das die Linie fortpflanzte. Er beerbte 1655 und 1658 seine beiden Brüder Friedrich und Hermann. Prinz Friedrich, der zu Eschwege saß, war im Haus bei seinem mütterlichen Oheim, dem Prinzen Johann Moritz von Nassau-Siegen, dem berühmten Eroberer Brasiliens, und später in Genf erzogen worden, er hieß ›der tolle Fritz‹, weil er schon in der Jugend lieber dem Vergnügen, dem Kurmachen, den Debauchen und der Reiherbeize, als den Studien nachgegangen war und seinen einäugigen Hofmeister für sich hatte studieren lassen. Er war mit einer zweibrückischen Prinzessin vermählt, hinterließ aber nur vier Töchter. Prinz Hermann, der zu Rotenburg Residenz hielt, war lahm und ging am Stocke, die Mutter hatte sich während der Schwangerschaft an einem Steine gestoßen. Er hinterließ von zwei Gemahlinnen, einer Prinzessin von Waldeck und einer von Anhalt, keine Kinder.

Nach Landgraf Ernsts bis zum Jahre 1640 reichenden Autobiographie war er schon mit vierzehn Jahren 1637 in Paris, hatte eine feierliche Audienz bei Ludwig XIII., scherzte mit den Hofdamen, die ihm eine ›fine mine [gutes Aussehen]‹ zuschrieben, und mit Pater Joseph, wich aber dessen Ermahnung, katholisch zu werden, aus. Aber er besuchte trotz der Abwehrung seines eifrigen Hofmeisters Adolf Fabricius den päpstlichen Vizelegaten zu Avignon und wohnte schon mit großem Vergnügen den kanonischen Horen und dem Psalmengesang in den Karthausen bei. Er las frühzeitig die Kirchenväter und Thomas a Kempis. Er studierte dann in Genf und sah Italien. Er war der erste Fürst im Hause Hessen-Kassel, der bei seinem Aufenthalt in Wien 1650 von seinen gewöhnlichen Tischgenossen, den Grafen von Gronsfeld, Piccolomini und Starhemberg, umgarnt, im Jahre 1652 zu Köln wieder zur katholischen Religion übertrat; er tat den Schritt, um unter dem Schirm des Kaisers und der Katholischen möglichst unabhängig sich zu machen. Er war ein theologisch-gelehrter Herr, der besonders durch seine Korrespondenz aus den Jahren 1680 bis 1693 mit dem berühmten Leibniz sich ausgezeichnet hat. Aber er war auch zugleich ein galanter Herr, der den nach dem Dreißigjährigen Kriege in Deutschland einbrechenden nobeln Hofpassionen stark gehuldigt hat. Die geistreiche Unterhaltung und die feinen Weltmanieren der Italiener und Franzosen liebte er über alles. Seine Hauptleidenschaft war das Reisen; 1688, fünf Jahre vor seinem Tode, schrieb er Leibniz, daß er nun dreizehnmal in Italien gewesen sei. Während er mit Leibniz über die Mysterien und Dogmen der katholischen Religion und über die Union mit den Protestanten korrespondierte, lebte er einen großen Teil seines Lebens getrennt von seiner Gemahlin, einer kränklichen, melancholischen Gräfin Solms, die ihren Hofstaat in Boppart hatte. 1684 vermerkt er, daß er dreizehn Jahre hindurch mit venetianischen Kurtisanen sich versündigt habe und seit dieser Zeit außerstande sei, Kinder zu erzeugen; 1671 bis 1684 lebte er zum großen Ärgernis seiner Verwandten in seiner Residenz, der Rheinfestung Rheinfels, umgeben von einem – wie er behauptete – platonischen Harem von konvertierten Pflegerinnen.

Zuletzt, schon siebenundsechzig Jahre alt, drei Jahre vor seinem Tode (1690), schloß der impotente verliebte Landgraf unter dem Vorwand der Schlaflosigkeit noch eine Ehe zur linken Hand mit einer siebzehnjährigen Bayerin, einer Unteroffizierstochter, in seiner Rheinfestung S. Goar, Madame Ernestine, vorher Alexandrine Dürnitzell geheißen. Er verschrieb ihr eine Jahresrente von sechshundert Talern. Und doch beklagte er sich gegenüber Leibniz über den Verfall der Sitten, die Hof- und Kriegspracht von weltlichen und geistlichen Fürsten und über den Abfall vom apostolischen ersten, einfachen Christentum, der sich in den neuaufgekommenen Maskeraden und Perücken so deutlich kundgebe.

Seine beiden Rheinfestungen Rheinfels und S. Goar erbot er sich, bei ausbrechendem Kriege des Reichs mit den Franzosen unter Ludwig XIV., dem Reichs-

feind, gegen eine Geldsumme und eine Pension für sich und seine Söhne auszu-
liefern, wie seine Briefe an Leibniz aus den Jahren 1691 und 1692 bezeugen.

In den letzten Jahren seines Lebens machten ihm seine beiden Söhne Wilhelm und Carl, deren Erziehung er den Jesuiten überlassen hatte, wegen ihrer
tatenlosen Liederlichkeit und ihrer steten Uneinigkeit großen Kummer. Die
Herzogin von Orléans erklärte schon von diesen Söhnen in einem ihrer Briefe
vom 20. Oktober 1718: ›Alle Prinzen von Rheinfels haben einen Schuß.‹ Landgraf Ernst starb 1693, siebzig Jahre alt.

Es folgte ihm Landgraf Wilhelm in Rotenburg an der Fulda, der in einer un-
zufriedenen Ehe mit einer Gräfin Löwenstein sieben Kinder erzeugte, und
Landgraf Carl, der zu Wanfried an der Werra residierte und 1711 starb. Die
Herzogin von Orléans nennt diesen Carl nur ›den närrischen Landgrafen‹ und
schreibt einmal über ihn: ›Die Leute, so toll durcheinander reden, sind ordinarie
[üblicherweise] possierlich. Man konnte nicht tollere Possen vorbringen, sprach
immer von seinem Kutscher, daß er von so guter Gesellschaft wäre, daß er ihn
deswegen bei sich schlafen ließe und sein jüngstes Söhnchen von ihm erziehen
lassen. Er sah auch Geister, z. B. seine Tante, die Königin von Dänemark, von
der er nicht wußte, daß sie tot war, noch krank, hatte Schreiben von ihr bekommen.‹ Diese Linie zu Wanfried starb, obgleich Carl von zwei Gemahlinnen fünfzehn Kinder hatte, im Laufe des achtzehnten Jahrhunderts wieder aus.

Das merkwürdigste der Kinder Landgraf Carls zu Wanfried war die Prinzessin Charlotte Amalie, die mit dem berühmten Franz Ragoczy vermählt war und
1722, dreiundvierzig Jahre alt, zu Paris starb. Ein Jahr vor ihrem Tode unterm
30. Oktober 1721 schrieb die Herzogin von Orléans, die Mutter des Regenten,
über sie: ›Die Fürstin Ragoczy spricht poli und de bon sens [gebildet und verstän-
dig]. Ich weiß ihr Leben wohl, muß also gestehen, daß ich mich ihrer ein wenig
schäme, denn alle Leute wissen ihre Historien hier. Ich habe meinen Sohn von
Herzen lachen machen, wenn ich ihm gesagt, er solle nicht allein bei ihr bleiben,
damit sie ihn nicht notzüchtige, wie man sagt, daß dem Zar [Peter dem Großen]
mit ihr geschehen.‹

Landgraf Wilhelm zu Rotenburg, dem Sohne des Stifters der Linie, des Kon-
vertiten Ernst zu Rheinfels, folgte sein Sohn Ernst, der von 1725 bis 1749 regierte. Da der Erbprinz Joseph vor dem Vater starb, folgte:

Landgraf Constantin, der von 1749 bis 1778 regierte. Vorher war er als Nach-
geborner Geistlicher zu Turin gewesen. Er stand erst in russischen, dann in
österreichischen Diensten als Feldmarschall-Lieutenant. Seine Gemahlin war
eine österreichische Gräfin Maria von Starhemberg, eine zu ihrer Zeit berühmte
Dame, die viel von sich reden machte; sie war eine Frau ›von sehr viel Verstand,

spricht sehr frei und oft beleidigend‹, wie ein Tourist des achtzehnten Jahrhunderts bei Bernouilli sich ausdrückt. Sie war eine eifrige Katholikin und wirkte tätig für die österreichisch-katholischen Zwecke. Sie war es, die mit ihrem Gemahl die Konversion des Erbprinzen von Kassel, Friedrichs II., durch den Kurfürsten Clemens August von Köln aus dem Hause Bayern betrieb. Diese erfolgte im Jahre 1749, als man damals darauf ausging, ganz Deutschland nach und nach wieder katholisch zu machen.

Landgraf Constantin folgte sein Sohn Carl, geboren 1746, seit 1771 Gemahl einer österreichischen Prinzessin Liechtenstein, der Fürst Rheinfels, der den größten Schuß hatte. Während der Französischen Revolution fraternisierte er als Gouverneur von Besançon mit den Jacobinern als ›Citoyen Hesse‹, entging zwar glücklich noch der Guillotine, ward aber 1801 nach der Insel Rhé deportiert. 1812 starb er als österreichischer Feldmarschall-Lieutenant.

Sein Sohn war der letzte Landgraf von Rotenburg, Victor, geboren 1779, verheiratet in erster Ehe mit einer Prinzessin von Hohenlohe-Langenburg, die keine Erben gebar und 1830 starb. Er heiratete hierauf 1831, zweiundfünfzigjährig, die zwanzig Jahre jüngere schöne Prinzessin Eleonore von Salm-Reifferscheidt-Krautheim. Als er 1834 starb, wurden seitens des Hauses Kassel, welches so zahlreiche uneheliche Nachkommenschaft und so wenig erbberechtigte Erben hatte, ganz besondere Vorsichtsmaßregeln ergriffen. Die junge Witwe glaubte sich in interessanten Umständen zu befinden. Man brachte sie wie eine Gefangene aus Oberschlesien nach dem Stammschlosse Rotenburg und bewachte sie so lange, bis, da sie sich geirrt hatte, die Zeit verstrichen war, welche man abwarten zu müssen geglaubt hatte.

Mit Landgraf Victor erlosch die Linie Rotenburg, worauf die Rotenburgische Quart wieder an das Haus Kassel zurückfiel. Die Allodialherrschaften [zum persönlichen Eigentum an Grund und Boden gehörig] aber, das Herzogtum Ratibor in Oberschlesien, das Fürstentum Corvey in Westfalen und die Herrschaft Treffurt in Thüringen, sämtlich unter preußischer Hoheit, fielen an des Landgrafen Neffen, die Söhne der Schwester seiner ersten Gemahlin, Prinzessin von Hohenlohe-Langenburg, die Prinzen Victor und Clodwig von Hohenlohe-Schillingsfürst.

HESSEN-PHILIPPSTHAL UND
HESSEN-PHILIPPSTHAL-BARCHFELD

Stifter dieses wie Rotenburg nicht souveränen Hauses Hessen-Philippsthal war Landgraf Philipp, jüngerer Sohn des 1663 gestorbenen Landgrafen Wilhelm VI. zu Hessen-Kassel. Er erbaute das Schloß zu Philippsthal an der Werra im Fürstentum Hersfeld, war vermählt mit einer galanten Gräfin Solms und starb 1721. Die Herzogin von Orléans schreibt kurz nach seinem Tode 17. Juli 1721: ›Wie ich von dem verstorbenen Landgrafen von Philippsthal, meinem guten Vettern, gehört, so soll er einer von den einfältigsten Menschen von der Welt gewesen sein [...] Die Frau Witwe wird wohl ihren französischen Lottern nicht abschaffen, ob sie es zwar tun sollte, den Skandal zu meiden, denn man spricht toll von ihr und diesem Kerl; die es am höflichsten vorbringen wollen, sagen, daß ein ménage de conscience [Gewissensehe] daraus werden wird, es ist doch abscheulich an dieser Fürstin, einen solchen Eklat zu machen, insonderheit in ihren alten Tagen, denn sie muß nicht mehr jung sein, weil ihr ältester Herr Sohn schon vierzig Jahre alt ist. Paris gefällt Prinz Carl gar wohl [...]‹

Dieser Prinz Carl setzte die Hauptlinie in Philippsthal fort, und Stifter der Nebenlinie Barchfeld im Schmalkaldischen an der Fulda war Wilhelm, sein Bruder.

Landgraf Carl von Philippsthal war erst in dänischen, dann in französischen, dann in österreichischen Diensten und starb als Feldmarschall-Lieutenant 1770.

Darauf sukzedierte sein Sohn Wilhelm, der holländischer General ward, die Katastrophe Kurhessens und die Bildung des Königreichs Westfalen erlebte und 1810 starb.

Die folgenden Landgrafen von Hessen-Philippsthal waren dessen Söhne Ludwig und Ernst; Ludwig, geboren 1766, war früher holländischer Rittmeister, dann trat er in sizilianische Dienste, wo er bis zum Feldmarschall stieg. Er war seit 1790 mit Maria Francisca Berghe von Trips vermählt, die ihm 1793 in Neapel eine einzige Tochter gebar und die ihn überlebte. Dieser Prinz von Philippsthal ist durch die Verteidigung von Gaëta berühmt. Er starb 1816 in Neapel. Es folgte sein Bruder Ernst. Er wurde geboren 1771, war unter Jérôme westfälischer Großkammerherr und wurde nach dem Sturz der westfälischen Herrschaft holländischer General. Er lebte später in Meiningen und starb 1849.

Ihm folgte Landgraf Carl, geboren 1803. Außer Schloß Philippsthal unter der Hoheit Kassels besaß diese Linie noch zwei Güter zu Vacha im Weimarischen.

Stifter der Linie Hessen-Philippsthal-Barchfeld war Wilhelm, er stand in holländischen Diensten und starb 1761.

Ihm folgte sein Sohn Adolf, in holländischen, dann in preußischen Diensten, gestorben 1803.

Darauf folgte Carl, geboren 1784. Er stand in preußischen, dann in russischen Diensten und war kurhessischer General-Lieutenant. Von seinen Brüdern war Wilhelm, Gemahl einer Tochter des Erbprinzen von Dänemark, dänischer General und starb 1834; Ernst, der unvermählt blieb, war russischer und hannoverischer General.

Außer der Herrschaft Barchfeld in der Provinz Fulda gehörten dieser Linie noch die Güter Herleshausen und Nesselröden in der Provinz Niederhessen. Die Residenz lag in Schloß Augustenau bei Eisenach und Barchfeld.

Die Prinzen von Hessen-Philippsthal, die Cadets [Nachgeborenen] des Hauses Kassel, zeichneten sich, wie die Prinzen von Hessen-Homburg, die Cadets des Hauses Darmstadt, in den Befreiungskriegen aus. Bei der russischen Kampagne hatte ein Prinz von Hessen-Philippsthal, einer der liebenswürdigsten und anspruchslosesten Prinzen, der nachher in der russisch-deutschen Legion noch diente, das Unglück, in der Schlacht bei Borodino durch den letzten Kanonenschuß ein Bein zu verlieren; ein aus England erhaltenes künstliches ersetzte es aber so gut, daß man den Verlust kaum bemerkte.

DER HOF
ZU DARMSTADT

Die zweite Hauptlinie des Hauses Hessen, die Linie Hessen-Darmstadt, erhielt ursprünglich aus der Erbschaft Landgraf Philipps des Großmütigen 1567 ein Achtel des Landes: die fruchtbare obere Grafschaft Katzenelnbogen am Rhein und Main, ein Landesstück, das seit dem Jahre 1479, seit dem Tode des letzten Grafen von Katzenelnbogen, bei dem Hause Hessen war. Die Hauptstadt desselben war Darmstadt, das vom Stifte Würzburg zu Lehn empfangen wurde. Hierzu kam 1604 aus der Marburger Erbschaft die nicht minder fruchtbare Grafschaft Nidda in der Wetterau, ein Landesstück, das seit 1450 nach dem Aussterben der Grafen von Ziegenhain und Nidda dem Hause Hessen anheimgefallen war – und ein Stück von Oberhessen mit der Universitätsstadt Gießen.

Landgraf Georg I., der Fromme
1567 bis 1596

Landgraf Georg I., der Stifter der Linie, regierte von 1567 bis 1596. Er hieß zu seiner Zeit ›der Fromme‹, weil er keinen Gottesdienst versäumte und neunmal die Bibel durchgelesen hatte. Er war der jüngste Sohn Landgraf Philipps des Großmütigen und drei Monate nach der Gefangennahme seines Vaters in Halle geboren, am 10. September 1547 zu Kassel. Er war noch nicht zwei Jahre alt, als seine Mutter starb, er kam nun unter die Pflege seiner ältesten Schwester Agnes, der Gemahlin des Kurfürsten Moritz, an den Dresdner Hof; erst als sein Vater 1552 aus der Kustodie freikam, kam er wieder nach Hessen zurück. Er war schon in der Kindheit ein munterer, bildschöner Knabe, dem Vater fast allzu zierlich und geputzt, und von der heitersten natürlichen Laune. Er ward mit einem französischen Grafen Dampierre erzogen. Als ihn einmal Philipp aus der

Schule zur Fuchsjagd rufen ließ, erschien er vor ihm in zierlichen glatten neuen Stiefeln und feinem hohen Filzhütchen; der Vater schnitt ihm sogleich selbst die Stiefeln von den Füßen, gab ihm von seinen eignen großen Stiefeln ein Paar und dazu einen breiten rauhen Hut; so mußte Georg zum Gelächter der Straßenjugend zu seinem Lehrmeister zurückkehren, der die Weisung erhielt, ihn den ganzen Winter so zu kleiden.

Als der Vater starb, war Georg zwanzig Jahre alt. Er unternahm nun aus Sehnsucht, fremde Länder zu sehen, ohne Wissen seiner Brüder mit einigen Edelleuten eine Reise nach Italien, mußte aber, im Begriff von Rom nach Neapel zu gehen, weil er krank wurde, umkehren. 1570 begleitete er seinen ältesten Bruder Wilhelm von Kassel, der stets die zärtlichste Sorgfalt für ihn hatte, auf den großen Reichstag nach Speyer. Hier erschien der Kaiser Maximilian II. mit seiner Gemahlin Maria, der Tochter Karls V., und stellte sich den Reichsfürsten als Schwiegervater der Könige von Spanien und Frankreich dar. Dem Verlobungsfest der französischen Braut entzog sich sein Bruder Wilhelm von Kassel, Georg aber wohnte mit den Kurfürsten von Mainz und Köln und den Bischöfen von Speyer und Straßburg ihm bei. Nach der Tafel tanzte der dreiundzwanzigjährige bildschöne Mann, ein Windlicht in der Hand, der kaiserlichen Tochter vor. Ihr Bräutigam, König Carl IX. von Frankreich, der König der Bartholomäusnacht, hatte ihn eingeladen, ihm nach Frankreich zum Hochzeitsfeste zu folgen; schon hatte Georg alle seine Diener in schwarzen Samt einkleiden lassen, aber sein Bruder hielt ihn ab, er versprach ihm scherzend, ihn in ein anderes Land zu führen, das ihm besser gefallen solle. Er führte ihm hierauf die am Kassler Hofe lebende zwanzigjährige verwaiste Gräfin Magdalene von der Lippe zu, eine sehr schöne Dame und von trefflichem Gemüt und hoher geistiger Bildung. Landgraf Georg vermählte sich mit ihr 1572.

Zwischen dieser Hochzeit, die zu Kassel gefeiert wurde, und dem Verlobungsfest in Speyer hatte den bildschönen Landgrafen im Jahre 1571 auf einer anderen Hochzeit die Witwe Herzog Christophs von Württemberg, Anna Maria von Ansbach, kennengelernt. Trotzdem daß sie doppelt so alt war als Georg, fünfundvierzig Jahre, verliebte sie sich so in ihn, daß sie wahnsinnig ward und achtzehn Jahre lang eingeschlossen leben mußte. Bis 1587, fünfzehn Jahre lang, war Landgraf Georg mit Magdalenen von der Lippe vermählt. Die Hauschronik Wilhelm Buchs, des Hofmeisters der landgräflichen Kinder, sagt, ›daß sich beide überaus liebgehabt haben, welches nicht wohl zu beschreiben‹. Zwei Jahre nach ihrem Tod, 1589, heiratete Georg in zweiter Ehe die Tochter der unglücklichen, aus Liebe zu ihm wahnsinnig gewordenen Herzogin von Württemberg, Eleonore, verwitwete Fürstin von Anhalt; die Mutter starb fünf Tage vor der Hochzeit. Aber noch in Gegenwart seiner zweiten Frau erklärte der Landgraf, immer untröstlich über den Verlust der ersten, indem er an sein Herz schlug: ›Hier liegt meiner seligen Frauen Herz begraben.‹

Landgraf Georg war Zeit seines kurzen Lebens, er starb schon 1596, noch nicht neunundvierzig Jahre alt, ein frommer, sparsamer, ungemein lebhafter, immer tätiger und oftmals in Jähzorn aufbrausender Herr. Der Hauschronist erzählt von ihm, daß er abends, nachdem er sein Gebet auf den Knien verrichtet, sich um acht Uhr zu Bette legte und bis Mitternacht schlief. Dann stand er auf, zog seinen Nachtpelz an und überlegte, umhergehend, die am andern Morgen mit den Dienern und Beamten vorzunehmenden Geschäfte, diese alle schrieb er auf einen Zettel und schlief dann wieder von drei bis sechs Uhr. Jeden Morgen hielt er sein Gebet, überlas dann seinen Zettel und ließ dann die Beamten eintreten, denen er seine Aufträge erteilte. Dieser Beamten hatte er nur eine geringe Zahl. Bis gegen Mittag arbeitete Georg mit seinen weltlichen und geistlichen Dienern, dann machte er einen Spazierritt und ging darauf zur Tafel. Zwei Uhr erst erschien der Jägermeister oder der Oberförster, und der Rest des Tags gehörte der Jagd.

Landgraf Georg war, was seine Nachfolger sämtlich nicht waren, ein trefflicher Ökonom, er baute zwar seit 1568 das alte Schloß zu Darmstadt, den Teil, wo die Schloßkirche sich befindet und der Kaisersaal, hinterließ aber seinen Söhnen die damals erstaunliche Summe von einer halben Million Gulden. Er pflegte zu sagen: ›Was man mit Bast binden kann, dazu soll man kein Eisen brauchen.‹ Er starb, indem sein Ende infolge heftiger Anfälle seines Jähzorns durch Schlagflüsse beschleunigt wurde.

Landgraf Georg hinterließ von seiner ersten Gemahlin drei Söhne und von der zweiten einen. Dieser starb noch in der Jugend, von jenen dreien wurde Ludwig V. der Nachfolger, Philipp, mit Butzbach abgefunden, starb, wiewohl zweimal vermählt, 1643 ohne Erben, Friedrich wurde der Stammvater des Hauses Hessen-Homburg, auf das noch zurückzukommen ist. Nächst diesen vier Söhnen hatte Landgraf Georg drei Töchter, die in die Häuser Nassau, Solms und Erbach sich vermählten.

Landgraf Ludwig V., der Getreue
1596 bis 1626

Ludwig V., der Nachfolger des Stammvaters des Hauses Darmstadt, geboren 1577, regierte von 1596 bis 1626. Er hieß zu seiner Zeit ›der Getreue‹ wegen seiner unerschütterlichen Anhänglichkeit an das Haus Österreich: Er ließ selbst noch auf sein Totenhemd die Worte sticken: ›Deo et Caesari fidelis [Gott und dem Kaiser treu].‹ In vielem seinem Vater ungleich, war er ihm ganz gleich in der unerschütterlichen Anhänglichkeit an das strenge Luthertum. Darin hatte schon seine Erziehung den Grund gelegt. Er und alle seine Geschwister hatten, nicht selten unter harten Rutenstreichen, den Katechismus Lutheri und den Psalter auswendig lernen, die Predigten nachschreiben und die Bibel schon in früher Jugend mehr als einmal durchlesen müssen. Landgraf Ludwig war zehn Jahre alt, als er das erstemal mit dem Lesen der Bibel durchkam. Als er einst nachdenkend, die Hände auf dem Rücken, von seiner Mutter, die er im elften Jahre verlor, gefragt wurde, woran er denke, antwortete er: ›An den Heiligen Geist.‹ In Sprachen war er ungemein erfahren, im Lateinischen wußte er schon im vierten Jahre dreihundert Wörter herzusagen, frühzeitig wußte er den von Selnecker ins Griechische übersetzten Katechismus Lutheri auswendig, außerdem lernte er Französisch, Italienisch und sogar Spanisch; in diesen neueren Sprachen soll er, wie seine Leichenredner versichern, kurz vor seinem Regierungsantritt, im achtzehnten Jahre, so große Fertigkeit besessen haben, daß er imstande gewesen sei, die deutschen Predigten in der Kirche in der Übersetzung nachzuschreiben. In seinem siebzehnten Jahre wurde er durch seinen Oheim von Marburg durch ein Rapier wehrhaft gemacht und zur fürstlichen Kanzlei gezogen. Justinians Institutionen wußte er wörtlich herzusagen. Aber ›Junker Lotz‹, so nannte ihn der Vater, dem er auch noch in der Liebe zum Waidwerk gleichkam, war diesem sehr ungleich in der sehr starken Neigung zur Hofpracht. Als er im Jahre 1595 mit einer ansehnlichen Begleitung, er und seine Diener mit goldenen Schnüren auf gelbledernen Wamsen geziert, nach Rom und Neapel reiste, klagte der ökonomische Vater, daß der Rat und die Erfahrung der Alten nirgends mehr von der Jugend geachtet werde. Sein Vater starb, während er in Italien war; er kam, zurückberufen, erst einen Monat nach dessen Tode wieder nach Darmstadt zum Leichenbegängnis. Zwei Jahre nach seinem Regierungsantritt, 1598, vermählte er sich mit Magdalenen, Tochter des Kurfürsten Johann Georg von Brandenburg, die aber 1616 starb. Er faßte nachher eine heftige Leidenschaft zu der schönen Witwe Kurfürst Christians II. von Sachsen, der dänischen Prinzessin Hedwig, der sogar der erste Habsburger aus der Steiermärker Dynastie die Kaiserhand einmal reichen wollte; er ward aber trotz seiner ›ungewöhnlichen Melancholie und fast betrübten Passiones‹, wie der Mainzer Kurfürst an den sächsischen unterm 4. Juni 1617 schrieb, nicht erhört und hat sich nicht wieder vermählt.

Dem Luthertume blieb Ludwig V., während die Kassler Linie 1605 reformiert ward, aus Überzeugung und aus Eifersucht gegen die Kassler Vettern treu. Wegen dieser Eifersucht, die seit der 1604 eröffneten Marburger Erbschaft zur erbittertsten Feindschaft sich steigerte, hielt Ludwig auch später, als der Dreißigjährige Krieg ausbrach, die Partie des Kaisers. Schon 1607 stiftete er die Universität Gießen; sie ward, wie Wittenberg in Sachsen, die feste Streitburg für das strenge Luthertum in Hessen. Zugleich reiste der eifrig lutherische Landgraf aber auch kurz nach dem Ausbruch der böhmischen Unruhe, teils um seinen Liebeskummer zu vertreiben, teils in geheimen diplomatischen Aufträgen, zu den katholischen Alliierten des katholischen Kaisers. Er ging 1618 zu Philipp III. nach Madrid, der ihn, wie Graf Khevenhüller erzählt, ›gar höflich traktiert und ihm einen kostbaren Ring, den einst Karl V. geführt hatte, verehret‹; ja er reiste sogar 1619 zu Papst Paul V. Borghese nach Rom, dem er, wie Graf Khevenhüller berichtet, ›die Füße küßte und der ihn gar sehr regalierte‹. Zu Neapel, berichtet der Graf weiter, erzeigte ihm der Ducque de Ossuna (der spanische Vizekönig) große Ehre. ›Ihrer Fürstl. Gnaden haben sich zu Marseille nach Jerusalem zu reisen imbargiert [eingeschifft], und haben ihn selbige französische Schiffsleute verraten und dem Türken verkaufen wollen, welches der Großmeister von Malta erfahren und ihn von solchem Elend samt den Seinigen errettet.‹

1621 traf das Fürstentum der erste Sturm des Dreißigjährigen Kriegs. Christian von Braunschweig, der in Westfalen für den neuen Böhmenkönig, Kurfürst Friedrich von der Pfalz, Truppen gesammelt hatte, besetzte das Budecker Tal und verlangte freien Durchzug durch Hessen, um sich mit dem Grafen von Mansfeld, der in der Pfalz stand, zu vereinigen. Dieser Durchzug ward verweigert, und als Christian ihn mit Gewalt durchsetzen wollte, schlug ihn der bayrische General Graf von Anholt, mit der Landmiliz des Landgrafen verbunden, am 20. Dezember aus dem besetzten Busecker Tale heraus.

Aber schon 1622, am 22. Mai, erschienen Mansfeld und der Böhmenkönig, die in aller Stille von Mannheim aufgebrochen waren, mit sechzehntausend Mann vor Darmstadt. Die Stadt mußte sich ergeben, die Plünderung dauerte acht Tage. Der Landgraf, der nach Mainz fliehen wollte, ward mit seinem Prinzen gefangen; nach einem Monat aber schon wieder befreite ihn der Sieg Tillys bei Höchst, den er am 19. Juni über Christian von Braunschweig erfocht. Der

Landgraf vereinigte sich nun mit Tilly und bekriegte mit ihm den Landgrafen Moritz von Kassel.

Unter diesen Kriegsbegebenheiten starb Ludwig als ein vielgewandter und in die Händel seiner Zeit vielfach verstrickter Fürst 1626. Er war der erste große Nimrod von Darmstadt, dessen bestechlicher Hofjägermeister von Hertingshausen mit dem despotischen Oberjäger Rippach die Plage der Landleute waren. Landgraf Ludwig V. war auch der erste Fürst von Darmstadt, der durch seinen glänzenden Hofstaat – die Meßausgaben betrugen nicht selten über zwei Tonnen Goldes – trotz der spanischen Pensionen die Finanznot des Landes herbeiführte, die bis ins achtzehnte Jahrhundert gedauert hat.

Er hinterließ vier Söhne und fünf Töchter.

Von den Söhnen ward Georg II. der Nachfolger; Johann diente unter Bernhard von Weimar den Schweden und dann unter dem Grafen Hatzfeld dem Kaiser, residierte zu Breubach und starb 1655; Heinrich starb 1629, sechzehn Jahre alt, auf der Universität Siena als deren Rektor. Der jüngste Sohn Friedrich, der mit Heinrich zu Siena studierte, war der erste Fürst im Gesamthause Hessen, der, zwanzigjährig, 1636 wieder katholisch ward, als er, verschwenderisch und liederlich lebend, durch ein paar Kardinäle, wie Landgraf Ernst von Rheinfels sich ausdrückt, ›cajoliert‹ [gehätschelt] und von seiner Schuldenlast befreit worden war. Friedrich starb 1682 als Kardinal und Fürstbischof von Breslau.

Von den fünf Töchtern, die Landgraf Ludwig V. hinterließ, ward Anna Eleonore vermählt mit dem Odysseus des Dreißigjährigen Kriegs, Herzog Georg von Lüneburg, dem Vater des ersten Kurfürsten von Hannover und Großvater des Königs von England. Die andern drei heirateten in die Häuser Pfalz, Württemberg und Ostfriesland, die fünfte starb unvermählt.

LANDGRAF GEORG II.
1626 BIS 1661

Landgraf Georg II. wurde 1605 geboren und kam im einundzwanzigsten Jahre zur Regierung. Er war unter Aufsicht seines Hofmeisters, eines Grafen Erbach, sorgfältig in damaliger Wissenschaft, ritterlichen Künsten und ausländischen Sprachen erzogen worden: Er sprach fertig lateinisch, französisch, italienisch und spanisch. Er hatte sechzehnjährig, 1621, die große Tour durch die Niederlande, Frankreich, Spanien und Portugal und 1624 eine italienische Reise bis nach Neapel gemacht. Sein ganzes Leben lang blieb er ein Reiseliebhaber und durchzog oft ganz Hessenland auf seinen Jagden. Zu Hause las er die Bibel; es wird berichtet, daß er sie seit seinem neunzehnten Jahre achtundzwanzigmal durchgelesen habe, und früher schon hatte er sie siebenmal gelesen, dreimal deutsch, zweimal lateinisch, einmal französisch, einmal spanisch. Er war mehr Staats- als Kriegsmann. Feuquières nennt ihn ›un homme de bon esprit et plus versé dans les affaires du cabinet que dans celles de la guerre [einen verständigen Mann und in den Staatsgeschäften geübter als in denen des Krieges]‹.

Im Jahre 1627 vermählte sich Landgraf Georg II. mit Sophie Eleonore, Tochter des eifrig lutherischen Kurfürsten Johann Georg I. von Sachsen. Nach der Abdankung des Landgrafen Moritz von Kassel 1627 erhielt er in demselben Jahre aus der Marburger Erbschaft das Land Oberhessen mit der Universität Marburg und die niederhessische Grafschaft Katzenelnbogen, dazu die Herrschaft Schmalkalden auf ewige Zeiten abgetreten. 1629 stiftete er das Gymnasium zu Darmstadt, und in demselben Jahre begann er mit dem Bau eines Teils des alten Darmstädter Schlosses, der 1715 abbrannte. Als Gustav Adolf nach der gewonnenen Leipziger Schlacht 1631 sich dem Rheine näherte, begab sich Georg II. zu ihm nach Höchst und erwirkte die Neutralität, doch warf ihm der Schwedenkönig am 25. Februar 1632, als er mit ihm zu Frankfurt sich befand, bei offner Tafel sein ›spanisch Gemüt‹ vor, und er mußte in die Mainfestung Rüsselsheim schwedische Besatzung nehmen. Von dieser Zeit an bis zum Jahre 1645 hielt der Landgraf seiner Sicherheit wegen Hof in der Festung Gießen, wo er das Universitätsgebäude bewohnte. Nach der Nördlinger Niederlage 1634 ward Darmstadt von den Truppen des Landgrafen von Kassel und den mit ihnen verbundenen Franzosen erobert – schon im Februar 1635 hatte Herzog Bernhard sein Hauptquartier in Darmstadt. Unmittelbar hinter ihm rückten die Kaiserlichen ein, doch erteilte Graf Gallas auf Befehl des Kaisers 1637 dem Landgrafen gänzliche Befreiung von aller Truppenbelegung.

Um diese Zeit tauchte zum erstenmal das Geistersehen am Darmstädter Hofe auf, wegen dem das Haus Hessen in allen Linien so berühmt geworden ist. Als im Jahre 1637 der Landgraf Wilhelm V. von Kassel, wahrscheinlich von dem Wiener Hofe vergiftet, gestorben war, ein Herr, mit dem Darmstadt in bitterer Fehde wegen der Marburger Erbschaftsangelegenheit lag, erschien sein Geist Georg II. Anton Wolf von Todenwart, sein Kanzler, berichtet darüber: ›Als Landgraf Wilhelm gestorben, ist dessen Geist zu Merlau vor Landgraf Georg im Traum erschienen. Georg hat zu ihm gesprochen: ‚Bruder Wilhelm, ich habe gegen Dich keine Galle im Herzen, und was ich Dir geschworen, so treulich gehalten, daß ich es vor dem Richterstuhl Jesu Christi verantworten wollte; Du aber hast gegen mich gehandelt, daß vor demselben, dessen Gericht ich alles befehle, mein Weib und meine Kinder über Dich schreien werden.' Bei dem Abschied des Geistes ist Landgraf Georg, von einem Totengeruch umfangen, in ein Fieber verfallen.‹

1645, als es zum offnen Kriege wegen Marburg zwischen Darmstadt und Kassel gekommen war, erschienen wiederholt die Franzosen unter Turenne und blieben bis zu dem Abkommen beider feindlicher Linien, das Herzog Ernst von Gotha zu Ostern 1647 stiftete; auf Bitten der Kassler Vormünderin Amalie räumte hierauf Turenne das Darmstädter Schloß und das ganze Land. Der Westfälische Frieden 1648 ward darmstädtischerseits von dem Geheimen Rat Johann Jacob Wolf von Todenwart unterzeichnet. In diesem Frieden wurden die 1627 abgetretenen Länder definitiv wieder an Kassel zurückgegeben.

Georg II. starb 1661 und hinterließ zwei Söhne – den Nachfolger Ludwig VI. und Georg, der appanagiert ward – und sieben Töchter, von denen Elisabeth Christine 1653, nachdem sie zur katholischen Religion selbst übergetreten, den katholischen Pfalzgrafen Philipp Wilhelm von Neuburg heiratete, der 1685 Kurfürst von der Pfalz ward und 1690 in Wien starb; Sophie Eleonore heiratete einen Vetter, den Sohn des ersten Landgrafen von Homburg, drei Prinzessinnen nach Meiningen, Waldeck und Stolberg, eine sechste Prinzessin ward Äbtissin von Quedlinburg, eine siebente Kanonissin zu Gandersheim.

Der bedeutendste Mann, der unter Landgraf Georg II. die Geschäfte in Darmstadt während des Dreißigjährigen Kriegs und noch nach dem Westfälischen Frieden führte, war der erwähnte westfälische Friedensgesandte Johann Jacob Wolf von Todenwart, ein Bruder des Kanzlers Anton Wolf von Todenwart, zeitweiliger Gesandter in Wien und Statthalter des Landgrafen, der schon im Jahre 1641 starb. Johann Jacob, früher Gesandter in Regensburg, später Geheimer Rat in Darmstadt, genoß als Führer der allgemeinen Angelegenheiten das größte Ansehn bis zu seinem Tode 1657.

LANDGRAF LUDWIG VI.
1661 BIS 1678

Ludwig VI., geboren 1630, hatte, wie sein Vater Georg II., in seiner Jugend weite Reisen gemacht und machte sie noch als regierender Herr, namentlich in den Norden nach Holstein, Dänemark und Schweden im Jahre 1665. Auf dieser Reise war sein Begleiter der Sohn des großen, gleichnamigen, 1627 gestorbenen Gießner Streittheologen, der Professor der Theologie Balthasar Mentzer der

Jüngere, derselbe, den schon Georg II. als Reisegefährten nach Dresden und zum Regensburger Reichstag mitgenommen hatte und der auch als Diplomat auf wiederholten Sendungen, namentlich 1646 nach Osnabrück und 1670 nach Stockholm an den Hof König Carl Gustavs, auch nach Düsseldorf, Württemberg und Sachsen, Vater und Sohn diente – seit 1652 war er Oberhofprediger und Superintendent zu Darmstadt, in welchen Ämtern er 1679, fünfundsechzig Jahre alt, starb.

Ludwigs VI. Hof war noch sehr einfach; in der Liste der ›von der hessischen Ritterschaft zu Heimführung seiner zweiten Gemahlin 1665 beschriebenen Edelleute und Räte‹ erscheinen die beiden Geheimen Räte Hans Eitel Diede zum Fürstenstein, Samthofrichter zu Marburg und Amtmann zu Nidda, und Rudolf Wilhelm Rau von Holzhausen, Kommandant und Amtmann zu Gießen, dazu als Oberforst- und Jägermeister, ein von alters her wichtiger Posten in Darmstadt, ein von Bobenhausen. Drei Reichsgrafen ritten beim Heimführungszug in Frankfurt am 28. Februar 1667 mit, ein Erbach, ein Stolberg, ein Kirchberg. Ludwig VI. war es, der das im Darmstädter Schlosse spielende Glokkenspiel aus Amsterdam 1671 kommen ließ und der den Lustgarten, das Bosket, 1675 anlegte. Er diente dem Kaiser gegen Türken und Franzosen.

Von seinen zwei Gemahlinnen, einer holsteinischen Prinzessin und einer gothaischen, einer Tochter Herzog Ernsts des Frommen, erhielt er sechzehn Kinder, von denen elf, sechs Söhne und fünf Töchter, ihn überlebten.

Die vier jüngeren Söhne wurden wieder katholisch. Besonders zeichnete sich unter diesen aus: Prinz Georg, geboren 1669, der seit 1692 dem letzten habsburgischen König von Spanien, Carl II., diente und als Vizekönig von Katalonien in Barcelona residierte. Im Spanischen Erbfolgekriege eroberte er für Erzherzog Carl, der später als Carl VI. Kaiser ward, Gibraltar, das aber die Engländer für sich behielten; Prinz Georg fiel 1704 vor den Mauern von Barcelona. Die Prinzen Philipp und Heinrich dienten ebenfalls dem Kaiser, jener war Gouverneur von Mantua und starb 1734 in Wien, dieser war österreichischer Generalfeldmarschall, residierte zu Butzbach und starb 1741. Prinz Friedrich, der jüngste Prinz, war erst Domherr zu Breslau und Köln, ward dann russischer Generalfeldmarschall unter Peter dem Großen und fiel 1708 im Nordischen Kriege.

Die ältesten beiden Prinzen sukzedierten: Ludwig VII., geboren 1658, der nur vier Monate die Sukzession überlebte und an dem Tage, wo er sich mit einer Prinzessin von Sachsen-Zeitz vermählen sollte, zwanzigjährig starb, auch wieder ein Opfer des Schicksals der Erstgeburt im Hause Hessen, und Ernst Ludwig.

Die fünf Töchter heirateten in die Häuser Hessen-Homburg, Sachsen-Römhild und Eisenberg, Württemberg und Oettingen.

Das Haus Hessen-Darmstadt hat außer etwa dem alten frommen Herrn, dem
Stifter Georg I., und dem diplomatischen Reisenden im Dreißigjährigen Kriege,
Ludwig V., Georgs Sohn, wenig ausgezeichnete Fürsten gehabt. Es hat daher
auch keine eigentliche Geschichte. Wenigstens drückte sich so der französische
Hofmeister des ersten Großherzogs Ludwig, Monsieur Bellisary, aus, indem er
das Verlangen des damaligen Erbprinzen, in der Geschichte seines Hauses unterrichtet zu werden, mit den charakteristischen Worten beseitigte: ›Une maison
comme la votre n'a point d'histoire [Ein Haus wie das Eure hat keinerlei Ge-
schichte]!‹ Mehrere Darmstädter Landgrafen kamen erst in fortgeschritteneren
Jahren zur Regierung, da die merkwürdige Eigentümlichkeit bei dem Hause
eintrat, daß fast alle Regenten sehr lange regierten: auf zweihundertachtzig
Jahre seit der Stiftung kommen nur neun Regenten; einer feierte sein fünfzigjähriges Regierungsjubiläum.

Das Haus Darmstadt machte dieselben Phasen durch, die die andern deutschen Fürstenhäuser durchmachten. Auf die strenge theologische Periode des
sechzehnten Jahrhunderts folgte im siebzehnten nach dem Dreißigjährigen
Kriege die lax-frivole mit der berüchtigten französischen Hofgalanterie, bis endlich im achtzehnten Jahrhundert etwas von philosophischer Aufklärung ein-
drang – namentlich unter der Landgräfin Caroline, der Freundin Friedrichs des
Großen –, worauf nach und nach die Frivolität und die alte Roheit nachließen.
Während aber an andern deutschen Höfen mit dem philosophischen Tone zugleich ein wirtschaftlicher kam, blieb Darmstadt tief in Schulden und aufs übel-
ste bestellten Finanzen. Nur die Verbindung mit dem Kaiserhofe half, daß keine
kaiserliche Debitkommission ins Land kam. Während das Haus Kassel refor-
miert-liberal war, blieb Darmstadt lutherisch-orthodox. Während Kassel sich in
der Politik an Preußen anschloß, schloß Darmstadt sich fest an den katholischen
Kaiserhof an. Erst Ludwig IX., der Pirmasenser Landgraf, der Vater des ersten
Großherzogs, der Gemahl Carolinens, war gut preußisch, trieb auch eifrig die
Soldatenspielerei, enthielt sich aber sehr rühmlich der Seelenverkäuferei, durch
welche Hessen-Kassel reich an Geld und reich an Schande geworden ist.

Landgraf Ernst Ludwig
1678 bis 1739

Landgraf Ernst Ludwig, der Sohn Ludwigs VI., geboren 1667, regierte von 1678 bis 1739 einundsechzig Jahre. Er war ein Zeitgenosse Ludwigs XIV. und seiner Regentschaft in Frankreich. Als er sukzedierte, war er elf Jahre alt und stand erst zehn Jahre lang unter Vormundschaft der Stiefmutter, der Prinzessin von Gotha, dann regierte er noch einundfünfzig Jahre. Unter seiner Herrschaft fielen zweimal französische Truppen ein: 1688 und 1693.

Zwanzig Jahre alt, 1687, vermählte sich Ernst Ludwig mit Dorothea Charlotte von Ansbach, die 1705 starb. Später scheint er weibliche und männliche Favoriten gehabt zu haben. Unterm 22. September 1714 schreibt die Herzogin von Orléans aus Fontainebleau an ihre Schwester, die Raugräfin Luise, die in Frankfurt damals war: ›Der Landgraf von Darmstadt tröstet sich vielleicht über seiner Gräfin von Sinzendorf Tod wie Orpheus über seine Eurydike, weil er den Prinz Taxis so umhalst.‹ Endlich ganz spät, fast sechzigjährig, verheiratete er sich noch einmal in heimlicher Ehe im Jahre 1726 mit der sechsunddreißigjährigen Witwe des 1725 zu Straßburg gestorbenen bayrischen Feldmarschalls von Seibelsdorf. Sie war eine Tochter des Hessen-Kasselschen General-Lieutenants und Obristjägermeisters Spiegel zum Desenberg, ward zur Reichsgräfin von Seibelsdorf erhoben und zwei mit ihr erzeugte Töchter zu Komtessen von Epstein oder von Darmstadt. Sie muß unter Ernst Ludwig eine hochgebietende Rolle am Hofe gespielt haben.

Auf einer Reise nach Frankfurt am Main sah diesen Landgrafen die Markgräfin von Bayreuth auf seinem Jagdschloß Münnichbruck im Jahre 1737, zwei Jahre vor seinem Tode. Sie schildert ihn so: ›Wie ich den Landgrafen sah, war er über 60 [69] Jahre alt, allein seine grauen Haare ausgenommen, hätte man ihm nicht mehr wie 50 gegeben. Er hatte den Krebs am Munde, wodurch er sehr entstellt und ekelhaft wurde. Man sagt, in seiner Jugend habe er viel Verstand gehabt, doch war er mit den Jahren verschwunden. Er soll auch sehr artig gegen die Frauen gewesen sein, aber diese Artigkeit war in greuliche Ausschweifungen ausgeartet. Seine unselige Sucht, den Stein der Weisen zu suchen, hatte sein Land ganz zugrunde gerichtet, es befand sich in einer unerhörten Unordnung. Mit seinem Sohne lebte er sehr schlecht, denn er hielt ihn, obgleich er bereits 49 [46] Jahre alt war, noch in einer Abhängigkeit, als wäre er ein Kind. Dieser Erbprinz hatte viel Verstand, Höflichkeit und sogar Kenntnisse, aber die schlechte Gesellschaft, in welcher er lebte, hatte ihn zu einem so rohen Menschen gemacht, daß man ihn nicht mehr erkannte. – Ich wollte mit ihnen in ein Gespräch kommen, aber der Landgraf antwortete keine Silbe, seine Tochter, die Prinzessin Maximilian [Friederike Charlotte] von Hessen-Kassel, lachte aus voller Kehle, und der Erbprinz machte Verbeugungen. Erst als der Vater das Zimmer verlassen hatte, fingen sie an zu sprechen, aber über Gegenstände, die mir ganz neu waren, über die allerunanständigsten, die sie noch dazu auf die roheste Art behandelten. Die Prinzessin von Hessen war eine zweite Herzogin von Berry [Tochter des Herzogs von Orléans, Regent von Frankreich]. Sie war sehr hübsch gewesen, aber Wein und Ausschweifungen hatten ihr den Teint so verdorben, daß sie ganz kupfrig aussah. Ihre Büste, so ekelhaft sie zu sehn war, trug sie so viel als möglich zur Schau.‹

Eine andere Nachricht, die der Tourist Pöllnitz gibt, schildert den Landgrafen und seinen Hof mit folgenden Worten:

›Obgleich der Landgraf ein schönes Residenzschloß zu Darmstadt hatte, hielt er sich doch wenig darin auf. Ein ziemlich kleines Haus am Markte war der Ort, wo er die meiste Zeit in Einsamkeit zubrachte. Man bekam ihn fast niemals als die Sonn- und Festtage zu sehen. Seine Beschäftigung bestand insgemein darin, daß er Elfenbein drehte, chemische Versuche oder Zeichnungen machte; dabei liebte er die Jagd, das Landwesen und die Musik und ließ sich nicht leicht müßig finden. Ob er gleich bereits ein sechzig- bis siebzigjähriges Alter erreicht, sah er doch noch wohl aus und machten ihm seine grauen oder vielmehr weißen Haare ein recht venerables Ansehn. Er saß wohl zu Pferde, hatte einen stattlichen Gang und schien eine vollkommene Gesundheit zu genießen. Ordentlich speiste er an einer kleinen Tafel von vier Personen; auf die Sonn- und Festtage aber kam er nach Hofe und speiste mit seinem Sohne, dem Erbprinzen, zu Mittage an einer Tafel von sechzehn Personen, abends aber mit den Damen, die sonst niemals als sonn- und festtags nach Hofe zu kommen pflegten. Der Hof war an sich selbst ziemlich zahlreich, und hatte der Landgraf viele Geheime Räte, Kammer- und Hofjunker, besonders aber viele Jagdbediente in seinen Diensten.‹

Ernst Ludwig ist der Erbauer des neuen großen Schlosses zu Darmstadt. 1715 war das alte zum Teil abgebrannt, der Grundstein zum neuen ward 1716 gelegt. Baumeister war der Ingenieurmajor Louis René le Rouge de la Fosse. Die Stände hatten dreihunderttausend Taler bewilligt. Der Bau ward so großartig angelegt, daß er erst nach zehn Jahren, 1726, vollendet wurde. Das Schloß war so groß für das kleine Land, daß Kaiser Joseph II., als er es sah, sagte: ›Hier hätte ich mit allen neun Kurfürsten vollkommen Platz.‹ Lange waren viele Fenster nur mit Brettern verschlagen. Der Landgraf selbst wohnte, wie Pöllnitz anführt,

Ætatis septem, ret quinque decennia Princeps / Imperii numerat, Cittorum Splendor et Orbis, / Armis atque gravis, par virtus Iose iuveniæ / Rara Dei bonitas iqua motus Filius Heres,

Dux fuit, ut Culti ferto Constantiæ in ipso / Gubila sacra colant: Conclamant Cives et arva: / fpes nobis ErnestVs VIVat VIVat lVDoVICVs: / VIInsVegIrata nXIt patrIaM, rexIIqVe per arvnos.

11. LANDGRAF ERNST LUDWIG

nicht einmal selbst darin. Auch die Nachfolger bewohnten nur das ältere innere Schloß.

Nächst diesem mächtigen Schlosse baute Ernst Ludwig auch ein Opernhaus, wo der Hof selbst spielte und nur der Hof Zutritt hatte.

Ernst Ludwig starb 1739 auf seinem Jagdschlosse Jägersburg bei Darmstadt, nachdem er das Jahr zuvor sein fünfzigstes Regierungsjubiläum gefeiert und eine Versorgungsanstalt für neubekehrte Protestanten gestiftet hatte; er war der erste Fürst in Deutschland, der den Pietisten offenen Schutz gab. Er hinterließ außer seinem Nachfolger nur zwei Töchter, von denen Friederike Charlotte an den Prinzen Maximilian von Kassel und Dorothea Sophie an einen Grafen von Hohenlohe vermählt wurde.

Landgraf Ludwig VIII.
1739 bis 1768

Ludwig VIII. wurde geboren 1691 und war schon achtundvierzig Jahre alt, als er endlich zur Regierung gelangte. Das Warten mag ihm schwer geworden sein, da der Vater ihn nach dem Bericht der Markgräfin von Bayreuth so sklavisch in der Abhängigkeit hielt. Der jüngere Moser, der unter dem Nachfolger selbst Minister in Darmstadt war, erzählt, daß der alte Landgraf Ernst Ludwig die Gewohnheit gehabt habe, alle Morgen aus dem Gebetbuche sein Morgengebet mit lauter Stimme abzulesen. Der Erbprinz stand einst mit seinem Liebling von Münnigerode an der Tür des Kabinetts und wartete, bis der Herr Vater mit seinem Morgensegen fertig sein würde. Indem sie horchten, betete der alte einundsiebzigjährige Fürst: ›Ach Herr, nimm mich nicht weg in der Hälfte meiner Tage!‹ Der Erbprinz stieß seinen Freund an und sagte: ›Hörst du, Münnigerode, was mein Vater betet? – Ich muß noch lange Erbprinz bleiben!‹ Das Verhältnis zwischen Vater und Sohn scheint sehr übel gewesen zu sein. ›Was hat aber‹, schreibt einmal 26. Mai 1718 die Herzogin von Orléans, ›der Landgraf von Darmstadt gegen seinen Herrn Sohn, man tut doch wohl, es geheimzuhalten.‹

Obwohl Ludwig VIII. so spät zur Regierung gelangte, regierte er doch noch beinahe dreißig Jahre. Als Erbprinz hatte er sich in dem Jahre 1717 vermählt mit Charlotte Christine, der Erbtochter von Hanau, durch die 1736 die schöne Grafschaft Hanau-Lichtenburg erworben wurde. Nach den Briefen der Herzogin von Orléans scheint er ein gleich dabauchierter Herr wie sein Vater gewesen zu sein. ›Der Erbprinz von Darmstadt‹, schreibt sie unterm 15. Mai 1718, ›soll sehr debauchiert gewesen sein, sollte er seiner Gemahlin wohl ein wüst Präsent zum Brautschatz gegeben haben, daß sie so kränklich ist; solche Präsente benehmen die Liebe gar geschwind.‹ Die Prinzessin starb schon 1728 nach neunjähriger Ehe mit dem Erbprinzen.

Ludwigs VIII. große Flamme wurde darauf die spätere Kaiserin Maria Theresia. Ludwig war ein schöner stattlicher Mann und befand sich, als die Erzherzogin fast noch ein Kind war – sie heiratete achtzehnjährig erst 1736 –, am österreichischen Hofe, wo er die Militärkarriere machte; er stieg bis zum österreichischen Feldmarschall auf. Er liebte Maria Theresia zärtlich, sie fühlte gleiche Neigung zu ihm, und er würde sie geheiratet haben, wenn er unter den Bewerbern um die Kaiserkrone hätte auftreten können. Bis ins höchste Alter waren beide sich wohlgeneigt und ergeben: Der Landgraf half der Kaiserin möglichst mit Truppen im Österreichischen Erbfolgekriege und im Siebenjährigen Kriege, und die Kaiserin half, daß der über und über verschuldete Landgraf nicht mit Reichshofratsprozessen behelligt wurde. 1764, im Jahre nach dem Hubertusburger Frieden, war eine Zusammenkunft des alten dreiundsiebzigjährigen Landgrafen mit Kaiser Franz I. und seinem Sohn, dem römischen König Joseph II., bei Heusenstamm am Rhein, die Goethe in ›Dichtung und Wahrheit‹ beschreibt: ›Es war verabredet worden, daß unterwegs zwischen Heusenstamm und jenem großen Gezelte Kaiser und König den Landgrafen von Darmstadt im Wald antreffen sollten. Dieser alte, dem Grabe sich nähernde Fürst wollte noch einmal den Herrn sehen, dem er in früherer Zeit sich gewidmet. Beide mochten sich jenes Tags erinnern, als der Landgraf das Dekret der Kurfürsten, das Franzen zum Kaiser erwählte, nach Heidelberg überbrachte und die erhaltenen kostbaren Geschenke mit Beteuerung einer unverbrüchlichen Anhänglichkeit erwiderte. Diese hohen Personen standen in einem Tannicht, und der Landgraf, vor Alter schwach, hielt sich an einer Fichte, um das Gespräch noch länger fortsetzen zu können, das von beiden Teilen nicht ohne Rührung geschah.‹

Ludwig VIII. war, wie seine Vorfahren seit dem ersten Ludwig alle gewesen waren, ein gewaltiger Jäger, der letzte große Nimrod von Darmstadt. Die Wälder waren sein Lieblingsaufenthalt, seine Forstkultur war weit und breit berühmt. Noch 1769 erbat sich Kaiser Joseph II. den Oberforstmeister von Massenbach aus Darmstadt zur Verbesserung der österreichischen Waldungen; er bereiste auf kaiserlichen Befehl die Steiermark, Tirol und Ungarn bis zum Temeswarer Banat. Dabei war der Landgraf ein Freund mittelalterlich derben Humors. Er ließ sogenannte Saudukaten auf ganz besonders ausgezeichnete wilde Sauen prägen und verehrte dieselben seinen Jägern. Ferner ließ er Dukaten prägen, wo auf der einen Seite eine Hand mit einem Stück Geld sich zeigt und die Legende:

12. LANDGRAF LUDWIG VIII.

›Kommst du mir so.‹ Auf der Rückseite steht dann weiter: ›So komm' ich dir so.‹ Dabei ist ein Kopf, der durch die Finger sieht. Auch ließ er Dukaten prägen mit einem Hirsche und der Umschrift ›Hörnerträger, viele Schwäger‹ und endlich Dukaten, wo ein Hahn die Henne tritt.

Dieser joviale, Jagd und andere Vergnügungen liebende Herr von Darmstadt hielt sich am liebsten in Kranichstein auf, einem eine Stunde von Darmstadt einsam gelegenen Jagdschlosse, welches mit herrlichen kühlen Kastanienalleen und weithin mit Wald umgeben war. Hier sah man an den Wänden mehr als siebenzig geschnitzten Köpfen aufgepaßte Hirschgeweihe, die auf den landgräflichen großen Jagden erlegt worden waren. In dem Lande dieses Jagd und andere Vergnügungen liebenden Landgrafen mußte aber 1742 ein Spinnhaus (ein Zucht- und Arbeitshaus) und 1748 ein Waisenhaus errichtet werden.

Sehr merkwürdig war das Ende dieses Herrn. Er wohnte einer Vorstellung bei, die der Hof im Opernhause gab. In dem Moment, als eine Figur des Stückes starb und der Schauspieler die Worte aussprach: ›Gott sei meiner Seele gnädig!‹ sank er tot um. Er starb in hohen Jahren, wie sein Vater, siebenundsiebzig Jahre alt, 1768.

Außer seinem Nachfolger hinterließ Landgraf Ludwig VIII. noch einen Prinzen und eine Prinzessin.

Der Prinz Georg stand bis 1747 in preußischen, dann in österreichischen Diensten und starb 1782; die Prinzessin Caroline Luise vermählte sich 1751 mit dem Philantropen und Kameralisten [Beamten der fürstlichen Kammer] Markgrafen Carl Friedrich von Baden.

LANDGRAF LUDWIG IX.
1768 BIS 1790

Ludwig IX., der Sohn und Nachfolger Ludwigs VIII., wurde geboren im Jahre 1719 und war ebenfalls, wie sein Vater, schon in dem vorgerückten Alter von neunundvierzig Jahren, als die Regierung an ihn kam. Er ist durch seinen Aufenthalt in Pirmasens, wo er eine Soldatenkolonie stiftete und sich ganz seiner Exerzierleidenschaft überließ, und durch seine Gemahlin, die geistreiche, großdenkende Caroline, Prinzessin von Pfalz-Birkenfeld, berühmt geworden. Diese große Dame, eine der wenigen Freundinnen Friedrichs des Großen, die berühmteste Landgräfin, die Darmstadt gehabt hat, war eine durch Geistesadel und vorzügliche Bildung so hervorragende Frau, daß Wieland von ihr urteilte, sie sollte Königin von Europa sein, wenn er einen Augenblick König der Schicksale wäre.

Ludwig war seit früher Jugend am Hofe seines mütterlichen Großvaters, des letzten Grafen von Hanau-Lichtenberg, erzogen worden; dieser Hof befand sich abwechselnd in Hanau und in der Grafschaft Lichtenberg im Elsaß. 1741, zweiundzwanzigjährig, vermählte er sich mit der birkenfeldischen Prinzessin Caroline. Im folgenden Jahre trat er als Obrist des Regiments Royal Allemand in französische Dienste und machte unter dem Marschall Belle-Isle den Feldzug in Böhmen im Österreichischen Erbfolgekriege mit; er kam hier bei dem furchtbaren Winterrückzuge aus Prag dem Erfrierungstode nahe. Zu seines so gut österreichischen Vaters herbstem Kummer trat er hierauf 1743 bis 1763 als General in preußische Dienste; hier ward der Erbprinz, der erste Großherzog, geboren. Nach fünfjährigem Aufenthalt, 1750 bis 1755, kehrte er wieder in sein Vaterland zurück, den Siebenjährigen Krieg, der 1756 ausbrach, machte er nicht mit.

Nachdem er zur Regierung gekommen war, machte sich seine Hauptpassion Luft: die Lust am Militär, an den Wachtparaden, am Gamaschendienst, am Exerzieren; er glich darin ganz dem Vater Friedrichs des Großen. Zu seinem Potsdam schuf er Pirmasens, ein kleines Städtchen in wüster Sand- und Waldgegend, über dem Rhein bei Zweibrücken an der französischen Grenze, in der 1736 nach dem Aussterben der Grafen von Hanau-Lichtenberg ererbten Grafschaft Lichtenberg gelegen.

Ein Tourist, der im Jahre 1789 in diesen öden entlegenen Winkel Deutschlands kam, wo der Darmstädter Landgraf mit seiner Soldatenkolonie hauste, während seine geistreiche Gemahlin erst bis zum Jahre 1767 in dem reizend gelegenen Hauptstädtchen der Grafschaft Lichtenberg, Buchsweiler, und dann in Darmstadt der Erziehung ihrer Kinder, einer lebhaften Korrespondenz und den Studien lebte, hat uns im Journal von und für Deutschland eine Schilderung von Pirmasens hinterlassen: ›Hier bin ich wie in eine ganz neue Welt versetzt, unter eine zahlreiche Kolonie von Bürgern und Soldaten, die kein Reisender auf einem so öden und undankbaren Boden suchen würde; alles um mich her wimmelt von Uniformen, blinkt von Gewehren und tönt von kriegerischer Musik. Hier, wo ehemals nichts als Wald und Sandwüste war, wo ein einsames Jagdhaus bloß zum Aufenthalt einiger Förster diente und die ganze Gegend umher von niemanden als einigen Räuberhorden besucht wurde, da legte der regierende Fürst von Hessen-Darmstadt mancherlei Wohnungen an, pflanzte Einwohner darein, versetzte den Kern seiner Kriegsvölker dahin und erkor sich den Ort, der sechzehn deutsche Meilen von seinem größeren Lande und seiner eigentlichen Residenz liegt, zu seinem künftigen Aufenthalt. Eine solche Wahl und einen solchen Entschluß kann nur eine ganz besondere Stimmung des Gemüts und eine ungewöhnliche Richtung des Charakters bei diesem Fürsten erregt haben, da er sich dadurch von seinem eigentlichen Lande ganz losriß, den Augen seiner Untertanen gänzlich entzog und bloß sich selbst, seinen wenigen Gesellschaften und seiner Lieblingsneigung, dem Soldatenwesen, lebt. Pirmasens liegt in dem Teil des Hessen-Hanau-Lichtenbergischen Amtes Lemberg, der unter deutscher Hoheit steht, zwei Meilen von Bitsch und zwei und eine halbe Meile von Zweibrücken. Der Ort ist von mittlerer Größe, hat einige gut gebaute Häuser, aber keine vorzüglichen Straßen; seine schnelle Aufnahme hat er, wie gesagt, dem hier residierenden Landgrafen und seinem zahlreichen Militär zu verdanken; ohne dieses alles wäre Pirmasens ein elender Ort, da kaum eine ordentliche Straße durch diesen Winkel des Wasgaues zieht. Der Landgraf wohnt in einem wohlgebauten Hause, das man weder ein Schloß noch ein Palais nennen kann und, genaugenommen, nur aus einem Geschoß besteht. Nahe bei demselben, nur etwas höher, liegt das Exerzierhaus. Die Länge desselben beträgt hundertdreißig Pariser Fuß, die Breite sechsundachtzig. Hierin exerziert nun der Fürst täglich sein ansehnliches Grenadierregiment, das aus zweitausendvierhundert Mann bestehen soll. Schönere und wohlgeübtere Leute wird man wohl schwerlich beisammen sehen: Aber sie kosten auch dem Landgrafen ansehnliche Summen; denn es ist nichts Ungewöhnliches, wenn ein Mann sich des Tags auf dreißig bis vierzig Kreuzer bis zu einem Gulden stehet. Allerlei Volk von mancherlei Zungen und Nationen trifft man unter ihnen an, die nun freilich in die Länge nicht so zusammenbleiben würden, wenn sie nicht immer in die Stadt eingesperrt wären und Tag und Nacht von den umherreitenden Husaren beobachtet werden müßten.‹

›Soeben‹, erzählt der Tourist von 1789 weiter, ›komme ich aus dem Exerzierhause von der eigentlichen Wachtparade, ganz parfümiert von Fett- und Öldünsten der Schuhe, des Lederwerks, der eingeschmierten Haare und von dem allgemeinen Tabaksrauchen der Soldaten vor dem Anfang der Parade; wie ich eintrat, kam mir ein Qualm und ein Dampf entgegen, der so lange meine Sinne betäubte und mich kaum die Gegenstände unterscheiden ließ, bis meine Augen und Nase sich endlich an die mancherlei Dämpfe und widrigen Ausflüsse einigermaßen gewöhnt hatten. Wer Liebhaber von wohlgeübten, aufgeputzten und schön gewachsenen Soldaten ist, wird für alle die widrigen Ausflüsse hinlänglich entschädigt. So wie das Regiment aufmarschiert und seine Fronte durch das ganze Haus ausdehnt, erblickt man von einem Flügel zu dem andern eine sehr gerade Linie, in welcher man sogar von der Spitze des Fußes bis an die Spitze des aufgesetzten Bajonetts kaum eine vor- oder rückwärtsgehende Krümmung wahrnimmt; durch alle Glieder erscheint diese pünktliche Richtung, und sie wird weder durch die häufigen Handgriffe noch durch die vielfältigen Körperbewegungen verschoben. Die Schwenkungen und Manöver geschehen mit einer außerordentlichen Schnelligkeit und Pünktlichkeit; man glaubt eine Maschine zu sehen, die durch Räder- und Triebwerke bewegt und regiert wird. Man soll sogar öfters das ganze Regiment im Finstern exerziert und in den verschiedenen Tempos keinen einzigen Fehler bemerkt haben. Auf den 25. August, als den Namenstag des Landgrafen, ist jährlich Hauptrevue, und dann wimmelt es in Pirmasens von auswärtigen Offizieren und andern Fremden, die teils aus Frankreich, Zweibrücken, der Unterpfalz, Hessen und andern Ländern diesen Wohlgeübten zuliebe hierherreisen. Den Landgrafen habe ich in aller Tätigkeit gesehen; mit spähendem Blick befand er sich bald auf dem rechten, bald auf dem linken Flügel, bald vor dem Zentrum, bald in den hinteren Gliedern; alles war geschäftig an ihm, und er scheint mit Leib und Seele Soldat zu sein. Doch läßt er hierbei keinen fremden Zuschauer aus den Augen; es wurde sogleich bei Anfang der Parade ein Offizier an mich geschickt, der sich nach meinem Namen erkundigen sollte, und nach einiger Zeit hatte ich die Ehre, den Herrn Landgrafen selbst zu sprechen, wobei er sich in den höflichsten und gefälligsten Ausdrücken mit mir unterhielt. In seinem Hause und in seinen Appartements erblickt man wenig Pracht, man glaubt bei einem kampierenden General im Feld zu sein; überall leuchtet die Lieblingsneigung des Fürsten hervor.‹

Ein Jahr nach diesem Besuch des Touristen in Pirmasens war ›der große Menageriekasten von Zweifüßlern‹ leer, Ludwigs Sohn und Nachfolger, der im Jahre 1790 zur Regierung kam, öffnete die Tür, und die Menagerie entleerte sich; Pauli, der in seinem Gemälde von Rheinbayern der einstigen ›wahren Soldatenkolonie gedenkt, worin man angeworbene Russen, Polen, Schweden, Dänen, Franzosen, Türken, Zigeuner, ein Mixtum von allen europäischen Nationen‹ beisammen gefunden habe, berichtet: ›Pirmasens ist verödet und nahrungslos geworden.‹

Auch in Darmstadt baute sich der Landgraf ein Exerzierhaus, und zwar im größten Stile, einen ungeheuern hölzernen Raum, der im Winter mit vielen Öfen geheizt wurde, um die Übungen auch in der kalten Jahreszeit nicht unterbrechen zu dürfen. Der Baudirektor Mann, der mit dem Bau des Exerzierhauses in Darmstadt beauftragt war, hatte ein drastisches Schicksal: Das Haus, das er gebaut hatte, fand des Landgrafen Beifall nicht, er ließ es auf der Stelle niederreißen, Mann ward unter die Pritsche gesteckt; der unglückliche Architekt, dem Hohne der Soldaten preisgegeben, starb an Alteration [Aufregung]. Darauf entwarf Johann Martin Schuknecht das Zeughaus. Es war, da auch nachts bei

13. DARMSTADT VON NORDWESTEN

Fackelschein gearbeitet werden mußte, in neun Monaten, Ende November 1771, vollendet: vierhundert Fuß lang, zweihundert breit und mit dem Dach über hundert Fuß hoch; keine einzige Säule im Inneren des großen Raumes. Die Zarin Katharina II. ließ sich ein Modell dieses merkwürdigen Gebäudes nach Petersburg bringen, wo ein ähnliches errichtet wurde. Tausendfünfhundert Mann konnten darin exerziert werden, und sechzehn Öfen heizten den Saal. Ludwig IX. hielt immer sechstausend Mann der bestexerzierten Truppen, sein Korps Trommelschläger war im ganzen Reiche berühmt: Nicolai, als er seine Reisebeschreibung herausgeben wollte, meinte: ›Von Darmstadt werde ich nichts Statistisches sagen, als daß daselbst alle zwei Stunden getrommelt wird.‹

Nach Darmstadt aber kam der Landgraf fast nie, er regierte das Land von dem sechzehn Meilen entfernten Pirmasens aus. Nur wenn er ins Bad nach Ems reiste und in die Gegend von Oppenheim kam, pflegte er aus dem Wagen zu steigen und einen Blick nach Darmstadt herüberzuwerfen. Öfters war er aber auch nicht in Pirmasens, und niemand wußte, wo er war. Regelmäßig während des Sommers pflegte er sich auf längere Zeit ganz unsichtbar zu machen, blieb monatelang weg, kein Mensch konnte das Geheimnis seines Aufenthalts durchdringen. Unterm 8. September 1775 schreibt einmal Merck, der bekannte Freund Goethes: ›Der Landgraf ist noch immer in Paris.‹

Die Geschäfte in Darmstadt führte in den Jahren 1772 bis 1780 der Sohn des berühmten württembergischen Landschaftskonsulenten Moser, der durch einen ebenso drastischen, aber minder ehrenvollen Sturz, als sein Vater erlitt, bekannt geworden ist.

Moser, der Sohn, wurde geboren 1723 zu Stuttgart und hatte seine Laufbahn als Hessen-Homburgischer Kanzleisekretär eröffnet, er ward dann Hessen-Kasselscher Gesandter beim oberrheinischen Kreise und 1767 Reichshofrat. Durch das Vertrauen der geistreichen Landgräfin Caroline ward er 1772 als Hessen-Darmstädtischer dirigierender Staatsminister, Präsident aller Landeskollegien und Kanzler berufen mit siebentausend Gulden Gehalt.

Moser hatte sich durch seine berühmte Schrift ›Herr und Diener‹, welche 1759 im Siebenjährigen Kriege erschienen war, einen wohlklingenden Namen gemacht: Er war darin gegen den Sultanismus der deutschen Principions [Duodezfürsten] und ihrer Wesire mit ungemeiner Freimütigkeit aufgetreten.

Jedoch Moser ließ selbst Wesiranwandlungen und bei seinen Regierungsmaßnahmen großen Mangel an praktischem Verstand und Klugheit blicken.

Von dem Kriegsrat Merck in Darmstadt, dem bekannten einflußreichen Freunde Goethes, ist ein Bericht über die Mosersche Administration bekanntgemacht worden:

›Ehe er in Darmstadt von seinem Posten Besitz nahm, wußte er unter allerlei Vorwand seinem Herrn zwei Verordnungen zu erpressen, die den Anschein hatten, die verfallene Subordination, den vernachlässigten Diensteifer und die wahre Ordnung in dem Gang der Geschäfte wiederherzustellen. Im Grunde aber waren sie nichts anderes als die Ägide, unter der er sich vor allen Anklagen sicherzustellen suchte und den Geist der Widerrede irgendeines Rechtschaffenen, der gegen seine Unterdrückungen aufstehen würde, auf ewig stumm zu machen bemüht war.

Die erste Verordnung, die alle drei Monate von allen Kanzeln im ganzen Lande abgelesen werden sollte, war das schärfste Verbot, daß sich irgend jemand, wes Standes und Würde er auch sei, nicht unterstehen sollte, den Fürsten persönlich zu behelligen.

Die zweite Verordnung war diese, daß allen Dienern, ohne Unterschied vom Geheimen Rat bis auf den niedrigsten Unterbeamten, angedeutet ward, der Präsident habe, im Fall sie sich Nachlässigkeit oder Untreue zuschulden kommen ließen, volle Macht und Gewalt, jeden ohne Unterschied zu kassieren und nachher Bericht darüber zu erstatten.

Diese zwei Verordnungen, die nachher in allen Amtsrepositoren niedergelegt wurden, ließ er sich bei der ersten Session, die er im Geheimen Rat eröffnete, wie zwei liktorische Fasces [Rutenbündel als Zeichen höchster Amtsgewalt im alten Rom] vortragen. Er las sie selbst vor und berichtete seinem Herrn, daß sie ‚mit einer heilsamen Erschütterung‘ seien angehört worden.‹

Die deutsche Devotion berechtigte allerdings Mosern, sich solche Macht von seinem Herrn zu erbitten. Er traute sich selbst viel mehr zu, als er leisten konnte, und wurde zuletzt über sein Wesirat so trunken, daß er dem Landgrafen geradezu trotzte. Der Bruch mit diesem kam in einem Geldprozesse.

Am 30. März 1774 starb die Landgräfin Caroline, dreiundfünfzig Jahre alt; ihr Freund Friedrich der Große ließ ihr auf das Denkmal ihres im Bosket von Darmstadt selbst ausersehenen Grabes eine Urne von weißem karrarischem Marmor mit der Umschrift setzen: ›Femina sexu, ingenio vir [Eine Frau von Geschlecht, ein Mann ihrem Genie nach].‹

Bereits unterm 28. Juni 1774, ein Vierteljahr nach dem Tode der Landgräfin, schrieb Merck an Nicolai in Berlin, den er um Verwendung anging, ihm eine Anstellung in Preußen zu verschaffen: ›Seit dem Tode der Landgräfin hat sich alles hier so gewaltig verändert, daß unser kleiner, sonst nicht unangenehmer Ort einer völligen Wüstenei gleich sieht. Die Prinzessinnen gehen weg, und der ganze Hof wird aufgehoben. Hierzu kommt, daß der Präsident [Moser] in den letzten Zeiten so gewaltig mit der seligen Frau Landgräfin zerfallen ist, daß sie seiner sogar als eines Verräters in ihrem Testamente gedacht hat.‹ Drei Jahre später, im Herbst 1777, schrieb Merck: ›Der Ton ist hier so abscheulich, als er je gewesen. Der Geist der Landgräfin ist entflohen […] Die beiden Gebrüder von Moser regieren unumschränkt. Der Erbprinz flieht alle Menschen {…] Sonst ist niemand hier, und kein Fremder kommt nicht mehr, der nach uns fragte.‹

Moser war im ganzen Lande verhaßt geworden. Der Landgraf wurde aufmerksam, und zuletzt erließ er unterm 16. Dezember 1780 eine von ihm unterzeichnete Resolution des Geheimen Ratskollegiums an Moser, worin seine Amtsführung als ›eine durch den eisernen Tritt der Bosheit und Ungerechtigkeit bezeichnete‹ genannt wurde.

Der Sturz Mosers erregte bedeutendes Aufsehen in Deutschland. Wir besitzen darüber die vertraulichen Auslassungen des Herzogs Carl August von Weimar, der seit 1775 der Schwiegersohn Landgraf Ludwigs IX. und der geistreichen Caroline war, an Merck. Über Carl August, einen der besten Fürsten damals in Deutschland, urteilte Moser noch lange nach seiner Katastrophe in einem vertraulichen Schreiben an seinen Bruder unterm 12. Februar 1785 ziemlich wegwerfend, er sei der letzte Fürst, dem er dienen, und Weimar der letzte Ort, wo er wohnen möchte.

Goethe urteilte über den Fall Mosers, ›die seltsame Katastrophe‹, wie er sich ausdrückt, in einem Briefe an Merck vom 3. Juli 1780. ›Es ist möglich‹, schreibt er, ›daß der Mensch sich drei-, viermal so verändert, eh' er stirbt; was einmal in der Natur steckt, zwingt den Menschen zu handeln; er find't doch auch in Deutschland Herrn genug, die seiner bedürfen, ob es gleich immer jedem sehr töricht scheinen muß, daß er sich einer so vorteilhaften Lage hat begeben mögen.‹

Nach Moser kam die Regierung Darmstadts in die Hände eines flinken Praktikers und Naturalisten, des Referendars Stauch. Stauch war ein gelernter Schneider aus Kyrn an der Nahe, der auf der Wanderschaft Französisch gelernt und den seine schöne Handschrift in die Kanzlei gebracht hatte. Er studierte sich in die schwachen Seiten des Landgrafen und regierte unter dem Titel Regierungsrat das Land; er machte, da er die Not des Landes aus der Anschauung und Erfahrung kannte, bessere Anstalten als viele seiner studierten und adeligen Vorfahren.

Die Gunst des Herrn teilte er freilich mit vielen Kreaturen desselben. Bis an sein Lebensende hielt sich Ludwig IX. auch Mätressen; darunter befand sich eine, die Comtesse de Lamberg bei Hofe genannt wurde, ein ganz gemeines Mädchen aus Reims, die lange Zeit in Paris eine gemeine öffentliche Rolle gespielt hatte. Dem Adel war der Landgraf sehr abgeneigt, er hatte ihn gleich bei

Anfang seiner Regierung fast insgesamt vom Hofe entlassen. Er war ein populärer, bürgerfreundlicher und deshalb sehr beliebter Herr. Er hatte außer der Soldatenliebhaberei aber noch die alte große hessische Schwachheit: Er sah Gespenster wie sein Vorfahr. Er pflegte deshalb die Nächte bei hellem Kerzenlicht mit seinen Hofbeamten, bis der Tag graute, wachend zuzubringen. Sein geistliches Orakel, mit dem er sich in den langen schlaflosen Nächten öfters über religiöse Skrupel unterhielt, war der düster-orthodoxe Feldpropst Venator. Doch drang in dem streng lutherischen Lande die Toleranz jetzt so weit durch, daß 1770 die Reformierten freie Religionsübung erhielten.

1781 kam nach Darmstadt ein andrer merkwürdiger Geistlicher, der in vielfache Ordensverbindungen verflochtene, als Stifter einer Menge geheimer Gesellschaften bekannte Oberhofprediger Johann August Starck. Er war ein geborner Mecklenburger, ein Predigerssohn aus Schwerin und ein Mann, der fünfzig Jahre lang Kryptokatholik war und sogar für einen Kryptojesuiten galt. Er hatte in Göttingen während des Siebenjährigen Kriegs studiert und war 1761 von den französischen Offizieren, die er hier kennenlernte, als ein zwanzigjähriger junger Mann in den Freimaurerorden aufgenommen worden. Er kam 1781 nach Darmstadt. Starck, der bis zu seinem Tode öffentlich als lutherischer Oberhofprediger fungiert hatte, obgleich er am 8. Februar 1766 bereits in der Kirche St. Sulpice zu Paris sein katholisches Bekenntnis abgelegt hatte und in seinem Hause sich ein Zimmer fand, völlig zum Messelesen eingerichtet, war unzweifelhaft ein heimlicher Jesuit. Er verlangte ausdrücklich, nachdem er vor seinem Tode das Bekenntnis abgelegt hatte, Katholik zu sein, in geweihter Erde begraben zu werden.

Freie Religionsübung hatten die Katholiken in Darmstadt im Jahre 1790 erlangt; erst später aber, 1827, fand der erste Gottesdienst in der neu erbauten katholischen Kirche statt.

Unter Landgraf Ludwig IX. lebten in Darmstadt auch ein paar namhafte Literaten, geborne Darmstädter, Sturz und Merck; ein dritter, noch berühmterer, der große Humorist Lichtenberg, war nach Hannover geführt worden; sein Vater war Pastor in Oberramstadt bei Darmstadt, später Superintendent in Darmstadt.

Helferich Peter Sturz, geboren 1736 und bei dem berühmten dänischen Minister Grafen Bernstorff gebildet, kam in seinen politischen und staatswirtschaftlichen Schriften den praktischen Tendenzen des Osnabrücker Justus Möser nahe. Er starb als Etatsrat auf einer Geschäftsreise in Bremen 1779. Lichtenberg schrieb von ihm unterm 13. August 1773 an seinen Bruder, den damaligen Geheimen Tribunalrat in Darmstadt: ›Von den Trümmern der dänischen Revolution habe ich neulich unsern Landsmann, den Herrn Regierungsrat Sturz, gesprochen. Er ist oldenburgischer Regierungsrat geworden und ein vortrefflicher Mann, dem seine großen Erfahrungen und zum Teil traurige Schicksale die gesetzte Gefälligkeit und die bescheidene Zurückhaltung gegeben haben, die immer den Kosmopoliten begleiten. Ich habe lange keinen so angenehmen Besuch gehabt. Er erinnerte sich Deiner und des Bruders in Gotha mit vieler Freude und vergaß über unsern angenehmen Erinnerungen an unser Vaterland und unsere Freunde alle andere Gesellschaft, darunter Leute waren, die 6000 Taler Revenuen und vierundzwanzig Ahnen zählen.‹

Der berühmteste Darmstädter damaliger Zeit war Johann Heinrich Merck, geboren 1741. Er war, wie Goethe ihn in ›Dichtung und Wahrheit‹ beschreibt, ›der eigne Mann‹, der auf sein Leben den größten Einfluß gehabt habe, ›ein Mann, der sich in der Welt- und Menschengeschichte nach allen Zeiten und Gegenden umgesehen hatte, ein wackrer entschloßner Geschäftsmann und fertiger Rechner, ein Mann, der überall mit Leichtigkeit eintrat, als ein sehr angenehmer Gesellschafter für die, denen er sich durch beißende Züge nicht furchtbar gemacht hatte, eine lange hagere Gestalt mit hervordringender spitzer Nase und dem etwas tigerartigen Blicke aus den hellblauen, vielleicht grauen Augen‹. Merck, der Sohn eines Darmstädter Apothekers, hatte nach seinen Studienjahren einen Herrn von Bibra auf Reisen begleitet und eine französische Dame, eine Fräulein Charbonier, geheiratet. Wie Böttiger von Wieland erfuhr, traf er diese einst mit einem Liebhaber in flagranti, und darauf setzte sich bei ihm die mephistophelische Lust fest, alle Leute, die sich glücklich fühlten, auf die linke Seite aufmerksam zu machen. Er trat in darmstädtische Dienste ein und ward Kriegszahlmeister. Er machte sich bald als Schriftsteller in den Fächern Kunst und Naturkunde einen Namen: Sein Hauptstudium waren Psychologie und Physiologie, er kam namentlich mit Goethe und Wieland sowie mit dem berühmten Anatom Sömmering in die nächste Verbindung; einer seiner vertrautesten Freunde von der Schule her war in Darmstadt Ludwig Balthasar von Schrautenbach-Lindheim.

Schrautenbach war ein geistvoller Mann, der in näherer Verbindung mit Friedrich dem Großen stand, zugleich war er ein redlicher Anhänger Zinzendorfs, den er auch in höheren Zirkeln nicht verleugnete; der Herzog von Weimar nennt ihn ›einen weisen, schönen, feinfühlenden Menschen‹; er starb 1783 in Darmstadt.

Merck hatte die Gabe der Menschenkenntnis in hohem Grade. Ihm war gegeben, wie Goethe sagt, treffend und scharf zu urteilen. Goethe selbst erzählt, daß er erst auf seinen Zuruf: ›Bei Zeit auf die Zäun', so trocknen die Windeln!‹ den ›Götz‹ in die Welt zu schicken gewagt, dagegen bei der sarkastischen Kritik des

›Werther‹: ›Nun ja, es ist ganz hübsch!‹ diesen den Flammen habe weihen wollen und nicht wenig betroffen worden sei, als Merck ihm nach Mitteilung des ›Clavigo‹ das Urteil dahin gegeben habe: ›Solch einen Quark mußt Du mir künftig nicht mehr schreiben, das können die andern auch.‹ Goethe pflegte ihn nur den Mephistopheles zu nennen, aber Dalberg nannte Merck ›den einzigen festen, gründlichen und doch gefühlvollen Kunstrichter‹, der ihm bekannt sei.

In Darmstadt sah die geistreiche Landgräfin Caroline Merck mehrmals wöchentlich in ihrem Salon, denn Merck war ein durch seine geselligen Talente, seine Feinheit im Umgang, seine seltene Welt- und Menschenkenntnis, seine bewährte Einsicht in Kunstsachen, seine genaue Kenntnis der politischen und statistischen Verhältnisse, durch die Gewandtheit, mit der er sich in mehreren Sprachen auszudrücken wußte, und vor allem durch seinen ganz eigentümlichen Humor und unerschöpflichen sarkastischen Witz ein ungemein interessanter Gesellschafter.

Am weimarischen Hofe war Merck fast heimisch, er verweilte hier, wo vorzüglich die muntere Herzogin-Mutter Anna Amalia seine große Patronin war, in den siebenziger und achtziger Jahren wiederholt als vielersehnter Gast, einmal ein halbes Jahr; er begleitete auch Anna Amalia wiederholt 1778, 1780 und 1785 in die Düsseldorfer Galerie und die kunstreichen Rheinstädte; mit ihr und dem Herzog Carl August stand er in fleißiger Korrespondenz; er besorgte dem Herzog seine Gemäldeeinkäufe. Auch die Herzöge von Gotha und Coburg begleitete er 1785 nach Westfalen und Holland. In den Jahren 1780 und 1781 verweilte er mehrere Monate in Kassel in Geldnegotiationen für seinen Landgrafen. 1786 machte er eine Schweizerreise und im Januar und Februar 1791 eine Reise nach Paris. Ein Reiseplan nach England 1783 blieb Projekt. Die merkwürdigste Reise Mercks war die, die er 1773 im Gefolge der Landgräfin Caroline zugleich mit Schrautenbach nach Petersburg machte, zur Vermählung einer ihrer drei Töchter mit dem Großfürsten Paul, an den Hof Katharinas.

Merck versuchte sich auch in technischen und merkantilischen Unternehmungen, er schuf eine Buchdruckerei in Arheiligen, in Darmstadt eine große Bleichanstalt, eine Kattundruckerei, wozu er Arbeiter und Gerät aus der Schweiz kommen ließ, und zu Beschäftigung der Soldatenkinder eine Baumwollspinnerei. Aber diese Unternehmungen, die, wie Goethe sagte, indem sie ihm Spaß machten, ihm Geld einbringen sollten, schlugen fehl, weil sein Vermögen nicht zureichte und pünktliche Ordnung ihm fremd war. Er beendete, erst fünfzig Jahre alt, wenige Monate nach der Pariser Reise, 1791, als Titular-Kriegsrat sein Leben durch Selbstmord; 1780 nach Mosers Abgang hatte er vergebens gehofft, Kammerpräsident zu werden.

Welche Zentnerlast von Jammer und Elend auf die Seele Mercks gelegt ward infolge seiner unglücklichen Spekulationen, davon geben einige Briefe Zeugnis. So schrieb er am 3.August 1788 aus Darmstadt an Goethe:

›Einer er unglücklichsten Menschen, der Ihnen ehedem wert war, ruft Ihre Hülfe in der drückendsten Lage an. Ich habe eine weitläuftige Cottonfabrik übernommen, wovon ich nichts verstanden habe, bin mit rohen und verarbeiteten Waren überladen, die im Preise gefallen sind; ich soll bezahlen und habe kein Geld. Man wird alles angreifen, alles wird in Verwirrung verlorengehen, meine Frau und Kinder kommen an den Bettelstab, und mit mir wird's werden, wie Gott will. Meine Frau und meine Freunde bereden mich, ich hätte mächtige Freunde, die mich unterstützen könnten. Einige tausend Taler bares Geld zu rechter Zeit im dringendsten Falle ohne Interessen einstweilen vorgeliehen, würden wenigstens den nahen Umsturz verhüten. Noch vor der Messe muß mir geholfen sein, sonst ist alles zu spät.

Es ist mir unmöglich, mich näher zu erklären. Kein Unglück ist in der Welt ohne eigene Schuld, und hier liegt viel verborgen. Ich kann nichts für mich anführen als die dringendste Not meiner armen Familie, und daß ich als ein Mensch menschliches Mitleid verdiene.

Wenn Ihnen dies verwirrte Blatt einiger Aufmerksamkeit wert scheint, so antworten Sie mir entweder selbst oder richten Ihre Antwort an den Herrn Schleiermacher, des Herrn Erbprinzen Kabinettssekretär, der von meiner ganzen Lage unterrichtet ist. Vielleicht wären der Herzog und die Herzogin-Mutter geneigt, etwas für mich zu tun.

Ich bin so mutlos geworden, daß ich diesen Schritt der Bitte, und zwar der ungestümsten, nicht würde gewagt haben, wenn ich nicht dem Flehen meiner Frau nachgegeben hätte. Diese Unschuldige mit ihren armen Kindern verdient Rücksicht jetzt und in der Folge von Ihnen Hülfe, wenn nicht mehr von mir die Rede sein wird […]

Es ist schmerzlich, daß meine Bewillkommnung nach der Rückkehr aus dem glücklichen Lande an einen glücklichen und so verdient glücklichen Mann von einem höchst verdient unglücklichen Menschen geschehen muß, begleitet mit einer Bitte um Geld oder vielmehr Almosen [Goethe war am 18.Juni 1788 aus Italien wiedergekommen].‹

Wie bereits erwähnt, waren die Finanzen des Darmstädter Landgrafen, wegen derer Merck 1780 und 1781 in Kassel verweilte, in höchst übler Verfassung. Als die Zarin Katharina die Landgräfin nach Petersburg einlud, um eine ihrer drei Töchter für ihren Sohn Paul auszuwählen, schrieb der mit der Unterhandlung beauftragte Baron Achatz Ferdinand von der Asseburg unterm 16.Dezember 1772: ›Mit einer Million Gulden Einkünften mangelt es der Familie des Landgrafen oft am Nötigsten. Ihre Hoheit [die Landgräfin] hat mir mehr durch ihre Verwirrung und durch ihre Tränen als durch deutliche Worte verständlich gemacht, daß sie von sich aus nichts beisteuern könne.‹ Die Kaiserin ermöglichte die Reise durch einen Wechsel von achzigtausend Gulden, den sie schickte. In Petersburg selbst kamen allerdings kaiserliche Gaben. Außer bedeutenden Geschenken an Brillanten und Zobelpelzen erhielt die Landgräfin hunderttausend Rubel und zwanzigtausend zur Rückreise, jede Prinzessin fünfzigtausend Rubel und reichen Schmuck. Die Kavaliere und Damen, die die Landgräfin begleitet hatten, erhielten ebenfalls Brillanten und jede Person dreitausend Rubel. –

Man schätzte die Einkünfte des kleinen Landes von dreihunderttausend Einwohnern auf sechs- bis siebenhunderttausend Taler, aber sie mußten zum großen Teil zu Abtrag der Schulden und zu den Interessenzahlungen verwendet werden. Obgleich aber der Landgraf sehr nötig Geld brauchte, schlug er, während seine Vettern in Kassel Truppen über Truppen den Engländern nach Amerika verkauften, alle Gesuche derselben deshalb gewissenhaft und fest ab. Die schlechte Wirtschaft in Darmstadt schrieb sich schon vom Vater und Großvater her.

Ludwig IX. starb zu Pirmasens, einundsiebenzig Jahre alt, mit dem besonderen Ruhme, der beste Trommelschläger im ganzen Heiligen Römischen Reiche gewesen zu sein. Er hinterließ drei Prinzen und fünf Prinzessinnen, sämtlich durch die vortreffliche Mutter wohl erzogen.

Der Erbprinz sukzedierte; der zweite Prinz, Friedrich, starb 1802, und der jüngste war der interessante Prinz Christian, der holländischer General und Reichsfeldmarschall war und der Freund seines Vetters, des Landgrafen Carl von Hessen-Kassel in Schleswig, seines Schwagers Carl August, Herzogs von Weimar, König Maximilians von Bayern und so weiter. Sein intimster Freund war Friedrich von Hessen-Homburg, ebenfalls sein Vetter und Schwager. Nachdem Prinz Christian dem Hause Oranien bis zu seiner Vertreibung 1795 gedient und es dann noch nach England begleitet hatte, lebte er im Privatstand in Darmstadt den Wissenschaften, der Korrespondenz mit seinen zahlreichen Freunden und seinen schönen Gartenanlagen, die er dem Publikum offen ließ. Er war ein energischer Herr und gefürchtet wegen seiner scharfen Zunge. Er starb unvermählt 1830, siebenundsechzig Jahre alt.

Zwei von den Prinzessinnen Landgraf Ludwigs IX. hatten glänzende Heiraten gemacht. Friederike ward 1769 an den Prinzen, späteren König von Preußen Friedrich Wilhelm II. vermählt und die Mutter Friedrich Wilhelms III., und

Wilhelmine, Natalie in Rußland genannt, ward 1773 an den russischen Groß-fürsten Paul vermählt; letztere starb aber bereits 1776 infolge einer unglückli-chen Niederkunft. Die dritte Prinzessin, Luise, ward die Gemahlin Herzog Carl Augusts von Weimar 1775, unter der Goethe in Weimar lebte. Die vierte, Amalie Friederike, heiratete Ludwig Carl, Erbprinzen von Baden, 1774, der 1801 auf einer Reise in Schweden verunglückte, und die fünfte, Caroline, Landgraf Friedrich Ludwig von Hessen-Homburg 1768.

LANDGRAF LUDWIG X.,
ALS GROSSHERZOG LUDEWIG I.
1790 BIS 1830

Ludwigs IX. Nachfolger war sein Sohn Ludwig X., der auch bereits siebenund-dreißig Jahre alt war, als er zur Regierung gelangte, und vierzig Jahre lang, 1790 bis 1830, regierte. Er wurde 1753 zu Prenzlau, wo sein Vater damals in preußi-schem Dienst in Garnison stand, geboren und von seiner Mutter, der geistrei-chen Caroline, sorgfältig erzogen. Sein Lehrer war fünf Jahre lang, seit 1765, der Geschichtsschreiber Hessens, der Rektor und seit 1777 als Hofbibliothekar fungierende Bernhard Wenk, ein Nassauer aus Idstein, gestorben 1803. Zur Universität nach Leyden und auf Reisen in den Niederlanden, Frankreich und England begleitete ihn dann 1769 der bekannte Sonderling Franz Michael Leuchsenring, ein Elsässer, derselbe Leuchsenring, der nachher auch preußi-scher Prinzenerzieher wurde; er ward als Prediger Frank in Arnims ›Gräfin Do-lores‹ gezeichnet und ging später nach Paris, wo er 1827, einundachtzigjährig, starb. In Begleitung des bekannten Barons Grimm besuchte Erbprinz Ludwig darauf 1773 Friedrich den Großen. Im Jahre 1773 verheiratete sich seine Schwester mit dem Großfürsten Paul, und er trat nun, zwanzig Jahre alt, in russi-schen Kriegsdienst, er machte den Türkenkrieg mit, welchen 1774 der Frieden von Kudschuk Kainardge beendigte.

1776 war er in Weimar, über welchen Aufenthalt Wieland an Merck unterm 9. September schrieb: ›Von Eurem Erbprinzen kann und soll ich viel Gutes mel-den. Er ist vom Herzog in allen seinen kleinen Parties de plaisir [Vergnügungs-partien] unzertrennlich gewesen, hat Goethen liebgewonnen, und Goethe ist ihm auch gut. Sein hiesiger Aufenthalt ist ihm im ganzen vorteilhaft gewesen, denken wir, und Ihr werdet's spüren, wenn er wieder nach Darmstadt kommt.

Goethe bittet Sie nun, etwas von Ihrer gewöhnlichen Reserve mit den Fürsten bei ihm nachzulassen und so offen und natürlich mit ihm zu sein, als er seines Orts Sie durch sein Betragen dazu einladen wird. Er hat starke Eindrücke bekommen, was ein Mann wie Ihr wert ist.‹ Im Jahre 1777 vermählte sich Ludwig mit seiner Cousine Luise, Tochter seines Oheims Landgraf Georg Wilhelms; die Heirat soll eine Herzensheirat gewesen sein, die Prinzessin war seine langjährige Hausgenossin und Gespielin gewesen, es war aber wohlbekannt, daß sie ihrerseits ihm nichts weniger als treu war; sie war eine sehr begehrliche Dame und lebte in offenem Verhältnis mit einer Reihe von Anbetern, unter denen der Oberstallmeister Baron Barkhaus und der spätere Oberkammerherr unter dem ersten König von Württemberg, Graf Jenison-Walworth, ein galanter Engländer, ein großer Löwe, der bei vielen Fürstlichkeiten Gunst erhalten hat, Hauptstellen einnahmen. Versprochen war Ludwig früher mit einer Prinzessin von Württemberg, die er 1776 an seinen Schwager, den Großfürsten Paul von Rußland, auf den Wunsch Friedrichs des Großen abtrat. Nach seiner Verheiratung scheint er auch früh kleine Liaisons gehabt zu haben, so schreibt zum Beispiel im Jahre 1784 die Baronin von Oberkirch, die am Hofe zu Mümpelgard lebte: ›Der Erbprinz von Hessen-Darmstadt, nachheriger Großherzog, brachte einige Tage in Etupes, dem Sommerlustschloß Herzog Ludwig Eugens von Württemberg, zu. Er verehrte sehr Madame Angelique de Messy, eine der Stiftsdamen von Remiremont, und blieb deshalb etwas länger.‹

Er hielt seinen Hof als Erbprinz in Darmstadt, während der Vater in Pirmasens war. Er war hier ein rühriger Beförderer der Freimaurer und Illuminaten und der gesamten Aufklärungspartei, er stand unter andern mit dem berüchtigten Dr. Bahrdt, der in den siebziger Jahren eine Zeitlang Professor in Gießen war, in Korrespondenz. Im Jahre 1780 besuchte ihn Goethe, der mit dem Herzog Carl August von Weimar, Ludwigs X. Schwager, aus der Schweiz zurückkam; Goethe schrieb darüber unterm 1. Januar an Frau von Stein: ›Seitdem wir uns an den Höfen herumtreiben und in der sogenannten großen Welt, ist kein Segen in der Korrespondenz. Das neue Jahr haben wir in Dieburg (beim Statthalter Dalberg) mit kleinen Spielen angefangen. Heut sind wir wieder hier, morgen in Homburg, Dienstag wieder hier, wo die Erbprinzeß das Melodram geben wird. Der Herzog ist munter und erkennt sich nach und nach im alten Elemente wieder, beträgt sich vortrefflich und macht köstliche Anmerkungen. Von mir kann man das nicht rühmen, ich stehe von der ganzen Nation ein für allemal ab, und alle Gemeinschaft, die man erzwingen will, macht was Halbes, indes führe ich mich so leidlich auf als möglich. Hier gefällt mir die Prinzeß Charlotte [die fünfundzwanzigjährige Tochter des Oheims des Erbprinzen, Prinzen

14. Grossherzog Ludewig I.
mit Gemahlin Luise

Georg, die 1784 ihren Schwager, den Herzog Carl von Strelitz, heiratete, aber schon im Jahr darauf starb], doch hab' ich auch nichts mit ihr zu schaffen, aber ich sehe sie gerne an, und dazu sind ja die Prinzessinnen. Wenn Sie jetzt von dieser Welt wären, könnt' ich mit einer schönen Anzahl Schilderungen aufwarten, con amore dell odio [mit Haßliebe] gezeichnet. Es ist unglaublich, was der Umgang mit Menschen, die nicht unser sind, den armen Reisenden abzehrt, ich spüre jetzt manchmal kaum, daß ich in der Schweiz war. Adieu und glückliches neues Jahr, ich muß aufhören, meine Feder ist zu elend, und in einem Schloß ist, wie Sie wissen, nichts zu haben.‹

Im Sommer 1784 las Schiller diesem erbprinzlichen Hofe zu Darmstadt Szenen aus ›Don Carlos‹, deren weiter Horizont dem kleinen Hof sehr wunderbar erschienen sein muß.

Der Anfang der Regierung Ludwigs X. fiel in die Französische Revolution. Im Revolutionskriege neigte er stark zum französischen Interesse; er unterhandelte wie Baden, Württemberg und Bayern insgeheim mit den Franzosen, schickte, als eine Übereinkunft getroffen war, seine kleine Armee von fünftausend Mann von Darmstadt nach Gießen und sah ruhig zu, als 1792 Custine Frankfurt brandschatzte. Bei den späteren Einfällen der Franzosen 1796 und 1799 flüchtete er aus dem Lande nach Sachsen, in die Gegend von Leipzig. Beim Reichsdeputationshauptschluß 1803 erhielt Darmstadt eine bedeutende Vergrößerung; mittelst eines Präsents von einer Million an Talleyrand und von ein paar Rittergütern an dessen Sekretär, den berüchtigten französischen Commissair Matthieu, und durch den Einfluß des verwandten russischen Hofs, der nebst Frankreich damals in der Regulierung der deutschen Angelegenheiten das Hauptwort zu sprechen hatte, gewann Darmstadt für das an Frankreich abgetretene Hanau-Lichtenberg und die an Nassau und Baden überlassenen Stücke von Katzenelnbogen mehrere pfälzische und mainzische Ämter und dazu das ehemals kurkölnische Herzogtum Westfalen – für dreiunddreißig Quadratmeilen eine fast dreifache Entschädigung von neunzig.

Die wichtigsten Dienste leistete dem Darmstädter Fürstenhause damals durch seine mit dem glücklichsten persönlichen Betrieb ausgeführten Gesandtschaften nach Regensburg, Paris und London der Oberstallmeister und Minister Baron Carl Ludwig von Barkhaus-Wiesenhütten, der zu einer alten Frankfurter Patrizierfamilie gehörte und damals eine bedeutende Rolle in Darmstadt als hochbegünstigter Freund der Landgräfin Luise spielte. Er stand mit Talleyrand und Pitt in vertrauter Verbindung, und selbst Napoleon war von ihm eingenommen. Schon im Jahre 1804 entließ ihn der Landgraf seines Oberstallmeisterpostens, weil er, sagt man, dahintergekommen war, daß Barkhaus sich hatte bestechen lassen, Westfalen im Reichsdeputationsschlusse statt des von Napoleon angebotenen Nassaus als Entschädigung zu nehmen. Der eigentliche Grund war wohl sein Bruch mit der Landgräfin, bei der er auf die Entdeckung gekommen war, daß sie ihm andere Liebhaber vorziehe.

Außer dem Baron Barkhaus-Wiesenhütten waren die Geschäfte in den Händen der Geheimen Räte von Hesse, der ein Freund Mercks war, und von Lehmann. Nach ihrem Abscheiden und nach Barkhaus-Wiesenhüttens Entlassung führte der Landgraf die Regierung mit einigen Geheimen Referendarien und mit seinem Geheimen Privatsekretär Schleiermacher; erst später trat Baron Lichtenberg als Staatsminister ein, ein Sohn des Amtmanns Lichtenberg, eines Vetters des berühmten Göttinger Professors: Er war früher in den achtziger und neunziger Jahren Geheimer Archivar und Geheimer Sekretär und ward erst später baronisiert. Als er 1819 starb, folgte ihm Dr. Carl von Grolmann, zeither Professor zu Gießen, der 1829 starb.

Ernst Christian Friedrich Adam Schleiermacher war schon seit dem Jahre 1779, wo der Großherzog noch Erbprinz war, sein Freund und vertrautester Ratgeber, er diente ihm als Geheimer Kabinettssekretär, später ward er zum Geheimen Rat erhoben. Er war ein Kunstkenner wie Merck, dessen Freund er war, wurde auch von Goethe geschätzt und half seinem Herrn bei der Beschaffung für sein Museum.

Nachdem Ludwig im Jahre 1805 dem Kaiser Napoleon zu seinem Kriege gegen Österreich zehntausend Mann gestellt hatte, ward er erster Großherzog von Hessen durch Napoleons Gnade und Mitglied des Rheinbunds, Souverän seines Landes und der ihm unterworfenen Mediatisierten [seiner Landeshoheit Unterstellten] Homburg, Solms, Wittgenstein, Erbach und so weiter und der gesamten Reichsritterschaft. Die Landstände und alle Steuerfreiheiten wurden aufgehoben. Hessische Truppen stritten nun gegen Preußen, gegen Spanien, nochmals gegen Österreich und gegen Rußland. Ludewig blieb treuer Alliierter Napoleons, er gab ihn erst sehr spät, erst nach der Hanauer Schlacht 1813, auf.

Der Hof war nach Mannheim geflüchtet, nur der energische Landgraf Christian, Bruder des Großherzogs, blieb in Darmstadt. Als Anfang November die Bayern einrückten, sollte die Staatskasse mit Beschlag belegt werden; am 5. November erst schloß Ludewig die Konvention zu Frankfurt ab mit den verbündeten Mächten. Am 26. November kamen der König von Preußen und der Kaiser von Rußland nach Darmstadt. Der Großherzog und der Erbprinz gingen zum Wiener Kongreß, und 1815 trat der Großherzog dem Deutschen Bund bei. Darmstadt fiel Rheinhessen mit der Bundesfestung Mainz und Worms zu,

15. Palais auf dem Luisenplatz
in Darmstadt

desgleichen die Hälfte des mediatisierten Fürstentums Isenburg. Dagegen kamen Westfalen und die mediatisierten Wittgensteinschen Fürstentümer an Preußen. Homburg ward souverän.

Auf das Hofhalten des ersten Großherzogs von Hessen ist Arndt in der kleinen Schrift ›Beherzigungen vor dem Wiener Kongreß‹, 1814, sehr übel zu sprechen: ›Der G.H. von D. zu D.‹, schreibt er, ›ist abgelebt und erkaltet, hat aber doch Feuer genug, an Schauspielerinnen und Beischläferinnen ungeheure Summen zu verschwenden. Auch hat dieser sonst so willenlose Mann, der die Welt auf drei und auf vier Füßen laufen läßt, wie sie laufen kann, den kleinlichen Herrschteufel im höchsten Grade. Er hat einmal öffentlich an seinem Hofe gesagt: ,Napoleon ist mein Freund, ich bin ihm Dank schuldig, und ich werde ihm dankbar sein, solange ich lebe.' Er hat ein andermal gesagt, als ihm wegen eines willkürlichen Befehls Vorstellungen gemacht und als die Despotenohren verhaßten Worte Recht und Staat genannt wurden: ,Was Recht und Staat? Bin ich nicht souveräner Herr? In mir ist alles Recht und der ganze Staat.'‹ Man kann diesen Fürsten, der doch von einer recht soldatischen Familie herstammt, mit allem Recht den Unzugänglichen nennen. Keiner seiner Untertanen, nicht einmal die oberen Beamten, gelangt dazu, ihn zu sprechen. Nur Offiziere, Minister und Schauspieler haben diesen Vorzug, denn auf diesen beruht die Majestät des Hofes.

Die Hauptquellen der Verschwendung sind das Theater, das Museum und der Marstall.

Ersteres wegen der Menge der wohlbesoldeten Schauspieler, wegen der kostbar bemalten und königlich bezahlten Dekorationen, wegen der starken Jahrgelder, welche an geliebte Schauspielerinnen, oft auch an auswärtige Virtuosen gegeben werden.

Das Museum, weil ohne Geschmack und Kenntnis viel gesammelt, dabei auch jedem Künstler, der seine oft schlechte Ware darbietet, solche mit königlicher Freigebigkeit bezahlt wird.

Der Marstall ist überfüllt mit Reit- und Zugpferden, ja, die Pferde sind in D. so bedeutende Personen, daß häufig die erste Frage der Einwohner an die Fremden ist: ,Haben Sie schon die acht schneeweißen Schimmel der G.H. in gesehen?' Wer nur an den Hof riechen kann, erhält freien Hofwagen, selbst Schauspielerinnen. Jede Messe werden in Leipzig große Ankäufe von Pferden gemacht.

Der Geist des Elendigen und Schwächlichen herrscht hier, doch in einigen auch der Geist des Bösen, z.B. im ersten Leibarzt und Geheimen Rat Wedekind, einem der hinterlistigsten und welschgesinntesten Menschen in Deutschland, vormaligem Mitgliede des berüchtigten Jakobinerklubs in Mainz, wo er unter vielen Wohlmeinenden, aber Verblendeten schon als ein Abgrund des Schlechten bekannt war.

Das Finanzwesen ist in den schlechtesten Händen. Im ganzen Lande wird gesagt, von einem Gulden, der für die Staatskasse erhoben werde, kommen nur 15 Kreuzer hinein, und 45 bleiben an den Händen der Unterbeamten und Finanzdirektoren hangen!‹

Ludewig I. war bei seiner sehr kostspieligen Theater-, Museums- und Marstallspassion ein für seine Person im Äußeren einfacher Herr. Er lebte in dem Teil des Darmstädter Schlosses, den er als Erbprinz bewohnt hatte, einer einfachen zweistöckigen Wohnung, nach dem Exerzierhause heraus, auch als er zur Regierung kam. Im Sommer pflegte er längere Zeit in der Zurückgezogenheit, in dem fünf Stunden von Darmstadt entfernten, in der Bergstraße nach Heidelberg gelegenen, mit einer schönen Schloßruine geschmückten Auerbach zu wohnen, in dem kleinen, von Hügeln umkränzten und mit Anlagen umgebenen 1780 erbauten Schlosse, ›das Fürstenlager‹ genannt; hier starb 1829 die Großherzogin Luise. In Darmstadt sah man ihn öffentlich nur bei den Theaterbesuchen und auf Abendspazierfahrten, bei denen er besonders schattige Waldwege liebte. Im Theater erschien er in voller Uniform, beim Ausfahren bediente er sich einer einfachen Droschke, in der er, wie Friedrich Wilhelm III., mit zugeknöpftem blauen Oberrocke saß, meist unbedeckten Hauptes, selbst bei Regen, oder mit einer Mütze. Sogar sein Leibkutscher trug keine Livree, nur Überrock und Mütze.

Seine Hauptpassion war das Theater, das nun in Darmstadt eine Hauptrolle zu spielen anfing. Früher waren im Opernhause, das Ludewigs Urgroßvater Ernst Ludwig gebaut hatte, nur von fürstlichen Personen Darstellungen gegeben worden; wandernde Schauspieler spielten auf dem Rathause. Ungefähr ums Jahr 1811 übernahm der Hof das Theater; es bestand, einschließlich der fünfundachtzig Personen des Orchesters, aus etwa zweihundert bis dreihundert Personen. Es kostete zuletzt jährlich nicht weniger als etwa dreihunderttausend Gulden und ward ein Vierteljahr nach dem Ableben des Großherzogs, in dem bedenklichen Julimonat 1830, aufgelöst. Der Großherzog hatte Hunderte von Freibilletten ausgegeben, auch die Preise selbst dann nicht erhöhen lassen, wenn Paganini spielte oder die Sontag sang. Abt Vogler, der Lehrer Carl Maria von Webers und Meyerbeers, seit 1807 in Darmstadt, starb 1814 als Kapellmeister und geistlicher Geheimer Rat. Unter den Sängern und Sängerinnen des Darmstädter Hofoperntheaters sind aus der Glanzepoche desselben die Aschenbrenner, die von 1816 an bis 1830, und der Tenorist Wild zu nennen, der von 1817 bis 1825 engagiert war. 1819 erbaute der Hofbaudirektor D. Georg Moller, ein Hannoveraner aus Diepholz, das neue Theater, das schönste Gebäude der Stadt Darmstadt, im italienischen Stile; es ward mit Spontinis ›Cortez‹ eröffnet. Der Großherzog pflegte jederzeit die Opernproben in eigenster Person zu dirigieren, und selbst bei den Vorstellungen sah man ihn in der Theaterloge mit der Linken taktierend, mit der Rechten den Operngucker haltend. Ludewig I. war nicht nur ein Liebhaber, sondern auch ein Kenner der Musik. Seine Lieblingsstücke waren Glucks ›Iphigenie in Tauris‹, Mozarts ›Don Juan‹ und ›Die Entführung aus dem Serail‹, Webers ›Freischütz‹ und ›Euryanthe‹, Spontinis ›Vestalin‹ und ›Olympia‹. Aubers ›Stumme von Portici‹ ward mit höchster Pracht aufgeführt. Er liebte nur die Opera seria, gute Opern ließ er sechs-, acht-, zehnmal wiederholen.

Ludewig I. gab im Jahre 1820 dem Lande die neue konstitutionelle Verfassung, und 1827 feierte er mit seiner Gemahlin die goldene Hochzeit; 1829 starb sie und 1830 am 6. April er selbst, siebenundsiebenzig Jahre alt, als der Nestor der europäischen Fürsten.

Er hinterließ anstatt dreihunderttausend Einwohner auf hundert Quadratmeilen mit sechs- bis siebenhunderttausend Talern Einkünften siebenhunderttausend Einwohner auf hundertfünfundachtzig Quadratmeilen mit drei Millionen Talern Einkünften.

Seine Gemahlin gebar ihm die vier Prinzen Ludwig, Georg, Friedrich und Emil. Ludwig ward der Nachfolger.

Prinz Georg, geboren 1780, stand in österreichischen Diensten, mußte sie aber 1804 wegen einer Mißheirat mit Caroline von Török de Ezendrö aufgeben. Sie ward 1822 zur Prinzessin von Nidda erhoben, 1827 aber von ihm geschieden, worauf sie in Offenbach ihren Sitz nahm. Prinz Georg lebte als großherzoglich-hessischer General in Darmstadt.

Prinz Friedrich, geboren 1788, stand ebenfalls früher in österreichischem Dienst, dann in französischem, niederländischem und in dem Don Miguels, er trat 1808 in Rom zur katholischen Kirche.

Der jüngste Prinz, Emil, geboren 1790, kommandierte, nachdem er erst in preußischen Diensten gestanden, als französischer General 1812 das hessische Kontingent in Rußland. Er galt für einen großen Franzosenfreund und soll sogar bestimmt gewesen sein, wie Arndt in seinen ›Beherzigungen vor dem Wiener Kongreß‹ erzählt, König von Preußen zu werden. Als Napoleon 1813 in die Kampagne ging, sagte er der Großherzogin-Mutter, daß er ihr eine Krone bei seiner Rückkunft mitbringen werde, und er kommandierte den Prinzen in der Leipziger Schlacht mit den Worten zum Angriff: ›Avance Roi de Prusse [Vorwärts, Preußenkönig]!‹ Nachher kommandierte Prinz Emil das hessische Kontingent gegen Napoleon in Frankreich, das unter dem österreichischen General Prinz Philipp von Hessen-Homburg stand. Wie Landgraf Christian, der jüngere Bruder des regierenden Ludewig I., blieb Prinz Emil unvermählt. Unter seinem Bruder Ludwig II. hatte er einen großen Einfluß bei dessen Geschäften.

GROSSHERZOG LUDWIG II.
1830 BIS 1848
UND GROSSHERZOG LUDWIG III.
SEIT 1848

Dem ersten Großherzog von Hessen folgte sein erstgeborner Sohn Ludwig II., geboren 1777 und wieder schon dreiundfünfzig Jahre alt, als er 1830 die Regierung antrat. Vermählt war er seit 1804 mit einer Cousine, der Prinzessin Wilhelmine von Baden; sie war die Tochter des Erbprinzen Carl Ludwig von Baden, der 1801 auf einer Reise in Schweden verunglückt war, und die Schwester der Gemahlinnen Zar Alexanders von Rußland und König Max' von Bayern. In großem Ansehn und in einer ähnlichen Vertrauensstellung, wie an dem vorigen Hofe der Oberstallmeister Baron Barkhaus, stand bei diesem Hofe wieder ein Oberstallmeister: August von Senarclans von Grancy, der 1848 noch als Oberstallmeister fungierte und ursprünglich nur ein simpler Kaufmannskommis aus der Schweiz war.

Ludwig II. war ein Herr von sehr unbedeutenden Eigenschaften, der wenig von sich reden gemacht hat. Seine Regierung aber wurde durch die Bewegungen erfüllt, die infolge der Julirevolution, die ihn bei seiner Thronbesteigung empfing, und infolge der Februarrevolution, mit der er abtrat, entstanden. Den Haupteinfluß in den Geschäften erhielten der früher Frankreich und jetzt Österreich ganz ergebene Prinz Emil und der Ministerialrat und spätere Minister Linde, der für einen erklärten Freund der Jesuiten galt und sich bis 1848 erhielt.

Mit den andern deutschen Fürsten trat auch Darmstadt der Reaktion bei, die gegen die Julirevolution gemäß den Bundestagsbeschlüssen von 1832 eintrat, denen sehr harte Maßnahmen und Einkerkerungen folgten, wie die des Pfarrers Weidig in Butzbach, der nach doppelter Verhaftung, 1833 und 1835, 1837 auf geheimnisvolle Weise im Gefängnisse starb. Am 5. März 1848 nahm der Großherzog seinen Sohn Ludwig III., den Freund Gagerns, zum Mitregenten an und starb schon am 18. Juni.

16. GROSSHERZOG LUDWIG II. MIT FAMILIE
(HALBRECHTS DAS MODELL ZUR SEINEM VATER
GEWIDMETEN LUDEWIGS-SÄULE –
SIEHE ABBILDUNG 17)

17. Vaterländische Feier
zur Einweihung der Ludewigs-Säule
auf dem Luisenplatz
in Darmstadt

18. Grossherzog Ludwig III

Auch Ludwig III. war schon zweiundvierzig Jahre alt, als er die Regierung antrat, und seit 1833 mit Mathilde, der Tochter König Ludwigs von Bayern, vermählt. Außer Ludwig III., dem Nachfolger, hinterließ Ludwig II. noch zwei Prinzen: Carl, darmstädtischer General, vermählt mit der Prinzessin Elisabeth,
Tochter des Prinzen Wilhelm von Preußen, Schwester der Königin von Bayern,
und Alexander, darmstädtischer und russischer General, und eine Prinzessin,
Marie, welche, wie 1773 ihre Großtante, die Gemahlin Zar Pauls, 1841 wieder
mit dem Großfürst-Thronfolger in Rußland vermählt wurde.

Der kleine Darmstädter Hof zeichnet sich unter allen kleinen und großen Höfen Deutschlands durch eine Absonderlichkeit aus, die so stark sich bemerkbar
macht, daß sie allen Touristen in die Augen fällt, sobald sie nur das kleine Land
betreten: die Vorliebe für die Militäruniform. Sämtliche Zivilbeamte des Großherzogtums, selbst die Gerichte, müssen in ihren Büros in Uniform und Degen
fungieren und unterliegen scharfen Visitationen, daß sie sich in ihren Amtsverrichtungen nicht im bequemeren Zivilrock antreffen lassen; ja, die Vorliebe für
die Militäruniform ist so weit gegangen, daß man auch die friedlichen Dorfschulmeister hat den Soldatenrock anziehen lassen.

Eine unterm 19. Juli 1853 erlassene großherzogliche Kabinettsordre schärfte
aufs nachdrücklichste eine frühere vom 22. März 1852 ein, ›daß die Behörden
sich nicht darauf zu beschränken haben, nur über das politische Verhalten der
Bewerber um erledigte Stellen zu berichten, sondern auch zugleich deren politische Gesinnungen zum Gegenstande einer möglichst genauen und gewissenhaften Ermittlung und Äußerung machen sollen‹. Diese Ordre sprach das großherzogliche Mißfallen über die Nichtachtung der ergangenen bestimmten und
deutlichen Befehle und namentlich darüber aus, daß man sogar so weit gegangen sei, eine Erforschung der politischen Gesinnungen von Bewerbern für unmöglich, unnötig oder unzulässig zu erklären.

DER HOF
ZU HOMBURG

Homburg war 1507 im Landshuter Erbfolgestreit als Preis der Hülfe, die damals Hessen Bayern leistete, an Hessen gekommen; das kleine fruchtbare Ländchen mit der Hauptstadt gleichen Namens am Fuß des Taunus, drei Stunden von Frankfurt am Main in der Wetterau gelegen, war pfälzisches Lehn.

Die Hessen-Darmstädtische Nebenlinie Hessen-Homburg ward gestiftet 1622 durch Friedrich I., den nachgebornen Sohn des ersten Landgrafen von Darmstadt; sie besaß früher keine Landeshoheit, sondern stand unter der Darmstadts.

Landgraf Friedrich I., der erste unter den Landgrafen von Hessen-Homburg, war ein viel- und weitgereister Herr: Er hatte fast alle Länder Europas besucht, sogar England, von da schickte er einmal vierzig Jagdhunde nach Darmstadt. Er starb mitten im Dreißigjährigen Kriege 1638. Unter seinen Söhnen befand sich außer dem Nachfolger einer, Georg Christian, der konvertierte; er stand in spanischen Diensten, und die Veranlassung des Übertritts war ein galantes Abenteuer zu Brüssel.

Landgraf Friedrich II., genannt ›mit dem silbernen Bein‹, sukzedierte in Homburg und regierte sechsundsechzig Jahre, 1638 bis 1708. Er bekannte sich, wie Kassel, zur kalvinischen Konfession und nahm die französische Kolonie in Homburg auf. Er diente dem berühmten Schwedenkönig Carl Gustav aus dem bayrischen Hause, verlor 1658 bei der Belagerung von Kopenhagen ein Bein und trug seitdem eins von versilbertem Holze. Er trat in die Dienste des Großen Kurfürsten von Brandenburg, war Statthalter desselben in Pommern und residierte in Kolberg. Er erfocht als brandenburgischer General den berühmten Sieg bei Fehrbellin 1675 mit, der Brandenburg europäischen Ruhm verschaffte. Er kommandierte damals die Avantgarde, tausendfünfhundert Reiter, die sich auf die Schweden warfen, ehe der Große Kurfürst mit den übrigen Truppen nachkam. Der Angriff des Landgrafen von Hessen-Homburg geschah gegen den Befehl des Kurfürsten, der ihm nur die Beobachtung des Feindes aufgetragen hatte; da seine Tapferkeit aber den Gewinn der Schlacht wesentlich herbeigeführt hatte, sagte Friedrich Wilhelm nach dem Siege zu ihm: ›Herr Landgraf, nach den Kriegsgesetzen hättet Ihr das Leben verwirkt, aber bewahre Gott mich, daß ich durch solche Strenge einen so herrlichen Sieg beflecke, indem ich den strafen sollte, dessen Tapferkeit ich ihn größtenteils verdanke.‹

Dieser tapfre Landgraf [historisches Vorbild für Heinrich von Kleists letztes Drama ›Prinz Friedrich von Homburg‹] verband mit der Tapferkeit die dem Hause Hessen spezifisch eigne Gabe, Geister zu sehen. Er war dreimal vermählt: Die erste Frau, die er 1661 nahm, war die reiche Witwe Johann Oxenstiernas, des Sohns des berühmten schwedischen Reichskanzlers; nach ihrem Tode heiratete er eine kurländische Prinzessin und in dritter Ehe die Witwe eines Grafen von Leiningen.

Eine Tochter aus der zweiten Ehe schloß eine Mißheirat (ähnlich der, wie sie hundert Jahre später die Prinzessin Luise von Hessen-Rumpenheim, die sogenannte Prinzessin von der Decken, in Hannover schloß), die damals noch sehr großes Aufsehn machte: Sie heiratete 1718, dreiundvierzigjährig, den einundvierzigjährigen hessischen General Grafen Schlieben aus dem preußischen Hause Sanditten zu Kassel, einen Sohn des ersten Grafen, der 1718 vom Kaiser sein Grafendiplom erhalten hatte.

Wie das Hauptland Darmstadt, kam auch Homburg in Schulden durch großen Aufwand, schlechten Haushalt und Goldmacherei. Schon unter dem dritten Landgrafen Friedrich III. Jacob, der von 1708 bis 1746 regierte, sich meist in holländischem Dienst und wenig im Lande aufhielt, war Homburg so weit heruntergekommen, daß eine kaiserliche Debitkommission im Lande saß und am Hofe sich nur noch zwei silberne Löffel vorfanden. Friedrich Jacobs Vetter und Schwager, der Landgraf Ludwig Ernst von Darmstadt, vermittelte eine Heirat mit einer reichen Witwe, einer Prinzessin von Nassau. Friedrich Jacob war noch so ehrlich, darauf aufmerksam zu machen, daß man die Braut, die eine ansehnliche Mitgift ins Haus brachte und begehrte, daß ihr ein verhältnismäßiges Wittum verschrieben werde, doch in Kenntnis der Lage setzen müsse, in der man sich befinde. Der Vetter entgegnete: ›Schreib, Bruder, schreib, wenn Du sie hast, ist's immer noch Zeit!‹ Die Heirat kam 1728 zustande, und die Umstände wurden gebessert.

Dieser Landgraf überlebte seine beiden Söhne, die in russischen Diensten standen; es folgte nun sein Neffe Friedrich IV. Carl. Er regierte nur fünf Jahre, 1746 bis 1751, und stand in preußischen Diensten.

Ein ausgezeichneter Herr war dessen Sohn, Landgraf Friedrich V. Ludwig, der 1751, erst drei Jahre alt, folgte, daher bis 1766 unter Vormundschaft stand und bis 1820 regierte.

Der Verfasser des 1847 erschienenen Werkes ›Vierzig Jahre aus dem Leben eines Toten‹, der sich in seiner Jugend in den neunziger Jahren während der Revolution in Homburg aufhielt, nennt ihn einen Ehrenmann im vollen Sinne des Worts, dem die Landeseinwohner mit unbegrenzter Liebe und Hochachtung ergeben gewesen seien. ›Achtzehn Jahre alt, hatte er die Regierung angetreten und im einundzwanzigsten sich mit Carolinen, einer Tochter Ludwigs IX. Landgrafen von Hessen-Darmstadt und der geistreichen Caroline von Birkenfeld, vermählt, einer liebenswürdigen und sehr geistreichen, aber stolzen Prinzessin, die jedoch ihre großen Schwächen hatte und den kleinen Hof auf einen sehr großen Fuß eingerichtet haben wollte. Da gab es alle möglichen Hofchargen. Ein Geheimer Rat von Sinclair (er starb zur Zeit des Wiener Kongresses in einem der übelst berüchtigten Häuser Wiens) war dirigierender Minister, da gab es einen Oberhofmarschall von Kikebusch, einen Oberstallmeister von Reizenstein, einen Oberforstmeister von Brandenstein; ein französischer Abbé Herr de Roque war Oberhofmeister der sechs Prinzen, ein paar alte Hofdamen, von Donop und von Ziegler, von denen die eine schief, die andere bucklig, waren die Schönheiten am Hofe. Ein Hauptmann von B. war so eine Art von Oberküchenmeister und zugleich Generalissimus der Homburger Armee, die aus ohngefähr siebzig Invaliden bestand, von denen der jüngste hoch in den Funfzigen war und die der Hoffourier kommandierte und exerzierte; fast alle waren mit Brüchen oder andern Leibschäden behaftet, zwanzig davon trugen Bärmützen und stellten Grenadiere vor, die andern funfzig waren Musketiere, sie trugen noch eine Uniform wie zur Zeit des Siebenjährigen Krieges.

Alle die Regierungs- und Hofchargen wohnten weit ärmlicher als ein Frankfurter Handwerksmann und waren noch viel schlechter bezahlt als der Kommis eines gewöhnlichen Kaufmanns; aber alle diese Chargen, sowie die Geistlichen, hatten die Ehre, häufig und besonders sonntags zur landgräflichen Tafel gezogen zu werden. Die Landgräfin hatte eine Schwäche ganz besonderer Art. Sie sah nämlich Geister, dies war ein Erbstück von ihrem Vater. Sie wollte einmal um die Mitternachtsstunde eine gräßliche Erscheinung, eine Weiße Frau mit blutigem Gewande, im Homburger Schlosse gehabt haben, sie hatte diese Erscheinung sogar nach ihrer Angabe malen lassen. Seit dieser Zeit ging auch sie, wie ihr Vater, nur mit dem Anbruch des Tages zu Bette. Ihre Hofdamen und Kammerfrauen mußten abwechselnd mit ihr die Nächte durchwachen, während ihre Gemächer durch viele Kerzen erleuchtet waren. Aus diesem Grund hatte sie den Tag völlig zur Nacht und diese umgekehrt zum Tage gemacht, wonach sich der ganze Hof richten mußte, und man setzte sich meistens beim Schein der Kerzen erst zur Mittagstafel. Die Hoflakaien bildeten zum Teil auch die Hofkapelle, machten Tafelmusik, und jeden Sonntagabend war nach aufgehobener Tafel ein Konzert im Speisesaale, zu dem jeder anständig gekleidete Einwohner Zutritt hatte.‹

Goethe sah den Homburger Hof auf seiner Schweizerreise mit dem Herzog von Weimar 1780 und schrieb an Frau von Stein am 3. Januar: ›Hier jammern einem die Leute. Sie fühlen, wie es bei ihnen aussieht, und ein Fremder macht ihnen bang. Sie sind schlecht eingerichtet und haben meist Schöpse und Lumpen um sich. Ins Feld kann man nicht, und unterm Dach ist wenig Luft.‹

In den letzten Zeiten des deutschen Reichs war Landgraf Friedrich V. Reichsgeneralfeldzeugmeister. Der Rheinbund unterwarf ihn als Mediaisierten der Hoheit von Darmstadt. Gegen Napoleons Willen dienten seine sechs Söhne in den österreichischen und preußischen Heeren und zeichneten sich ruhmvoll aus in den Befreiungskriegen; fünf derselben sukzedierten nacheinander dem Vater, der jüngste, Prinz Leopold, fiel 1813 bei Lützen. Als Anerkennung erhielt Homburg im Wiener Kongreß die Souveränität. Mit seiner Gemahlin, einer Schwester der Mutter Zar Alexanders und König Friedrich Wilhelms III., feierte er 1818 die goldne Hochzeit, zwei Jahre früher hatte er sein fünfzigjähriges Regierungsjubiläum gefeiert.

Es folgte Landgraf Friedrich IV. Joseph, geboren 1769, als er die Regierung antrat schon einundfünfzig Jahre alt, er regierte von 1820 bis 1829. Er war ein Haupfheld des Befreiungskriegs gewesen, hatte sich namentlich bei Leipzig ausgezeichnet, er war österreichischer Feldmarschall. 1818 hatte er die Hand der achtundvierzigjährigen Tochter König Georgs III. von England, Elisabeth, erhalten, die eine bedeutende Mitgift und eine ansehnliche Apanage erhielt.

Elisabeth schuf Schloß und Garten von Homburg, dessen Partien sie als gute Zeichnerin und Malerin selbst festlegte, ganz nach englischem Fuß um, sie versetzte auch sonst die englischen Komforts nach Deutschland. Namentlich berühmt waren ihre Albums und illustrierten Prachtbücher. Sie sammelte zu den Biographien interessanter Personen, vorzüglich aus der englischen Königsfamilie, wie zu der Elisabeths, der Prinzessin von Ahlden und so weiter, alle Materialien, Porträts, Interieurs, Landschaften, Autographen und dergleichen, so sie deren habhaft werden konnte.

Die Heirat mit der reichen englischen Prinzessin war für das kleine arme Ländchen als großes Glück gehalten worden, sie ward aber ein Unglück für dasselbe. Der Landgraf, sonst ein Herr ganz vom alten Regime, wollte alles auf einen neuen glänzenden Fuß setzen, aus seiner kleinen Residenz ein kleines London machen; er bezeigte sich als der splendideste Souverän, der zum Beispiel als Patengeschenk nicht unter fünfhundert Dukaten einband. Die Parkanlagen, namentlich aber die Hofküche, aus der eine Unzahl von Angestellten aller Art und noch andre gespeist wurden, kosteten ungeheure Summe. Dazu ward der Herr durch die Einkäufer für den Hof ungeheuer betrogen. Die Heirat hatte ihm Kredit verschafft, er stürzte sich in ein Meer von Schulden, die dem Ländchen bald eine schwere Last werden mußten. Eine Unzahl von homburgischen Geheimen und andern Räten ward geschaffen.

Nach Friedrichs IV. Tode 1829 folgten seine vier jüngeren Brüder in der Regierung. Zuerst der Zweitgeborne, Landgraf Ludwig, 1829 bis 1839, geboren 1770. Er war preußischer General und Gouverneur zu Luxemburg, ebenfalls ein echter Militär des alten Regimes und jedem Neuen so abgeneigt, daß er nicht einmal zugeben wollte, daß in seinem Ländchen eine Buchdruckerei angelegt werde. Dagegen ließ er seit 1833 das Städtchen Homburg vor der Höhe zu seinem großen Rufe als Badeort und Spielhölle kommen. Er starb ohne Kinder, nachdem er mit der Prinzessin Auguste von Nassau-Usingen nur ein Jahr lang verheiratet gewesen, 1805 schon wieder geschieden worden war; sie heiratete 1807 den württembergischen General Grafen Bismarck und starb 1846 als die letzte ihres Hauses.

Es folgte auf Landgraf Ludwig der dritte Bruder, Philipp, 1839 bis 1846, geboren 1779. Er war schon mit fünfzehn Jahren in österreichische Militärdienste getreten und im Französischen Revolutionskrieg von der französischen Armee gefangengenommen, nach Paris geschafft und im Luxemburgpalast eingesperrt worden. Als Neffe des Königs von Preußen bezeichnet, hörte er nichts als Todesgeschrei um sich, die wütenden Weiber erinnerten ihn mit ihren Handbewegungen an die Guillotine, die seiner warte. Aber die Bestimmtheit seiner Antworten, seine Jugend und sein interessantes edles Gesicht retteten ihn vom Tode. Er wurde einige Zeit nachher gegen französische Gefangene ausgewechselt und kommandierte später im Befreiungskriege als österreichischer General; unter ihm stand das hessische Kontingent in Frankreich, das Prinz Emil von Darmstadt kommandierte. Er stieg bis zum Feldmarschall und stand in Grätz; hier vermählte er sich morganatisch 1831 mit einer Bürgerlichen, einer verwitweten Baronin von Schimmelpfennig, die sein Bruder und dann auch der König von Preußen zur Gräfin von Naumburg erhoben.

Es folgte nun der vierte Bruder, Gustav, 1846 bis 1848, geboren 1781, der ebenfalls österreichischer Feldmarschall-Lieutenant war, seit 1818 vermählt mit Luise von Dessau. Auch er starb ohne männliche Erben, worauf endlich der fünfte Bruder, Ferdinand, zur Sukzession gelangte, geboren 1783. Auch er war österreichischer Feldzeugmeister, unvermählt und soll bis zu seinem Regierungsantritt als Misanthrop in tiefster Abgeschiedenheit gelebt haben.

PERSONENREGISTER

Das Personenregister enthält die im Text namentlich erwähnten Einzelpersonen ausschließlich der nach ihnen benannten Einrichtungen, Örtlichkeiten und Denkmäler; Personen gleichen Namens und Ranges sind zusammengefaßt.

Abbas I., Schah von Persien 32
Adolf, Herzog von Holstein 18
Adolf, Landgraf von Hessen-Philippsthal-Barchfeld 122
Agnes von Effern 46
Agnes, Prinzessin von Hessen-Kassel 18, 42, 125
Agnes, Prinzessin von Solms-Laubach 31, 34, 41
Ahlden, Prinzessin von 182
Albrecht von Brandenburg-Kulmbach 18
Aldringen 43
d'Alembert, Jean Lerond 71
Alexander, Prinz von Hessen-Darmstadt 175
Alexander II., Zar von Rußland 168, 182
Alexandra, Großfürstin von Rußland 88
Alexius Friedrich Christian, Fürst von Bernburg 104
Alfons 22
Amalie, Prinzessin der Kurlande 62
Amalie Elisabeth, Landgräfin von Hanau 42, 45–49, 51, 52, 104, 132
Amalie Friederike, Prinzessin von Hessen-Darmstadt 157
Anholt, von 129
Aniello s. Masaniello
Anna von Österreich 51
Anna von Preußen 88
Anna von Sachsen 23
Anna, Prinzessin von Hessen-Kassel 18

Anna Amalia, Herzogin von Sachsen-Weimar 154
Anna Eleonore, Prinzessin von Hessen-Darmstadt 130
Ansbach, Anna Maria von 126
Ansbach, Dorothea Charlotte von 135
Appelmann s. Melander, Peter
Arndt, Ernst Moritz 165, 167
Asseburg, Achatz Ferdinand von der 155
d'Aubigny, Pierre Feuquière 60
August, Herzog von Gotha 104
August I., Kurfürst von Sachsen 18, 22, 23
August II., der Starke, Kurfürst von Sachsen 58
Auguste, Herzogin von Cambridge 88
Auguste, Prinzessin von Nassau-Usingen 183
Auguste, Prinzessin von Preußen 107
d'Avauy 47
Avignin, Franz Lambert von 12

Bahrdt, Karl Friedrich 158
Barbara, Prinzessin von Hessen-Kassel 18
Barkhaus-Wiesenhütten, Carl Ludwig von 158, 161, 162, 168
Baumbach, von 78
Baumbach, Adam von 29
Baumbach, Asmus von 29
Belle-Isle, Charles Louis Auguste Fouquet, Herzog von 144
Bellisary 134
Benezé, Henri 60
Berenhorst 75
Berghe von Trips, Maria Francisca 121
Berlepsch, Caroline von, später von Bergen 111, 112
Bernhard, Herzog von Sachsen-Weimar 130, 131
Bernhold, von 68
Bernhold, Marie Anna Christine von und zu Eschau 64, 88
Bernouilli 120
Bernstorff, Andreas Peter 152
Bethune, de 39
Beza, Theodor 28
Bing, Simon 27
Bismarck 183

Björnstahl 69, 91
Böhme, Jakob 86
Bose 111
Böttiger, Carl August 153
Bouillon, Herzog von 84
Bourdon, Samuel 57
Bourdon, Thomas 57
Boyneburg 66
Boyneburg, von 78
Boyneburg, Sigismund von 15
Brahe, Tycho de 22
Brandenstein, von 181
Broglie, de 69
Buch, Wilhelm 126

Calenberg, von 30
Campe, Joachim Heinrich von 81
Cancrin(us) 91, 95
Cancrin, Franz 91
Carl, Herzog von Strelitz 161
Carl, Landgraf von Hessen-Kassel 53, 54, 57–63, 65, 68, 79, 85–87, 96, 156
Carl, Landgraf von Hessen-Philippsthal 121
Carl, Landgraf von Hessen-Philippsthal-Barchfeld 122
Carl, Landgraf von Hessen-Rotenburg 119, 120
Carl, Prinz von Preußen 88
Carl I., Stuart, König von England 51
Carl VI., Kaiser 133
Carl VII. Albrecht, Kaiser 68
Carl IX., König von Frankreich 126
Carl X. Gustav, König von Schweden 133, 179
Carl XII., König von Schweden 62, 65
Carl August, Herzog von Sachsen-Weimar 151, 154, 156–158
Carl Friedrich, Markgraf von Baden 143
Carl Heinrich, Herzog von Tremouille, Fürst von Tarent 50
Carl Ludwig, Kurfürst von der Pfalz 48, 49
Carl Ludwig, Prinz von Baden 168
Caroline von Nassau-Usingen 88
Caroline, Landgräfin von Hessen-Darmstadt 134, 149, 150, 154, 157

Caroline, Prinzessin von Birkenfeld 181
Caroline, Prinzessin von Hessen-Darmstadt 112, 157, 181
Caroline, Prinzessin von Pfalz-Birkenfeld 143, 144
Caroline Amalie, Prinzessin 104
Caroline Luise, Prinzessin von Hessen-Darmstadt 143
Catharina, Prinzessin von Württemberg 97
Charbonier, Louise Françoise 153
Charlotte von Dänemark 88
Charlotte von der Pfalz 48, 49
Charlotte, Königin von England 68
Charlotte, Prinzessin 76, 158
Charlotte Amalie, Prinzessin 119
Charlotte Christine von Hanau 139
Charlotte Emilie, Prinzessin von Hessen-Kassel 53
Christian, Herzog von Braunschweig 38, 129
Christian, Landgraf von Hessen-Darmstadt 86, 162
Christian, Landgraf von Hessen-Kassel 41
Christian II., Kurfürst von Sachsen 128
Christian V., König von Dänemark 53
Christian VII., König von Dänemark 85
Christine, Landgräfin von Hessen-Kassel 15, 17, 18, Abb. S. 19
Christoph, Herzog von Württemberg 126
Clemens August, Kurfürst von Köln 69, 120
Clodwig, Prinz von Hohenlohe-Schillingsfürst 120
Collalto, eigtl. Reimbolt XIII. von 42
Constantin, Landgraf von Hessen-Rotenburg 70, 119, 120
Contarini, Nicolo 49
Cosmus II., Großherzog von Florenz 38
Crell 22, 41
Crousaz, Johann Peter de 71
Custine, Adam Philippe 161

Dalberg, Karl Theodor Anton von 97, 158
Dalberg, Wolfgang Heribert von 154
Dalwig, Caspar Friedrich von 54
Dalwig, Johann Reinhard von 63
Dampierre 125
Dannhauer 52

Dante, Aligheri 41
Decken, von der s. Luise, Prinzessin von Hessen-Rumpenheim
Dee, John 33
Degenfeld, Luise von 48, 49
Devonshire, Herzog von 61
Diede zum Fürstenstein 70
Diede, Hans Eitel zum Fürstenstein 133
Dilleberg, Ludwig von 50
Dillich, Wilhelm 33
Dohm, Christian Wilhelm von 77, 94
Donop, von 181
Donop, August Moritz von 69–71
Dörnberg 51, 53, 101
Dörnberg, Johann Caspar von 47, 53
Dörnberg, Wilhelm von 53
Dorothea Sophie, Prinzessin von Hessen-Darmstadt 139
Dorothee Wilhelmine von Sachsen-Zeitz 68
Drake, Francis 22
Dürnitzell, Alexandrine, gen. Madam Ernestine 118
Dury, John 52

Egerton-Leigt, Charles 82
Eggena 113
Eglinus, Rudolf 34
Eleonore, Prinzessin von Salm-Reifferscheidt-Krautheim 120
Eleonore, Prinzessin von Württemberg 126
Elisabeth, Prinzessin von England 182
Elisabeth, Prinzessin von Hessen-Kassel 18, 41, 50
Elisabeth, Prinzessin von Preußen 175
Elisabeth I., Königin von England 23, 32, 182
Elisabeth Christine, Prinzessin von Hessen-Darmstadt 132
Elisabeth, gen. die Heilige, Landgräfin von Thüringen 53
Elisabeth Henriette, Prinzessin von Hessen-Kassel 53
Emil, Prinz von Hessen 167, 168, 183
Emilie, Prinzessin von Hessen-Kassel 50
Erbach 130
Erbach, von 53
Ernst, Landgraf von Hessen-Philippsthal 121

Ernst, Landgraf von Rheinfels, später von Hessen-Rotenburg 41, 59, 117, 119, 130
Ernst, Prinz von Hessen-Philippsthal-Barchfeld 122
Ernst der Fromme, Herzog von Gotha 48, 132, 133
Ernst Ludwig, Landgraf von Hessen-Darmstadt 133, 135, 139, 166, Abb. S. 137
Eschen, Waitz von 59
Eugen, Prinz von Savoyen 63, 67
Eyben, von 70

Fabrice, von 111
Fabricius, Adolf 118
Falkenstein 112
Ferdinand, Erzbischof von Köln 38
Ferdinand, Herzog von Braunschweig 95
Ferdinand, Landgraf von Hessen-Homburg 183
Ferdinand I., König von Böhmen 12, 18
Ferdinand III., Kaiser 46
Feuquières, Manassès de Pas 43, 131
Folard 92
Forster, Georg 75, 77, 78, 80, 82, 84, 85, 94, 114
Fosse, Louis René le Rouge de la 136
Frankenberg, Carl Magnus von 69
Frankenberg, Marie Amalie Juliane von 69
Franz, König von Frankreich 12
Franz I., Kaiser 140
Friederike, Prinzessin von Hessen-Darmstadt 156
Friederike Charlotte, Prinzessin von Hessen-Kassel 136, 139
Friedrich, Kurfürst von Hessen 112–114
Friedrich, Kurfürst von der Pfalz 129
Friedrich, Landgraf von Eschwege 41, 50, 117
Friedrich, Prinz von Brandenburg 53
Friedrich, Prinz von Hessen 167
Friedrich, Prinz von Hessen-Darmstadt 130, 133, 156
Friedrich, Prinz von Hessen-Kassel 85, 88
Friedrich I., König von Preußen 53, 65
Friedrich I., König von Schweden 61, 62, 64–67, 69
Friedrich I., Landgraf von Hessen-Homburg 127, 179

Friedrich II., der Große, König von Preußen 70, 71, 79, 85, 87, 88, 134, 143, 144, 150, 153, 157, 158
Friedrich II., Landgraf von Hessen-Homburg 179
Friedrich II., Landgraf von Hessen-Kassel 54, 61, 69–72, 75, 78, 79, 82, 88, 93, 95, 120
Friedrich III. Jakob, Landgraf von Hessen-Homburg 180
Friedrich IV., Kurfürst von der Pfalz 30
Friedrich IV. Carl, Landgraf von Hessen-Homburg 180
Friedrich IV. Joseph, Landgraf von Hessen-Homburg 182
Friedrich V., König von Böhmen 52
Friedrich V., König von Dänemark 85, 88, 91
Friedrich V. Ludwig, Landgraf von Hessen-Homburg 157, 180, 182
Friedrich Heinrich von Nassau 30
Friedrich Wilhelm, Herzog von Schwerin 64
Friedrich Wilhelm I., König von Preußen 94, 180
Friedrich Wilhelm II., König von Preußen 86, 95, 96, 107, 156
Friedrich Wilhelm III., König von Preußen 108, 156, 166, 182
Fugger 43

Gagern, von 168
Gall, de 91
Gallas 131
Gentz 96
Georg, Herzog von Lüneburg 130
Georg, Herzog von Württemberg-Mümpelgard 18
Georg, Landgraf von Hessen-Darmstadt 28, 45
Georg, Prinz von Hessen 167
Georg, Prinz von Hessen-Darmstadt 132, 133, 143
Georg, Prinz von Hessen-Kassel 53, 64, 88
Georg I., König von England 62
Georg I., der Fromme, Landgraf von Hessen-Darmstadt 125, 127, 134
Georg II., König von England 62, 68, 69, 84, 92
Georg II., Landgraf von Hessen-Kassel 130–133
Georg III., König von England 182
Georg der Bärtige, Herzog von Sachsen 15
Georg Christian, Prinz von Hessen-Homburg 179
Georg Wilhelm, Landgraf von Hessen-Darmstadt 158, 161
Gluck, Willibald 167

Goclenius 33
Goethe, Johann Wolfgang 75, 78, 96, 98, 140, 149, 151, 153–155, 157, 158,
   162, 182
Görtz 65
Götzen, Johann von 44–46
Grandidier, Jeremie 57
Grimm 157
Grolmann, Carl von 162
Gronfels, von 118
Gualdo 42
Guarnieri, Giovanni Francesco 61
Guevara, Juan 17
Günther, Wolfgang 40
Gustav, Landgraf von Hessen-Homburg 183
Gustav II. Adolf, König von Schweden 41–43, 131

Hamilton, Herzog von 75
Hassenpflug, Hans Daniel Ludwig 113, 114
Hatzfeld, Melchior von 46, 130
Haynau 107
Haynau, Julius 107
Haynau, Ludwig 107
Hedwig Sophie, Prinzessin von Brandenburg 49, 53, 54, 57
Heinrich, Prinz von Hessen-Darmstadt 130, 133
Heinrich I., Landgraf von Hessen 54
Heinrich IV., König von Frankreich 23, 32, 34, 37, 38, 57
Heister 80
Helene Luise Elisabeth, Herzogin von Orléans 63, 64, 68, 119, 121, 135, 139
Henri, Herzog von Longueville 46, 47
Henrietta Maria von Frankreich 51
Hermann, Landgraf von Hessen-Rotenburg 41, 117
Hervey 62
Hesse, von 162
Hessenstein, Carl von 107
Hessenstein, Caroline von 103, 104, 108
Hessenstein, Friedrich Wilhelm von 67
Hessenstein, Louis von 107
Hessenstein, Wilhelm von 104

Hippocrates von Kos 22
Hohenlohe, von 139
Hohenlohe-Langenburg 120
Hohenthal-Knauthain, Adolf von 112
Holstein-Glücksburg, von 87
Holzappel s. Melander, Peter
Höpfner 77
Höpken 66
Hormayr, Joseph von 16
Horn 67
Hübner 87

Imhof 16
Isenburg, von 113
Isenburg-Wächtersbach, Max von 113
Isolani, Johann Ludwig Hektor von 43

Jakob I., König von England 32
Jacobi 78
Jenison-Walworth 158
Jérôme Napoleon, König von Westfalen 22, 97–99, 101–103, 121, Abb. S. 99
Joachim II., Kurfürst von Brandenburg 16
Johann, Prinz von Hessen-Darmstadt 130
Johann von Zweibrücken 24
Johann Casimir von Anhalt-Dessau 42
Johann Friedrich, Herzog von Gotha 22
Johann Friedrich der Großmütige, Kurfürst von Sachsen 18
Johann Friedrich, Prinz von Sachsen 18
Johann Georg, Kurfürst von Brandenburg 128
Johann Georg, Markgraf von Jägerndorf 30
Johann Georg I., Kurfürst von Sachsen 131
Jordan, Sylvester 114
Joseph 117
Joseph, Prinz von Hessen-Rotenburg 119
Joseph II., Kaiser 95, 136, 140
Juliane, Prinzessin von Nassau-Siegen 31, 39, 41, 117
Jungmann 34
Jung-Stilling, Johann Heinrich 86

Jussow 95
Justitian, römischer Kaiser 128

Karl V., Kaiser 11, 12, 15–18, 21, 38, 39, 126, 129
Katharina II., Zarin von Rußland 149, 154, 155
Kempis s. Thomas von Kempen
Kettler, Jacob Friedrich von 63
Khevenhüller, Franz Christoph von 32, 119
Kikebusch, von 181
Kinschot, L. von 45
Kircher, Athanasius 59
Kleist, Heinrich von 180
Knigge, Adolf von 77
Knyphausen, Wilhelm von 80
Krosigk, Adolf Wilhelm von 47
Kunowitz, Johann Dietrich von 47, 52, 53

Lamberg 53
Lamberg, de 151
Langallerie, Gentil de 69
Laurellus 44
Lavater, Johann Kaspar 86
Lederhose 88
Lehmann s. Schaumburg, Gertrude von
Leibniz, Gottfried Wilhelm 22, 41, 59, 118, 119
Leiningen 114
Leiningen, von 180
Leopold, Kaiser 52–54
Leopold, Prinz von Hessen-Homburg 182
Leti 11
Leuchsenring, Franz Michael 157
L'Hermite, Daniel 37, 38
Lichnowsky, Felix 112
Lichtenberg 162
Lichtenberg, Georg Christoph 152
Lincoln 32
Linde 168
Lippe, Magdalene von der 126

Löwenstein 119

Luchet, de 72, 78, 93

Luckner 111

Ludewig I., Großherzog von Hessen 134, 162, 166–168, Abb. S. 159

Ludwig, König von Bayern 175

Ludwig, Landgraf von Hessen-Darmstadt 38, 39

Ludwig, Landgraf von Hessen-Homburg 183

Ludwig, Landgraf von Hessen-Philippsthal 121

Ludwig, Landgraf von Marburg 39

Ludwig I., der Springer, Landgraf von Thüringen 140

Ludwig II., Großherzog von Hessen 167, 168, 175, Abb. S. 169

Ludwig III., Großherzog von Hessen 168, 175, Abb. S. 173

Ludwig V., der Treue, Landgraf von Hessen-Darmstadt 127–130, 133

Ludwig VI., Kurfürst von der Pfalz 18

Ludwig VI., Landgraf von Hessen-Darmstadt 133

Ludwig VII., Landgraf von Hessen-Darmstadt 133

Ludwig VIII., Landgraf von Hessen-Darmstadt 139, 140, 143, Abb. S. 141

Ludwig IX., Landgraf von Hessen-Darmstadt 134, 143, 144, 146, 149, 151,
   152, 156, 157, 181

Ludwig X., Landgraf von Hessen-Darmstadt, später Ludewig I., Großherzog
   von Hessen 157, 158, 161

Ludwig XIII., König von Frankreich 117

Ludwig XIV., König von Frankreich 50, 51, 60, 118, 135

Ludwig Carl, Prinz von Baden 157

Ludwig Ernst, Landgraf von Hessen-Darmstadt 180

Ludwig Eugen, Herzog von Württemberg 158

Ludwig Joseph Philipp, Herzog von Orléans s. Philipp Egalité

Luise von Dessau 183

Luise von Oranien 52

Luise, Großherzogin von Hessen 158, 161, 166, Abb. S. 159

Luise, Raugräfin 135

Luise, Prinzessin von Dänemark 85

Luise, Prinzessin von Hessen-Darmstadt 157

Luise, Prinzessin von Hessen-Rumpenheim, gen. von der Decken 88, 180

Luise, Prinzessin von Preußen 61, 65

Luther, Martin 11, 12, 15

Lynar, Rochus Friedrich zu 65, 66

Macchiavelli, Niccolò 41
Magdalene, Prinzessin von Brandenburg 128
Malsburg, Ernst Friedrich Georg Otto von der 81
Malsburg, Otto von der 46
Manger, Ludwig von 111
Mann 146
Mara, Elisabeth Gertrud 72
Maria, Kaiserin 126
Maria, Prinzessin von England 69, 83, 88, 92
Maria, Statthalterin der Niederlande 15, 17
Maria Theresia, Kaiserin 68, 140
Marie, Großherzogin von Strelitz 88
Marie, Herzogin von Meiningen 112
Marie, Prinzessin von Hessen 175
Marie Amalie, Prinzessin von Kurland 57, 64
Marie Friederike, Prinzessin 104, 108
Marie Luise, Prinzessin von Hessen-Kassel 64
Marlborough, John Churchill 67
Masaniello, eigtl. Tommaso Aniello 50
Massenbach, von 140
Mathilde, Prinzessin von Bayern 175
Matthias, Kaiser 38
Matthieu 161
Mauvillon, Jakob 77, 94
Maximilian, Herzog von Bayern 38
Maximilian, König von Bayern 156, 168
Maximilian, Prinz von Hessen-Kassel 64, 139
Maximilian, Prinzessin von Hessen-Kassel s. Friederike Charlotte
Maximilian II., Kaiser 11, 23, 126
Mayer, Michael 34
Mazarin, Jules 49, 51
Meibom, Heinrich d.J. 59
Melanchthon, Philipp 11, 12, 15
Melander (Appelmann), Peter, später Holzappel 43–47
Mentzer, Balthasar 132
Merck, Johann Heinrich 75, 78, 149–155, 157, 162
Merode, Johann von 40
Messy, Angelique de 158

Metternich, Fürstin von 111
Meyerbeer, Giacomo 166
Miguel 167
Mirabeau, Honoré-Gabriel-Victor Riqueti de 80
Moller, D. Georg 166
Moore 75
Morelli 72
Moritz, Herzog von Oranien 42, 43
Moritz, Kurfürst von Sachsen 17, 18, 21, 22, 125
Moritz, Prinz von Hessen-Kassel 41
Moritz der Gelehrte, Landgraf von Hessen-Kassel 24, 28–34, 37–41, 51, 54,
    95, 104, 117, 130, 131, Abb. S. 35
Moritz von Nassau-Siegen 30
Mortier, Edouard, Herzog von Treviso 96
Moser, Friedrich Karl von 139, 149–151, 154
Moser, Johann Jakob von 149
Mozart, Wolfgang Amadeus 167
Müldner, Nicolaus Christoph 47
Müller, Johannes von 72, 77, 78, 94, 114
Münnich, Burkhard Christoph von 62
Münnigerode 139
Mysore, Hyder Ali von 80

Napoleon I. Bonaparte, Kaiser von Frankreich 87, 96, 97, 101, 161, 162, 165,
    167, 168, 182
Nassau-Diez, Johann Wilhelm Friso von 64
Naves 15
Necker, Jacques 71
Nerciat, de 72, 93
Nicolai, Friedrich 149; 150
Nicolaus I., Zar von Rußland 88
Nostradamus, eigtl. Michel de Notre-Dame 22

Oberkirch, von 158
Ortlöpp s. Reichenbach-Lessowitz, Emilie
Osten-Sacken, Angelika von der 107
Otto, Prinz von Hessen-Kassel 41, 54
Oxenstierna, Johann 180

Paganini, Nicolò 160
Pappenheim, Gottfried Friedrich 43
Paracelsus, Philipp Aureolus Theophrastus, eigtl. Theophrast von Hohenheim
    22
Patterson, Elisabeth 97
Paul, Großfürst von Rußland 86, 154, 155, 157, 158
Paul I., Zar von Rußland 175
Paul V. Borghese, Papst 129
Pauli 146
Pergen 70
Peter I., Zar von Rußland 59, 119, 133
Petrarca, Francesco 41
Philipp, Landgraf von Hessen-Philippsthal 53, 121
Philipp, Prinz von Hessen-Darmstadt 127, 133
Philipp, Prinz von Hessen-Homburg 168, 183
Philipp, Prinz von Hessen-Kassel 40, 41
Philipp III., König von Spanien 129
Philipp Egalité, eigtl. Ludwig Joseph Philipp, Herzog von Orléans 86
Philipp der Großmütige, Landgraf von Hessen-Kassel 11, 12, 15, 16, 17, 21,
    39, 59, 125, Abb. S. 13
Philipp Wilhelm von Cornberg 24
Philipp Wilhelm, Pfalzgraf von Neuburg 132
Piccolomini, Octavio-Pieri 46, 118
Pitt, William 161
Platen, Bernhard Bogislav von 46
Pöllnitz 136
Polybios 92
Pufendorf, Samuel von 44, 45

Radetzky, Joseph 107
Rall 80
Ragoczy, Franz Fürst von 119
Ranzau 44
Rathsamhausen zum Stein s. Bernhold von
Rau, Rudolf Wilhelm von Holzhausen 133
Raumer, Carl von 102
Ravaillac, François 34
Reichenbach, Emilie 107, 108, 111–113

Reichenbach-Lessonitz 111
Reinhard 95, 100
Reizenstein, von 181
Ries 63
Riesbeck, Johann Kaspar 79
Rippach 130
Rivalier 107
Rollshausen, von 29
Roque, de 181
Rosey, du 61, 65
Rothschild, Amschel 94, 107
Rudbeck 91
Rudolf II., Kaiser 22, 33, 34
Runde 94
Ry, Carl du 68
Ry, Paul du 60, 62, 68, 72
Ry, Simon Ludwig du 72, 78, 95

Saal (Sahla), Margarethe von der 15, 17, 18
Sabine von Württemberg 23, 24
Sastrom 17
Scepperus, Cornelius 15
Schärtlin, Sebastian 16
Schaumburg, Gertrude von 112, 113
Scheffer 114
Scheffer, Reinhard 47
Schiller, Friedrich 161
Schimmelpfennig, von 183
Schleiermacher, Ernst Christian Friedrich Adam 155, 162
Schlick 44
Schlieben 180
Schlieffen, Alfred von 77, 79, 84, 85
Schlotheim s. Hessenstein, Caroline von
Schmehling s. Mara
Schrautenbach-Lindheim, Ludwig Balthasar von 153, 154
Schuknecht, Johann Martin 146
Schwedt, Prinzessin von 76
Seckendorf, Friedrich Heinrich von 63

Seibelsdorf, von 135
Selnecker, Nikolaus von 128
Senarclans, August von 168
Servien, von 51
Servien, Abel 49
Seume, Johann Gottfried 81
Shirley, Anton 32
Siegmund, Kaiser 92
Simonetti 69
Sin Ali Bey 32
Sinclair 181
Sinistrario 78
Sinzendorf s. Ansbach, Dorothea Charlotte
Solms 118, 121
Solms-Hohenlohe, Heinrich Wilhelm von 53
Sömmering, Samuel Thomas von 75, 77, 94, 153
Sonnenberg, von 108
Sontag, Henriette 166
Sophie Charlotte, Prinzessin von Hessen-Kassel 64
Sophie Eleonore, Prinzessin von Hessen-Darmstadt 132
Sophie Eleonore, Prinzessin von Sachsen 131
Spiegel zum Desenberg 135
Spontini, Gasparo 167
St. André 51
Starck, Johann August 152
Starhemberg 118
Starhemberg, Maria von 70, 119
Stauch 151
Stein, Charlotte von 75, 158, 182
Stein, Johann Friedrich von 69, 101
Steuben, von 104
St. George 78
St. Germain, de 86
St. Martin 86
Stramberg, von 100
Strombeck, von 97
Sturz, Helferich Peter 152
Sully, Maximilian von Béthurne, Herzog von 34

Swinburne 102

Talleyrand, Charles Maurice de 161
Tallor 96
Taube, Ernst von 67
Taube, Hedwig von 67
Thomas von Kempen 118
Thou, Jacques Auguste de 24
Thysius 34
Tiedemann, Friedrich 77
Tilly, Johann Tserclaes von 39–43, 129, 130
Tischbein, Johann Heinrich 78
Todenwart, Anton Wolf von 131, 132
Todenwart, Johann Jacob Wolf von 132
Török de Ezendrö, Caroline von, Prinzessin von Nidda 167
Trestondam, de 72, 93
Tschirnhausen, Ehrenfried Walter von 59
Turenne, Henri de Latour d'auvergne 50, 132

Ulrich, Herzog von Württemberg 12
Ulrich Friedrich, Herzog von Braunschweig 38
Ulrike Eleonore, Königin von Schweden 62, 65

Varnhagen van Ense, Karl August 108, 112
Veltheim, Friedrich Wilhelm von 78
Venator 152
Victor, Landgraf von Hessen-Rotenburg 120
Victor, Prinz von Hohenlohe-Schillingsfürst 120
Viglius 17
Vogler 166
Voltaire, François Marie Arouet de 72
Vultejus, Johann 47

Wachter 58
Waldeck, Prinzessin von 117
Waldeck, Philipp von 12
Wallenstein, Albrecht Eusebius Wenzel von 40
Walpone, Horace 68, 69

Walther 27
Waraban, von 45
Watzdorf, von 111
Watzdorf, Minna von 111
Weber, Carl Julius 80
Weber, Carl Maria von 166, 167
Wedekind 165
Wegener 93
Weidig 168
Wenk, Bernhard 157
Werder, Dietrich von 50
White 102
Wieland, Christoph Martin 75, 143, 153, 157
Wild 166
Wilhelm, Landgraf von Hessen 88
Wilhelm, Landgraf von Hessen-Philippsthal 121
Wilhelm, Landgraf von Hessen-Philippsthal-Barchfeld 121, 122
Wilhelm, Prinz von Hessen-Kassel 65
Wilhelm, Prinz von Hessen-Philippsthal-Barchfeld 122
Wilhelm, Prinz von Preußen 175
Wilhelm, Prinz von Rheinfels 119
Wilhelm II., Herzog von Oranien 42
Wilhelm I., Kurfürst von Hessen 101, 102, 104
Wilhelm II., Kurfürst von Hessen 54, 107, 108, 112, Abb. S. 109
Wilhelm III., Herzog von Oranien 60
Wilhelm IV., der Weise, Landgraf von Hessen Kassel 18, 21–24, 28, 126,
    Abb. S. 25
Wilhelm V., der Beständige, Landgraf von Hessen-Kassel 41–44, 47, 48, 53,
    131
Wilhelm VI., Landgraf von Hessen-Kassel 46–53, 121
Wilhelm VII., Landgraf von Hessen-Kassel 53, 54, 57
Wilhelm VIII., Landgraf von Hessen-Kassel 54, 67–71
Wilhelm IX., Landgraf von Hessen-Kassel, später Wilhelm I., Kurfürst 54, 85,
    88, 91, 93, 94, 96
Wilhelm August, Herzog von Cumberland 68
Wilhelmine, Prinzessin von Baden 168
Wilhelmine, gen. Natalie, Prinzessin von Hessen-Darmstadt 157
Wilhelmine Caroline, Prinzessin von Dänemark 91

Wintzingerode, von 84
Wraxall, William 83

Zach, Franz Xaver von 22
Zichy 111
Ziegler, von 181
Zinsendorf, Nikolaus Ludwig von 153
Zobel, Sebastian Friedrich 47
Zweibrücken, Anna zu 18
Zweibrücken, Wolfgang zu 18
Zwingli, Huldreich 12

DIE LANDGRAFEN VON HESSEN-KASSEL
(1567–1785)

Philipp I. der Großmütige *13.11.1504 †31.3.1567, folgt 1509, selbständig 1518,
gefangen 1547–1552 ∞¹) 11.12.1523 Christine, T. d. H. Georg von Sachsen,
*25.12.1505 †15.4.1549 ∞²) 4.3.1540 Margarete, T. d. Hans von der Saale, *1522 †6.7.1566
(ihre Kinder heißen Gf. von Dietz)

Kinder:

Agnes *31.5.1527 (†4.11.1555 ∞¹) 9.1.1541 Moritz Kfst. von Sachsen *21.3.1521 †11.7.1553
∞²) 26.5.1555 Johann Friedrich II. H. von Sachsen-Gotha *8.1.1529 †9.5.1595

Anna *26.10.1529 †10.7.1591 ∞ 6.9.1544 Wolfgang Pfgf. von Zweibrücken
*26.9.1526 †11.6.1569

Wilhelm IV. (s.S.205)

Philipp Ludwig *29.6.1534 †31.8.1535

Barbara *8.4.1536 †8.6.1597 ∞¹) 10.9.1555 Georg H. von Württemberg
*4.2.1498 †18.7.1558 ∞²) 11.11.1568 Daniel Gf. von Waldeck *1.8.1530 †7.6.1577

Ludwig III. *27.5.1537 †9.10.1604, zu Marburg 1567 ∞¹) 10.5.1563 Hedwig,
T. d. H. Christoph von Württemberg, *15.1.1547 †4.3.1590 ∞²) 4.7.1591, Marie, T. d. Gf.
Johann von Mansfeld, *1547 †16..

Elisabeth *13.2.1539 †14.3.1582 ∞ 8.7.1560 Ludwig VI. Kfst. von der Pfalz
*4.7.1539 †22.10.1583

Philipp II. *22.4.1541 †20.11.1583, zu Rheinfels 1567 ∞ 18.1.1569 Anna Elisabeth,
T. d. Kfst. Friedrich III. von der Pfalz, *23.7.1549 †20.9.1609

Christine *29.6.1543 †13.5.1604 ∞ 16.12.1564 Adolf H. von Holstein-Gottorp
*25.1.1526 †1.10.1586

Georg I. der Fromme *10.9.1547 †7.2.1596, zu Darmstadt 1567 ∞¹) 17.8.1572 Magdalene,
T. d. Gf. Bernhard zur Lippe, *24.2.1552 †26.2.1587 ∞²) 25.5.1589 Eleonore, T. d. H.
Christoph von Württemberg, *22.3.1552 †12.1.1618 (s.S.213)

Wilhelm IV. *24.6.1532 †25.8.1592, zu Kassel 1567 ∞ 11.2.1566 Sabine, T. d. H. Christoph von Württemberg, *2.7.1549 †17.8.1581

Kinder:
Anna Marie *27.1.1567 †21.11.1626 ∞ 8.6.1589 Ludwig Gf. von Nassau-Saarbrücken *9.8.1565 †8.11.1627

Hedwig *30.6.1569 †7.7.1644 ∞ 11.9.1597 Ernst Gf. von Holstein-Schauenburg *24.9.1569 †17.1.1622

Agnes *30.6. †5.9.1569

Sophie *10.6.1571 †18.6.1616

Moritz der Gelehrte (s.u.)

Sabine *12.5. †29.11.1573

Sidonie *29.6.1574 †4.4.1575

Christian *14.10.1575 †9.11.1578

Elisabeth *11.5.1577 †25.11.1578

Christine *19.10.1578 †19.8.1658 ∞ 14.5.1598 Johann Ernst H. von Sachsen-Eisenach *9.7.1566 †23.10.1638

Juliane * u. † 9.2.1581

Moritz der Gelehrte *25.5.1572 †15.3.1632, folgt 1592, verzichtet 1627 ∞¹) 23.9.1593 Agnes, T. d. Gf. Johann Georg von Solms-Laubach, *7.1.1578 †23.9.1602 ∞²) 22.5.1603 Juliane, T. d. Gf. Johann v. Nassau-Siegen, *3.9.1587 †15.2.1643

Kinder:
1. Otto *24.12.1594 †7.8.1617 ∞¹) 24.8.1613 Katharine Ursula, T. d. Mkgf. Georg Friedrich von Baden-Durlach, *19.6.1593 †15.2.1615 ∞²) 14.6.1617 Agnes Magdalene, T. d. Fst. Johann Georg I. von Anhalt-Dessau, *29.3.1590 †24.10.1626

1. Tochter, totgeb. 2.1615

1. Elisabeth *24.3.1596 †16.12.1625 ∞ 25.3.1618 Johann Albrecht II. H. von Mecklenburg-Güstrow *5.5.1590 †23.6.1636

1. Sohn totgeb. 24.1.1597

1. Moritz *14.7.1600 †11.8.1612

1. Wilhelm V. *13.2.1602 †21.9.1637, folgt 1627 ∞ 21.11.1619 Amalie Elisabeth, T. d. Gf. Philipp Ludwig II. von Hanau-Münzenberg, *29.1.1602 †8.8.1651 (s.S.207)

2. Philipp *26.11.1604 †17.8.1626

---

2. Agnes *13/14. 3. 1606 †28. 5. 1650 ∞ 18. 5. 1623 Johann Kasimir Fst. von Anhalt-Dessau
*7. 12. 1596 †15. 9. 1660

2. Hermann (s. u.)

2. Juliane *7. 10. 1608 †11. 12. 1628

2. Sabine *5. 7. 1610 †21. 5. 1620

2. Magdalene *25. 8. 1611 †12. 2. 1671
∞ 27. 4. 1646 Erich Adolf Gf. von Salm-Reifferscheid † 1678

2. Moritz *13. 6. 1614 †16. 2. 1633

2. Sophie *12. 9. 1615 †22. 11. 1670 ∞ 12. 10. 1644 Philipp Gf. zur Lippe-Alverdissen
*18. 7. 1601 †10. 4. 1681

2. Friedrich (s. u.)

2. Christian *5. 2. 1622 †14. 11. 1640

2. Ernst *8. 12. 1623 †2. 5. 1693, zu Rheinfels

2. Christine *9. 7. 1625 †25. 7. 1626

2. Philipp *28. 9. 1626 †8. 7. 1629

2. Elisabeth *23. 10. 1628 †10. 2. 1633

Hermann *15. 8. 1607 †25. 3. 1658, zu Rotenburg ∞[1]) 31. 12. 1633 Sophie Juliane,
T. d. Gf. Christian von Waldeck, *1. 4. 1607 †15. 9. 1637 ∞[2]) 2. 1. 1642 Kunigunde Juliane,
T. d. Fst. Johann Georg I. von Anhalt-Dessau, *17. 2. 1608 †26. 9. 1683

Kinder:
1. Sohn totgeb. 1. 12. 1634

1. Juliane *25. 3. †22. 5. 1636

Friedrich *9. 5. 1617 †24. 9. 1655, zu Eschwege ∞ 6. 9. 1646 Eleonore Katharine,
T. d. Pfgf. Johann Kasimir von Zweibrücken, *27. 5. 1626 †3. 3. 1692

Kinder:
Margarete *31. 3. †19. 10. 1647

Christine *30. 10. 1649 †18. 3. 1702 ∞ 25. 11. 1667 Ferdinand Albrecht I. H. v. Braunschweig-
Bevern *22. 5. 1636 †23. 4. 1687

Elisabeth *7. 4. 1650 †27. 4. 1651

Juliane *14. 5. 1652 †20. 6. 1693 ∞ 1679/80 Jakob Baron von Lilienburg † nach 20. 6. 1693

Charlotte *3.9.1653 †7.2.1708 ∞¹) 25.8.1673 August H. von Sachsen-Weißenfels
*3.12.1650 †11.8.1674 ∞²) 21.4.1679 ⚭ 1693 Johann Adolf Gf. von Bentheim-Tecklenburg
*22.9.1637 †29.8.1704

Friedrich *30.11.1654 †27.7.1655

Wilhelm V. *1602 †1637 (s.S.205)

Kinder:
Agnes *24.11.1620 †20.8.1626

Moritz * u. † 24.9.1621

Elisabeth *21.10.1623 †13.1.1624

Wilhelm *21.1.1625 †11.7.1626

Emilie *11.2.1626 †15.2.1693 ∞ 15.5.1648 Heinrich Karl H. von Tremouille
*17.12.1620 †15.9.1672

Charlotte *20.11.1627 †16.3.1686 ∞ 12.2.1650 Karl Ludwig Kfst. von der Pfalz
*12.12.1617 †28.8.1680

Wilhelm VI. (s.u.)

Philipp *16.6.1630 †17.8.1638

Adolf *17.12.1631 †17.3.1632

Karl *18./19.6.1633 †9.3.1635

Elisabeth *23.6.1634 †22.3.1688, Äbtissin zu Herford 1686

Sohn totgeb. 8.2.1635

Luise *5.11.1636 †6.1.1638

Sohn totgeb. 28.5.1637

Wilhelm VI. *23.5.1629 †16.7.1663, folgt 1637, selbständig 1650 ∞ 9.7.1649 Hedwig
Sophie, T. d. Kfst. Georg Wilhelm von Brandenburg, *4.7.1623 †16.6.1683

Kinder:
Charlotte (Amalie) *27.4.1650 †27.3.1714 ∞ 14.5.1667
Christian V. Kg. von Dänemark *15.4.1646 †25.8.1699

Wilhelm VII. *21.6.1651 †21.11.1670, folgt 1663

Luise *11.9. †23.10.1652

Karl (s. u.)

Philipp *14.12.1655 †18.6.1721, zu Philippsthal 1685 ∞ 16.4.1680 Katharine Amalie,
T. d. Gf. Karl Otto von Solms-Laubach, *26.12.1654 †26.4.1736

Georg *20.3.1658 †4.7.1675

(Elisabeth) Henriette *8.11.1661 †27.6.1683 ∞ 13.8.1679 Friedrich III. Kfst. von
Brandenburg *1.7.1657 †25.2.1713 als Friedrich I. Kg. von Preußen

Karl *3.8.1654 †23.3.1730, folgt 1670 ∞ 21.5.1673 Marie Amalie, T. d. H. Jakob von
Kurland, *12.6.1653 †16.6.1711

Kinder:
Wilhelm *29.3.1674 †25.7.1676

Karl *24.2.1675 †7.12.1677

Friedrich I. *28.4.1676 †25.3.1751, folgt 1730, Kg. von Schweden 1720 ∞[1]) 31.5.1700
Luise, T. d. Kg. Friedrich I. von Preußen, *19.9.1680 †23.12.1705 ∞[2]) 4.4.1715 Ulrike
Eleonore, T. d. Kg. Karl XI. von Schweden, *23.1.1688 †24.11.1741

Christian *2.7. †18.9.1677

Sophie (Charlotte) *16.7.1678 †30.5.1749 ∞ 2.1.1704 Friedrich Wilhelm H. v. Mecklenburg-Schwerin *28.3.1675 †31.7.1713

Sohn totgeb. 1679

Karl *12.6.1680 †13.11.1702

Wilhelm VIII. (s. S. 209)

Leopold *30.12.1684 †10.9.1704

Ludwig *5.9.1686 †23.5.1706

Marie Luise *7.2.1688 †9.4.1765 ∞ 26.4.1709 Johann Wilhelm Friso
Fst. von Nassau-Dietz-Oranien *4.8.1687 †14.7.1711

Maximilian (s. S. 209)

Tochter totgeb. 5.7.1690

Georg *8.1.1691 †5.3.1755

Eleonore Antonie Friederike * 11.1. †17.12.1694

Wilhelmine Charlotte *8.7.1695 †27.11.1722

Sohn totgeb. 1696

Wilhelm VIII. *10.3.1682 †1.2.1760, Statthalter in Hessen 1730, folgt hier 1751
∞ 27.9.1717 Dorothea Wilhelmine, T. d. H. Moritz Wilhelm v. Sachsen-Zeitz,
*20.3.1691 †17.3.1743

Kinder:
Karl *21.8.1718 †17.10.1719

Friedrich II. *14.8.1720 †31.10.1785, folgt 1760, kathol. 1749 ∞¹) 19.5.1740 Marie,
T. d. Kg. Georg II. von Großbritannien, *5.3.1723 †14.1.1772 ∞²) 10.1.1773 Philippine,
T. d. Mkgf. Friedrich Wilhelm von Brandenburg-Schwedt,
*10.10.1745 †1.5.1800 (s.u.)

Marie (Amalie) *7.7.1721 †19.11.1744

Maximilian *28.5.1689 †8.5.1753 ∞ 28.11.1720 Friederike Charlotte, T. d. Ldgf.
Ernst Ludwig von Hessen-Darmstadt, *8.9.1698 †22.5.1777

Kinder:
Karl *30.9.1721 †23.11.1722

Friederike *31.10.1722 †28.2.1787 ∞ 21.11.1752 Friedrich August H. von Holstein-
Gottorp *20.9.1711 †6.7.1785

Charlotte *11.2.1725 †4.6.1782, Coadjutorin zu Herford 1766

Marie *25.2.1726 †14.3.1727

Wilhelmine *25.2.1726 †8.10.1808 ∞ 17.6.1752 Heinrich Pr. v. Preußen
*18.1.1726 †3.8.1802

Elisabeth Sofie Luise *10.11.1730 †4.2.1731

Karoline *10.5.1732 †22.5.1759 ∞ 8.11.1753 Friedrich August Fst. v. Anhalt-Zerbst
*8.8.1734 †3.3.1793

DIE KURFÜRSTEN VON
HESSEN-KASSEL

Friedrich II. *14.8.1720 †31.10.1785 (s.o.) ∞¹) 19.5.1740 Marie,
T. d. Kg. Georg II. von Großbritannien, *5.3.1723 †14.1.1772 ∞²) 10.1.1773 Philippine,
T. d. Mkgf. Friedrich Wilhelm von Brandenburg-Schwedt, *10.10.1745 †1.5.1800

Kinder:
Wilhelm *25.12.1741 †1.7.1742

1. Wilhelm IX. (s.S.210)

1. Karl (s. u.)

1. Friedrich (s. u.)

Wilhelm IX. (I.) *3.6.1743 †27.2.1821, folgt 1785, Kfst. 1803, verliert sein Land 1806, wieder eingesetzt 1813 ∞ 1.9.1764 Karoline, T. d. Kg. Friedrich V. von Dänemark, *10.7.1747 †14.1.1820

Kinder:
Friederike *14.9.1768 †17.4.1839 ∞ 29.11.1794 ⚭ 1817 Alexius H. v. Anhalt-Bernburg *12.6.1767 †24.3.1834

Karoline *11.7.1771 †22.2.1848 ∞ 24.4.1802 August H. v. Sachsen-Gotha *23.11.1772 †17.5.1822

Friedrich *8.8.1772 †20.7.1784

Wilhelm II. (s. S. 211)

Karl *19.12.1744 †17.8.1836, Ldgf. 1806 ∞ 30.8.1766 Luise, T. d. Kg. Friedrich V. von Dänemark, *30.1.1750 †12.1.1831

Kinder:
Marie *28.10.1767 †22.3.1852 ∞ 31.7.1790 Friedrich VI. Kg. v. Dänemark *28.1.1768 †3.12.1839

Wilhelm *15.1.1769 †14.3.1772

Friedrich *24.5.1771 †24.2.1845, Ldgf. 1836 ∞ 21.5.1813 Klara, T. d. Detlev von Brockdorff, *16.1.1778 †24.8.1836

Juliane *19.1.1773 †11.3.1860 Äbtissin zu Itzehoe 1810

Christian *14.8.1776 †21.11.1814

Luise *28.9.1789 †13.3.1867 ∞ 26.1.1810 Wilhelm H. v. Holstein-Sonderburg-Glücksburg *4.1.1785 †17.2.1831

Friedrich *11.9.1747 †20.5.1837, Ldgf. 1806, zu Rumpenheim, ∞ 2.12.1786 Karoline, T. d. Fst. Karl Wilhelm von Nassau-Usingen, *4.4.1762 †17.8.1823

Kinder:
Wilhelm (s. S. 211)

Karl *8.3.1789 †10.9.1802

Friedrich *24.4.1790 †25.10.1876

Ludwig *12.11.1791 †12.5.1800

Georg *14.1.1793 †4.3.1881

Luise *9.4.1794 †16.3.1881 ∞ 4.4.1833 Georg Frh. v. d. Decken
*23.11.1787 †20.8.1859 Gf.1835

Marie *21.1.1796 †30.12.1880 ∞ 12.8.1817 Georg Grh. von Mecklenburg-Strelitz
*12.8.1779 †6.9.1860

Auguste *25.7.1797 †6.4.1889 ∞ 1.6.1818 Adolf H. v. Cambridge *28.2.1774 †8.7.1850

Wilhelm II. *28.7.1777 †20.11.1847, folgt 1821, verzichtet 1831. ∞¹) 13.2.1797 Auguste,
T. d. Kg. Friedrich Wilhelm II. von Preußen, *1.5.1780 †19.2.1841 ∞²) 8.7.1841 Emilie,
T. d. Johann Christian Ortlöp, *13.5.1791 †12.2.1843, ›Gfn. von Reichenbach-Lessonitz‹
1821. ∞³) 28.8.1843 Karoline, T. d. Ludwig Hermann von Berlepsch, *9.1.1820
†21.2.1877, ›Frn. von Bergen‹ 1843, Gfn. 1846

Kinder:
1. Wilhelm *9.4.1798 †25.10.1800

1. Karoline *29.7.1799 †28.11.1854

1. Luise *3.4.1801 †28.9.1803

1. Friedrich Wilhelm I. *20.8.1802 †6.1.1875, Mitregent 1831, Kfst. 1847–66 ∞ 26.6.1831
Gertrud, T. d. Gottfried Falkenstein, *18.5.1803 †9.7.1882 ›Gfn. von Schaumburg‹
1831, ›Fstn. von Hanau‹ 1853

1. Marie *6.9.1804 †1.1.1888 ∞ 23.3.1825 Bernhard II. H. von Sachsen-Meiningen
*17.12.1800 †3.12.1882

1. Ferdinand *9.10. †21.11.1806

Wilhelm *24.12.1787 †5.9.1867 Ldgf. 1837 ∞ 10.11.1810 Charlotte, T. d. Erbpr. Friedrich
v. Dänemark, *30.10.1789 †28.3.1864

Kinder:
Karoline *15.8.1811 †10.5.1829

Marie *9.5.1814 †28.7.1895 ∞ 11.9.1832 Friedrich Pr. v. Anhalt-Dessau *23.9.1799
†4.12.1864

Luise *7.9.1817 †29.9.1898 ∞ 26.5.1842 Christian IX. Kg. von Dänemark
*8.4.1818 †29.1.1906

Friedrich Wilhelm (s. S. 212)

Auguste *30.10.1823 †17.7.1889 ∞ 1.6.1854 Karl Baron von Blixen-Finecke
*15.8.1822 †6.1.1873

Sophie *18.1. †20.12.1827

Friedrich Wilhelm *26.11.1820 †14.10.1884 ∞¹) 28.1.1844 Alexandra, T. d. Ks. Nikolaus I. von Rußland, *24.6.1825 †10.8.1844 ∞²) 26.5.1853 Anna, T. d. Pr. Karl von Preußen, *17.5.1836 †12.6.1918

Kinder:
1. Wilhelm * u. †10.8.1844

2. Friedrich Wilhelm *15.10.1854 †14.10.1888

2. Elisabeth *13.6.1861 ∞ 26.5.1884 Leopold Erbpr. von Anhalt *18.7.1855 †2.2.1886

2. Alexander Friedrich *25.1.1863 ∞ 25.3.1925 Gisela, T. d. Frh. Otto Stockhorner von Starein, *17.1.1884

2. Friedrich Karl (s.u.)

2. Marie Polyxena *29.4.1872 †16.8.1882

2. Sibylle *3.6.1877 ∞ 3.9.1898 ⚭ 1923 Friedrich Frh. von Vincke *24.7.1867 †31.12.1925

Friedrich Karl *1.5.1868 ∞ 25.1.1893 Margarete, T. d. deutschen Ks. Friedrich III., *22.4.1872

Kinder:
Friedrich Wilhelm *23.11.1893 †12./13.9.1916

Maximilian *20.10.1894 †12./13.10.1914

Philipp (s.u.)

Wolfgang *6.11.1896 ∞ 17.9.1924 Marie Alexandra, T. d. Pr. Maximilian von Baden, *1.8.1902

Richard *14.5.1901

Christoph (s.u.)

Philipp *6.11.1896 ∞ 23.9.1925 Mafalda, T. d. Kg. Viktor Emanuel III. von Italien, *19.11.1902

Kinder:
Moritz *6.8.1926   Heinrich *30.10.1927

Christoph *14.5.1901 ∞ 15.12.1930 Sophie, T. d. Pr. Andreas von Griechenland, *29.6.1914

Kinder:
Christine *10.1.1933   Dorothea *24.7.1934

Die Landgrafen von Hessen-Darmstadt

Georg I., ein Sohn des Ldgf. Philipp I. (s.S. 204), *10.9.1547 †7.2.1596, erhält 1567
die Obergrafschaft Katzenelnbogen. ∞¹) 17.8.1572 Magdalene, T. d. Gf. Bernhard zur
Lippe, *24.2.1552 †26.2.1587 ∞²) 25.5.1589 Eleonore, T. d. H. Christoph von
Württemberg, *22.3.1552 †12.1.1618

Kinder:
1. Philipp Wilhelm *16.6. †4.10.1576

1. Ludwig V. (s. u.)

1. Christine *25.11.1578 †26.3.1596 ∞ 4.5.1595 Friedrich Magnus Gf. von Erbach
*18.4.1575 †26.8.1618

1. Elisabeth *29.11.1579 †17.7.1655 ∞ 10.5.1601 Johann Kasimir Gf. von Nassau-
Saarbrücken *24.9.1577 †29.3.1602

1. Marie Hedwig *2.12.1580 †12.4.1582

1. Philipp *26.12.1581 †28.4.1643, zu Butzbach ∞¹) 29.7.1610 Anna Margarete,
T. d. Gf. Friedrich von Diepholz, *22.7.1580 †9.8.1629 ∞²) 2.6.1632 Christine Sophie,
T. d. Gf. Enno III. von Ostfriesland, *26.9.1600 †30.3.1658

1. Anna *3.3.1583 †13.9.1631 ∞ 28.10.1601 Albert Otto Gf. von Solms-Laubach
*9.12.1576 †2.3.1610

1. Friedrich I. *5.3.1585 †9.5.1638, zu Homburg (s.S. 220)

1. Magdalene *5.5. †23.10.1586

1. Johannn * u. † 22.2.1587

2. Heinrich *21.3.1590 †9.1.1601

Ludwig V. *24.9.1577 †27.7.1626, zu Darmstadt 1596 ∞ 5.6.1598 Magdalene,
T. d. Kfst. Johann Georg von Brandenburg, *7.1.1582 †4.5.1616

Kinder:
Eleonore Magdalene *23.4.1600 †9.6.1624 ∞ 13.7.1617 Ludwig Friedrich H. von
Württemberg *29.1.1586 †26.1.1631

Anna Eleonore *30.7.1601 †6.5.1659 ∞ 14.12.1617 Georg H. von Braunschweig-Lüne-
burg *17.2.1582 †12.4.1641

Marie *11.12.1602 †10.4.1610

Sophie Agnes *12.1.1604 †8.9.1664 ∞ 7.11.1624 Johann Friedrich Pfgf. von Sulzbach
*23.8.1587 †19.10.1644

Georg II. (s.u.)

Juliane *14.4.1606 †15.1.1659 ∞ 5.3.1631 Ulrich II. Gf. von Ostfriesland
*6.7.1605 †1.11.1648

Amalie *20.6.1607 †11.9.1627

Johann *17.6.1609 †1.4.1651, zu Braubach 1643 ∞ 30.9.1647 Johannette,
T. d. Gf. Ernst von Sayn-Wittgenstein, *27.4.1632 †28.9.1701

Heinrich *1.4.1612 †11.10.1629

Hedwig *22.6.1613 †2.3.1614

Ludwig *12. †16.9.1614

Friedrich *28.2.1616 †19.2.1682, kathol. 1636, Kardinal 1655, Fürst-B. von Breslau 1671

Georg II. *17.3.1605 †11.6.1661, folgt 1626 ∞ 1.4.1627 Sofie Eleonore,
T. d. Kfst. Johann Georg I. von Sachsen, *23.11.1609 †2.6.1671

Kinder:
Ludwig VI. (s.S.215)

Magdalene Sibylle *3.9.1631 †5.8.1651

Georg (s.S.216)

Sophie Eleonore *7.1.1634 †7.10.1663 ∞ 21.4.1650 Wilhelm Christoph Ldgf. von Hessen-
Homburg *13.11.1625 †27.8.1681

Elisabeth Amalie *20.3.1635 †4.8.1709 ∞ 24.8.1653 Philipp Wilhelm Kfst. von der Pfalz
*24.9.1615 †2.9.1690

Luise *5.2.1636 †11.11.1697 ∞ 29.10.1665 Christoph Ludwig Gf. von Stolberg
*7.6.1634 †7.4.1704

Anna Marie *9.2. †21.4.1637

Anna Sophie *17.12.1638 †13.12.1683 Äbtissin zu Quedlinburg 1680

Amalie Juliane *28.11. †20.12.1639

Tochter totgeb. 25.9.1640

Henriette Dorothea *14.10.1641 †22.12.1672 ∞ 5.11.1667 Johann Gf. von Waldeck
*7.11.1623 †10.10.1668

Johann *24.11.1642 †22.2.1643

Auguste Philippine *29.12.1643 †4.2.1672

Agnes *11. †12.11.1645

Marie Hedwig *26.11.1647 †19.4.1680 ∞ 20.11.1671 Bernhard I. H. von Sachsen-Meiningen *10.9.1649 †27.4.1706

Ludwig VI. *25.1.1630 †24.4.1678, folgt 1661 ∞¹) 24.11.1650 Marie Elisabeth, T. d. H. Friedrich III. von Holstein-Gottorp, *6.6.1634 †17.6.1665 ∞²) 5.12.1666 Elisabeth Dorothea, T. d. H. Ernst von Sachsen-Gotha, *8.1.1640 †24.8.1709

Kinder:
1. Magdalene Sibylle *28.4.1652 †11.8.1712 ∞ 6.11.1673 Wilhelm Ludwig H. von Württemberg *7.1.1647 †23.6.1677

1. Sophie Eleonore *26.7. †10.8.1653

1. Georg *19.7.1654 †21.6.1655

1. Marie Elisabeth *11.3.1656 †16.8.1715 ∞ 1.3.1676 Heinrich H. von Sachsen-Römhild *19.11.1650 †13.5.1710

1. Auguste Magdalene *6.3.1657 †1.9.1674

1. Ludwig VII. *22.6.1658 †31.8.1678, folgt 1678

1. Friedrich *1.10.1659 †28.1.1676

1. Sophie Marie *7.5.1661 †22.8.1712 ∞ 9.2.1681 Christian H. von Sachsen-Eisenberg *6.1.1653 †28.4.1707

1. Sohn totgeb. 28.11.1662

1. Kind totgeb. 17.6.1665

2. Ernst Ludwig (s. S. 216)

2. Georg *25.4.1669 †14.9.1705 kaiserl. Feldmarschall

2. Sophie Luise *6.7.1670 †2.6.1758 ∞ 11.10.1688 Albrecht Ernst II. Fst. von Oettingen *8.8.1669 †30.3.1731

2. Sohn totgeb. 7.7.1670

2. Philipp (s. S. 216)

2. Johann *21.12.1672 †7.3.1673

---

2. Heinrich *29.9.1674 †31.1.1741

2. Elisabeth Dorothea *24.4.1676 †9.9.1721 ∞ 24.2.1700 Friedrich Jakob Ldgf. von Hessen-Homburg *19.5.1673 †8.6.1746

2. Friedrich (s.s. 217)

Georg *29.9.1632 †19.7.1676, zu Itter 1661 ∞[1]) 5.3.1661 Dorothea Auguste, T. d. H. Johann Christian von Holstein-Sonderburg, *29.9.1636 †18.9.1662 ∞[2]) 21.7.1667 Juliane Alexandrine, T. d. Gf. Emich XII. von Leiningen-Heidesheim, *21.8.1651 †19.4.1703

Kinder:
1. Tochter totgeb. 18.9.1662

2. Sophie Juliane *17.7. †9.8.1668

2. Eleonore *15.8.1669 †4.9.1714

2. Magdalene Sibylle *14.10.1671 †21.4.1720

Ernst Ludwig *15.12.1667 †12.9.1739, folgt 1678, selbständig 1688 ∞[1]) 1.12.1687 Dorothea Charlotte, T. d. Mkgf. Albrecht von Brandenburg-Ansbach, *18.11.1661 †15.11.1705 ∞[2]) 20.1.1727 Luise Sophie, T. d. Hermann Wilhelm von Spiegel, *11.9.1690 †12.1.1751 ›Gfn. von Epstein‹

Kinder:
1. Dorothea Sophie *14.1.1689 †7.6.1723 ∞ 13.2.1710 Johann Friedrich Gf. von Hohen-lohe-Oehringen *22.7.1683 †24.8.1765

1. Ludwig VIII. (s.S. 217)

1. Karl Wilhelm *17.6.1693 †17.5.1707

1. Franz Ernst *25.1.1695 †8.1.1716

1. Friederike Charlotte *8.9.1698 †22.3.1777 ∞ 28.11.1720 Maximilian Pr. von Hessen-Kassel *28.5.1689 †8.5.1753

Philipp *20.7.1671 †12.8.1736 kathol. 1693 ∞ 14.3.1693 Marie Therese, T. d. H. Ferdinand Franz von Croy, *3.11.1673 †20.3.1714

Kinder:
Tochter *11.10.1696 † bald

Joseph *23.1.1699 †20.8.1768 B. von Augsburg 1740

Wilhelm Ludwig *3.5.1704 † bald

Theodora *6.2.1706 †23.1.1784 ∞ 23.2.1727 Anton Ferdinand H. von Guastalla
*8.12.1687 †21.4.1729

Leopold *11.4.1708 †27.10.1764 kaiserl. Feldmarschall ∞ um 23.3.1740 Henriette Marie,
T. d. H. Reinald III. von Modena, *27.5.1702 †30.1.1777

Karl *9.7. †22.9.1710

Friedrich *18.9.1677 †13.10.1708, kathol. 1697 ∞ 20.11.1704 Petronella, T. d. Petrus
von Stockmans, *24.9.1677 †20.8.1751

Kind:
Friederike *22.8.1705 †20.11.1788 ∞ um 19.3.1729 Karl Anton Gf. von Gianini
*1654 †1742

Ludwig VIII. *5.4.1691 †17.10.1768, folgt 1739 ∞ 5.4.1717 Charlotte,
T. d. Gf. Johann Reinhard III. von Hanau-Lichtenberg, *2.5.1700 †1.7.1726

Kinder:
Ludwig IX. *15.12.1719 †6.4.1790, folgt 1768 ∞[1]) 12.8.1741 Karoline, T. d. Pfgf.
Christian III. von Zweibrücken-Birkenfeld, *9.3.1721 †30.3.1774 ∞[2]) 23.10.1775 Marie
Adelhaide de Cheirouze *1752 †... ›Gfn. von Lemberg‹ (s. S.218)

Charlotte Wilhelmine *8.10.1720 †25./26.2.1721

Georg Wilhelm (s.u.)

Karoline Luise *11.7.1723 †8.4.1783 ∞ 28.1.1751 Karl Friedrich Mkgf. (später Grh.)
von Baden *22.11.1728 †10.6.1811

Luise Auguste Magdalene *16.3.1725 †13.5.1742

Johann Friedrich Karl *7.5.1726 †26.1.1746

Georg Wilhelm *11.7.1722 †21.6.1782 ∞ 16.3.1748 Luise, T. d. Gf. Christian Karl
von Leiningen-Heidesheim, *16.3.1729 †11.3.1818

Kinder:
Ludwig *27.3.1749 †26.10.1823 ∞ um 26.1.1788 Friederike, T. d. Franz Jakob Schmidt,
*24.2.1751 †10.9.1803, seit 1793 ›Frn. von Hessenheim‹

Friederike *20.8.1752 †22.5.1782 ∞ 18.9.1768 Karl Erbpr. (später Grh.) von Mecklenburg-Strelitz *10.10.1741 †6.11.1816

Georg *14.6.1754 †28.1.1830

Charlotte *5.11.1755 †12.12.1785 ∞ 28.9.1784 Karl Erbpr. (später Grh.) von Mecklenburg-Strelitz *10.10.1741 †6.11.1816

Karl *16.5.1757 †15.8.1795

Friedrich *21.7.1759 †19.5.1808 ∞ 4.9.1788 Karoline, T. d. Christian Wilhelm Seitz, *24.6.1768 †20.6.1812 ›von Friedrich‹

Luise *15.2.1761 †24.10.1829 ∞ 19.2.1777 Ludwig I. Grh. von Hessen *14.6.1753 †6.4.1830

Auguste *14.4.1765 †30.3.1796 ∞ 30.9.1785 Maximilian Joseph H. von Zweibrücken (später Kg. von Bayern) *27.5.1756 †13.10.1825

DIE GROSSHERZÖGE VON HESSEN

Ludwig IX. *15.12.1719 †6.4.1790 (s. S. 217) ∞ 12.8.1741 Karoline, T. d. Pfgf. Christian III. von Zweibrücken-Birkenfeld, *9.3.1721 †30.3.1774

Kinder:
Sohn totgeb. 13.5.1742

Karoline *2.3.1746 †18.9.1821 ∞ 27.9.1768 Friedrich V. Ldgf. von Hessen-Homburg *30.1.1748 †20.1.1820

Friederike *16.10.1751 †25.2.1805 ∞ 14.7.1769 Friedrich Wilhelm II. Kg. von Preußen *25.9.1744 †16.11.1797

Ludwig X. (s. u.)

Amalie *20.6.1754 †21.7.1832 ∞ 15.7.1774 Karl Erbpr. von Baden *14.2.1755 †16.12.1801

Wilhelmine *25.6.1755 †26.4.1776 ∞ 10.10.1773 Paul (später Ks. Paul I.) Gfst. von Rußland *1.10.1754 †24.3.1801

Luise *30.1.1757 †14.2.1830 ∞ 3.10.1775 Carl August Grh. von Sachsen-Weimar *3.9.1757 †14.6.1828

Friedrich *10.6.1759 †11.3.1802

Christian *25.11.1763 †17.4.1830

Ludwig X. (I.) *14.6.1753 †6.4.1830, folgt 1790, Grh. 1806 ∞ 19.2.1777 Luise, T. d. Ldgf. Georg Wilhelm von Hessen-Darmstadt, *15.2.1761 †24.10.1829

Kinder:
Ludwig II. (s. S. 219)

Luise *16.1.1779 †18.4.1811 ∞ 27.7.1800 Ludwig Fst. von Anhalt-Köthen *25.9.1778 †16.9.1802

Georg *31.8.1780 †17.4.1856 ∞ 29.1.1804 ⚭ 1827 Charlotte, T. d. Gf. Török de Zendrö, *23.4.1786 †28.10.1862, ›Prn. von Nidda‹ 1821

Friedrich *14.5.1788 †16.3.1867, kathol. 1808

Zwillingstöchter * u. † 11.5.1789

Emil *3.9.1790 †30.4.1856

Gustav *18.12.1791 †30.1.1806

Ludwig II. *26.12.1777 †16.6.1848, folgt 1830 ∞ 19.6.1804 Wilhelmine, T. d. Erbpr.
Karl Ludwig von Baden, *10.9.1788 †27.1.1836

Kinder:
Ludwig III. *9.6.1806 †13.6.1877, folgt 1848 ∞¹) 26.12.1833 Matilde, T. d. Kg. Ludwig I.
von Bayern, *30.8.1813 †25.5.1862 ∞²) 20.6.1868 Magdalene, T. d. Johann Heinrich
Appel, *8.3.1846 †19.12.1917 ›Frn. von Hochstädten‹ 1868

Sohn totgeb. 18.8.1807

Karl (s. u.)

Elisabeth *20.5.1821 †27.5.1826

Tochter totgeb. 7.6.1822

Alexander *15.7.1823 †15.12.1888 ∞ 28.10.1851 Julie, T. d. Moritz von Hauke,
*12.11.1825 †19.9.1895 ›Prn. von Battenberg‹ 1858

Marie *8.8.1824 †3.6.1880 ∞ 28.4.1841 Alexander II. Ks. von Rußland
*29.4.1818 †13.3.1881

Karl *23.4.1809 †20.3.1877 ∞ 22.10.1836 Elisabeth, T. d. Pr. Wilhelm von Preußen,
*18.6.1815 †21.3.1885

Kinder:
Ludwig IV. (s. u.)

Heinrich *28.11.1838 †16.9.1900 ∞¹) 28.2.1878 Karoline, T. d. Ludwig Willich
gen. von Pöllnitz, *5.11.1848 †6.1.1879 ›Freifrau von Nidda‹ 1878 ∞²) 20.9.1892 Emilie,
T. d. Simon Hržić, *6.5.1868 ›Freifrau von Dornberg‹ 1895

Anna *25.5.1843 †16.4.1865 ∞ 12.5.1864 Friedrich Franz II. Grh. von Mecklenburg-
Schwerin *28.2.1823 †15.4.1883

Wilhelm *16.11.1845 †24.5.1900 ∞ 24.2.1884 Josephine, T. d. Philipp Bender,
*11.8.1857 ›von Lichtenberg‹ 1884

Ludwig IV. *12.9.1837 †13.3.1892, folgt 1877 ∞ 7.7.1862 Alice, T. d. Kgn. Viktoria
von Großbritannien, *25.4.1843 †14.12.1878

Kinder:
Viktoria *5.4.1863 ∞ 30.4.1884 Ludwig Pr. von Battenberg *24.5.1854 †11.9.1921

Elisabeth *1.11.1864 †18.7.1918 ∞ 15.6.1884 Sergius Gfst. von Rußland
*11.5.1857 †17.2.1905

Irene *11.7.1866 ∞ 24.5.1888 Heinrich Pr. von Preußen *14.8.1862 †20.4.1929

Ernst Ludwig (s.u.)

Friedrich *7.10.1870 †29.5.1873

Alix *6.6.1872 †17.7.1918 ∞ 26.11.1894 Nikolaus II. Ks. von Rußland
*18.5.1868 †17.7.1918

Maria *24.5.1874 †16.11.1878

Ernst Ludwig *25.11.1868 †9.10.1937, folgt 1892, Thronverlust 1918 ∞¹) 19.4.1894
⊕†1901 Viktoria Melita, T. d. H. Alfred von Sachsen-Coburg-Gotha, *25.11.1876
∞²) 2.2.1905 Eleonore, T. d. Fst. Hermann zu Solms-Hohensolms-Lich, *17.9.1871

Kinder:
1. Elisabeth *11.3.1895 †16.11.1903

1. Sohn totgeb. 25.5.1900

2. Georg (s.u.)

2. Ludwig *20.11.1908

Georg *8.11.1906 ∞ 23.1.1931 Cäcilia, T. d. Pr. Andreas von Griechenland, *22.7.1911
Kinder:
Ludwig *25.10.1931   Alexander *14.4.1933

DIE LANDGRAFEN VON
HESSEN-HOMBURG

Friedrich I., ein Sohn des Ldgf. Georg I. von Hessen-Darmstadt (s.S.213),
*5.3.1585 †9.5.1638, zu Homburg 1622 ∞ 10.8.1622 Margarete Elisabeth, T. d. Gf.
Christoph von Leiningen-Westerburg, *30.6.1604 †13.8.1667

Kinder:
Ludwig Philipp *20.8.1623 †16.3.1643

Georg *29.10. †24.12.1624

Wilhelm Christoph (s.S.221)

Georg Christian *10.12.1626 †1.8.1677, zu Homburg 1669–71 ∞ 11.10.1666 Anna Katharina, T. d. Detlev von Pogwisch, *1638 †18.5.1694

Anna Margarete *31.8.1629 †3.8.1686 ∞ 5.5.1650 Philipp Ludwig H. von Holstein-Wiesenburg *17.10.1620 †10.3.1689

Friedrich II. (s.u.)

Wilhelm Christoph *13.11.1625 †27.8.1681, zu Bingenheim 1648, folgt zu Homburg 1650, das er 1669 seinem Bruder Georg Christian verkauft.
∞¹) 21.4.1650 Sophie Eleonore, T. d. Ldgf. Georg II. von Hessen-Darmstadt, *7.1.1634 †7.10.1663 ∞²) 2.4.1665 Anna Elisabeth, T. d. H. August von Sachsen-Lauenburg, *23.8.1624 †27.5.1688

Kinder:
1. Friedrich *12.3. †27.7.1651

1. Christine Wilhelmine *30.6.1653 †16.5.1722 ∞ 28.5.1671 Friedrich H. v. Mecklenburg-Grabow *13.2.1638 †28.4.1688

1. Leopold Georg *25.10.1654 †26.2.1675

1. Friedrich *5. †6.9.1655

1. Wilhelm *13.8. †4.9.1656

1. Sohn totgeb. 23.6.1657

1. Karl Wilhelm *6.5. †13.12.1658

1. Philipp *20.6. †6.10.1659

1. Magdalene Sophie *24.4.1660 †22.3.1720 ∞ 23.1.1679 Wilhelm Moritz Gf. von Solms-Greifenstein *4.4.1651 †9.2.1724

1. Sohn totgeb. 7.6.1661

1. Friedrich Wilhelm *29.11.1662 †5.3.1663

1. Sohn totgeb. 7.10.1663

Friedrich II. *30.3.1633 †24.1.1708, folgt 1680 ∞¹) 12.5.1661 Margarete, T. d. Gf. Abraham Brahe, *28.6.1603 †15.5.1669 ∞²) 23.10.1670 Luise Elisabeth, T. d. H. Jakob von Kurland, *12.8.1646 †16.12.1690 ∞³) 15.11.1691 Sophie Sibylle, T. d. Gf. Johann Ludwig von Leiningen-Westerburg, *14.7.1656 †13.4.1724

Kinder:
2. Charlotte *17.6.1672 †29.8.1738 ∞ 4.11.1694 Johann Ernst III. H. von Sachsen-Weimar *22.6.1664 †10.6.1707

221

2. Friedrich III. (s. u.)

2. Karl Christian *24. 3. 1674 †29. 8. 1695

2. Hedwig Luise *2. 3. 1675 †14. 3. 1760 ∞ 31. 1. 1718 Adam Friedrich, Gf. v. Schlieben
*12. 8. 1677 †1. 8. 1752

2. Philipp *24. 3. 1676 †15. 11. 1703

2. Wilhelmine Marie *8. 1. 1678 †25. 11. 1770 ∞ 26. 4. 1711 Anton Gf. von Aldenburg
*26. 5. 1681 †6. 6. 1738

2. Eleonore Margarete *23. 9. 1679 †24. 9. 1763

2. Elisabeth Franziska *6. 1. 1681 †12. 11. 1707 ∞ 7. 1. 1702 Friedrich Wilhelm Fst.
von Nassau-Siegen *20. 2. 1680 †13. 2. 1722

2. Johanna Ernestine *18. 4. 1682 †10. 4. 1698

2. Ferdinand *2. †5. 8. 1683

2. Karl Ferdinand *27. 12. 1684 †29. 8. 1688

2. Kasimir Wilhelm (s. S. 223)

3. Ludwig Georg (s. S. 223)

3. Friederike Sophie *16. 12. 1693 †4. 4. 1694

3. Leopold *10. 4. †12. 6. 1695

Friedrich III. *19. 5. 1673 †8. 6. 1746, folgt 1708 ∞¹) 24. 2. 1700 Elisabeth Dorothea,
T. d. Ldgf. Ludwig VI. v. Hessen-Darmstadt, *24. 4. 1676 †9. 9. 1721 ∞²) 17. 10. 1728
Christiane Charlotte, T. d. Gf. Friedrich Ludwig von Nassau-Ottweiler,
*2. 9. 1685 †6. 11. 1761

Kinder:
Tochter totgeb. 27. 11. 1700

Friederike Dorothea *29. 9. 1701 †11. 3. 1704

Friedrich Wilhelm *1. 10. 1702 †19. 8. 1703

Luise Wilhelmine *2. 12. 1703 †20. 8. 1704

Ludwig *15. 1. 1705 †23. 10. 1745 ∞ 3. 2. 1738 Anastasia, T. d. Fst. Georg Trubetzkoi,
*15. 10. 1705 †7. 12. 1755

Johann Karl *25. 8. 1706 †10. 5. 1728

Ernestine Luise *29.11. †19.12.1707

Sohn totgeb. 17.2.1713

Friedrich *2.9. †16.11.1721

Kasimir Wilhelm *23.3.1690 †9.10.1726 ∞ 3.10.1722 Christine Charlotte, T. d. Gf. Wilhelm Moritz v. Solms-Braunfels, *11.11.1690 †16.10.1751

Kinder:
Friedrich IV. (s.u.)

Eugen *9. †21.6.1725

Ulrike Sophie *31.5.1726 †10.12.1792

Ludwig Georg *10.1.1693 †1.3.1728 ∞ 28.5.1710 Christine, T. d. Gf. Volrat v. Limpurg-Sontheim, *25.6.1683 †2.2.1746

Kinder:
Friederike Volradine *9.4. †1.10.1711

Friederike Sophie *17.3. †10.8.1713

Sophie *18.2.1714 †2.5.1777 ∞ 26.9.1727 Karl Philipp Fst. von Hohenlohe-Bartenstein *17.7.1702 †1.3.1763

Friedrich IV. *15.4.1724 †7.2.1751, folgt 1746 ∞ 10.10.1746 Ulrike Luise, T. d. Fst. Friedrich Wilhelm von Solms-Braunfels, *1.5.1731 †12.9.1792

Kinder:
Friedrich V. (s.u.)

Marie Christine *4.11.1749 †10./11.5.1750

Friedrich V. *30.1.1748 †20.1.1820, folgt 1751, selbständig 1766, mediatisiert 1806, wieder selbständig 1816. ∞ 27.9.1768 Karoline, T. d. Ldgf. Ludwig IX. von Hessen-Darmstadt, *2.3.1746 †18.9.1821

Kinder:
Friedrich VI. *30.7.1769 †2.4.1829, folgt 1820 ∞ 7.4.1818 Elisabeth, T. d. Kg. Georg III. von Großbritannien, *22.5.1770 †10.1.1840

Ludwig *29.8.1770 †19.1.1839, folgt 1829 ∞ 2.8.1804 ⚭ 1805 Auguste, T. d. H. Friedrich August von Nassau-Usingen, *30.12.1778 †16.7.1846

Karoline *26.8.1771 †20.6.1854 ∞ 21.7.1791 Ludwig Friedrich Fst. v. Schwarzburg-Rudolstadt *9.8 1767 †28.4.1807

Luise Ulrike *26.10.1772 †18.9.1854 ∞ 19.6.1793 Karl Pr. v. Schwarzburg-Rudolstadt *23.8.1771 †4.2.1825

Amalie *29.6.1774 †3.2.1846 ∞ 12.6.1792 Friedrich Erbpr. von Anhalt-Dessau *27.12.1769 †27.5.1814

Paul *27.9.1775 †16.5.1776

Auguste *28.11.1776 †1.4.1871 ∞ 3.4.1818 Friedrich Ludwig Erbgrh. von Mecklenburg-Schwerin *13.6.1778 †29.11.1819

Viktor *24.1.1778 †14.9.1780

Philipp *11.3.1779 †15.12.1846, folgt 1839 ∞ 26.6.1838 Antonie Rosalie, T. d. Anton Potoschnigg, *26.11.1806 †21.2.1845 ›Gfn. v. Naumburg‹ 1838

Gustav (s.u.)

Tochter * u. † 11.3.1782

Ferdinand *26.4.1783 †24.3.1866, folgt 1848

Marie Anna *13.10.1785 †14.4.1846 ∞ 12.1.1804 Wilhelm Pr. von Preußen *3.7.1783 †28.9.1851

Leopold *10.2.1787 †2.5.1813

Tochter * u. † 1788

Gustav *17.2.1781 †8.9.1848, folgt 1846 ∞ 12.2.1818, Luise, T. d. Erbpr. Friedrich v. Anhalt-Dessau, *1.3.1798 †11.6.1858

Kinder:
Karoline *19.3.1819 †18.1.1872 ∞ 1.10.1839 Heinrich XX. Fst. Reuß zu Greiz *29.6.1794 †8.11.1859

Elisabeth *30.9.1823 †28.1.1864

Friedrich *6.4.1830 †4.1.1848

Zu den Abbildungen

1. Landgraf Philipp der Großmütige. Kupferstich. 1638
2. Landgräfin Christine. Kupferstich. 1638
3. Landgraf Wilhelm IV., der Weise. Gemälde von Wilhelm Böttner. 1786
4. Landgraf Moritz der Gelehrte mit Familie. Kupferstich. 1638
5. Schloß Wilhelmshöhe bei Kassel. Zeichnung von Gottlieb Kobold jun., Stich von Friedrich Schroeder
6. Oktogon (künstliche Ruine) und Kaskaden im Park Wilhelmshöhe bei Kassel. Zeichnung von Gottlieb Kobold jun., Stich von Friedrich Schroeder
7. Löwenburg im Park Wilhelmshöhe bei Kassel. Zeichnung von Gottlieb Kobold jun., Stich von Friedrich Schroeder
8. König Jérôme Napoleon Bonaparte. Lithographie von Marie Alexandre Alophe
9. Kassel von Nordosten. Zeichnung von Georg Stietz, Stich von Carl Ludwig Frommel und Henry Winkles
10. Kurfürst Wilhelm II. Stahlstich von Franz Xaver Eisner und Franz Stöber
11. Landgraf Ernst Ludwig. Kupferstich nach einer Zeichnung von Wilhelm Vornberger. 1788
12. Landgraf Ludwig VIII. mit seinem Hirschgespann. Gemälde
13. Darmstadt von Nordwesten. Lithographie von Ernst August Schnittspahn
14. Großherzog Ludewig I. mit Gemahlin Luise
15. Palais auf dem Luisenplatz in Darmstadt. Radierung von Joseph Sandhaas
16. Großherzog Ludwig II. mit Familie (halbrechts das Modell zur seinem Vater gewidmeten Ludewigs-Säule – siehe Abbildung 17). Gemälde von Moritz von Schwind und J.K.Kratz
17. Vaterländische Feier zur Einweihung der Ludewigs-Säule auf dem Luisenplatz in Darmstadt. Lithographie von P.Schneeberger. 1844
18. Großherzog Ludwig III.

Inhaltsverzeichnis

Vorbemerkung 5

Der Hof zu Kassel 9

Landgraf Philipp der Großmütige (1509 bis 1567) 11
Landgraf Wilhelm IV., der Weise (1567 bis 1592) 21
Landgraf Moritz der Gelehrte (1592 bis 1627) 28
Landgraf Wilhelm V., der Beständige (1627 bis 1637) 42
Die Vormünderin-Regentin Amalie Elisabeth (1637 bis 1650) 45
Landgraf Wilhelm VI. (1650 bis 1663) 51
Die Vormünderin-Regentin Hedwig Sophie von Brandenburg
(1663 bis 1677) 54
Landgraf Carl (1677 bis 1730) 57
Friedrich I., König von Schweden (1730 bis 1751) 65
Landgraf Wilhelm VIII. (1751 bis 1760) 67
Landgraf Friedrich II. (1760 bis 1785) 71
Landgraf Wilhelm IX., als Kurfürst Wilhelm I. (1785 bis 1807) 88
Jérôme Napoleon, König von Westfalen (1807 bis 1813) 97
Kurfürst Wilhelm I. (1813 bis 1821) 101
Kurfürst Wilhelm II. (1821 bis 1847) 107
Kurfürst Friedrich (seit 1847) 112

Die Höfe der Hessen-Kasselschen Nebenlinien
Rotenburg, Philippsthal und Philippsthal-Barchfeld 115

Hessen-Rotenburg 117

Hessen-Philippsthal und Hessen-Philippsthal-Barchfeld 121

DER HOF ZU DARMSTADT 123

Landgraf Georg I., der Fromme (1567 bis 1596) 125
Landgraf Ludwig V., der Getreue (1596 bis 1626) 128
Landgraf Georg II. (1626 bis 1661) 130
Landgraf Ludwig VI. (1661 bis 1678) 132
Landgraf Ernst Ludwig (1678 bis 1739) 135
Landgraf Ludwig VIII. (1739 bis 1768) 139
Landgraf Ludwid IX. (1768 bis 1790) 143
Landgraf Ludwig X., als Großherzog LudewigI. (1790 bis 1830) 157
Großherzog Ludwig II. (1830 bis 1848) und
Großherzog Ludwig III. (seit 1848) 168

DER HOF ZU HOMBURG 177

PERSONENREGISTER 185

GENEALOGISCHE TAFELN
Die Landgrafen von Hessen-Kassel (1567–1785) 204
Die Kurfürsten von Hessen-Kassel 209
Die Landgrafen von Hessen-Darmstadt 213
Die Großherzöge von Hessen 218
Die Landgrafen von Hessen-Homburg 220

ZU DEN ABBILDUNGEN 225